Schlachtfeldarchäologie

Schlachtfeld-archäologie

Auf den Spuren des Krieges

THOMAS BROCK UND ARNE HOMANN

Sonderheft 2/2011
der Zeitschrift »Archäologie in Deutschland«

Frontispizabbildungen:
oben: Skelette aus dem Massengrab von 1636 bei Wittstock während der
Ausgrabung; unten links: Funde vom Schlachtfeld Großbeeren; unten rechts:
Museum und Park Kalkriese.

Bibliografische Information Der Deutschen Nationalbibliothek

Die Deutsche Nationalbibliothek verzeichnet diese Publikation in der Deutschen
Nationalbibliografie; detaillierte bibliografische Daten sind im Internet über
http://dnb.dnb.de abrufbar.

Umschlaggestaltung: Stefan Schmid Design, Stuttgart.
Titelbilder: 30-jähriger Krieg, Schlacht bei Lützen (©alamy); 1. Weltkrieg,
1916 an der Westfront (©bridgeman)

© 2011 Konrad Theiss Verlag GmbH, Stuttgart
Alle Rechte vorbehalten.
Die Herausgabe des Werkes wurde durch die Vereinsmitglieder der WBG
ermöglicht.
Produktion: Verlagsbüro Wais & Partner, Stuttgart
Druck und Bindung: Himmer AG, Augsburg
Gedruckt auf säurefreiem und alterungsbeständigem Papier
Printed in Germany

Besuchen Sie uns im Internet: www.theiss.de
ISBN: 978-3-8062-2529-7
ISSN: 0176-8522

Ausgabe der Wissenschaftlichen Buchgesellschaft
Einbandmotiv: Schuhe eines englischen Soldaten aus dem Ersten Weltkrieg.
Fundort: Ypern, Belgien, 2003. Foto © Thierry Roge/Reuters/Corbis
Einbandgestaltung: Peter Lohse, Heppenheim
ISBN: 978-3-534-25130-8
www.wbg-wissenverbindet.de

Inhalt

Zu diesem Band

Archäologische Untersuchungen von Schlachtfeldern offenbaren einen uralten Aspekt menschlicher Kultur: den Krieg. Sie verraten »Tatwerkzeuge«, »Täter« und »Opfer« dramatischer Tage und Stunden, dokumentieren Ereignisse, die häufig genug den Gang der Geschichte beeinflussten. Deren Erforschung zeitigt bisweilen bewegende Details zum Kriegsalltag der Vergangenheit und dessen früher oft beinahe alltäglicher »Normalität«. Funde und Befunde offenbaren erschreckende Geschehnisse und bringen uns damit auch in Kontakt mit jenen unzähligen Menschen, deren Schicksale heute sonst oft anonym hinter »nackten« historischen Fakten verborgen sind.

Darüber hinaus bietet Schlachtfeldarchäologie die Möglichkeit, an frühere Ereignisse spezielle Fragestellungen zu richten. Hieraus resultieren mitunter auch ganz eigene, bisweilen überraschende Geschichten. In manchem Fall lassen sich häufig kalt und fleischlos erscheinende Tatsachen der Geschichtsschreibung durch eine historisch-archäologische Auseinandersetzung mit Funden und Befunden zum Leben erwecken. Und im Idealfall kann es sogar gelingen, Überlieferungslücken zu schließen, falsches Wissen zu korrigieren oder verzerrte, populäre Geschichtsbilder ein Stück weit geradezurücken.

Im Tal des Flüsschens Tollense lässt sich unter Umständen ein Kampfplatz der Bronzezeit fassen, der wohl als frühestes »Schlachtfeld« Nordeuropas gelten kann, sollte sich die Vermutung bestätigen. Überreste römisch-germanischer Auseinandersetzungen etwa am Harzhorn, bei Kalkriese und Krefeld-Gellep ermöglichen es zum einen, mehrdeutige historische Berichte zu ergänzen, dann wieder nur fragmentarisch überlieferten Ereignissen neue, interessante Aspekte hinzuzufügen. Bei archäologischen Untersuchungen zu Kampfplätzen des Mittelalters konnte das Schlachtfeld bei Mühldorf wiederentdeckt werden, während uns Massengräber z. B. des Dreißigjährigen Krieges klar und unverblümt mit den Folgen von Schlachten und Gefechten konfrontieren. Teils lassen sich verschiedene Phasen, Stadien und Facetten kriegerischer Ereignisse mit Details ausmalen und um wichtige Fakten ergänzen, so etwa bei Wittstock, Lützen, Lau-

enburg oder Idstedt. Daneben zeugen Grabgruben eines Lazaretts von 1813 in Leipzig von den Nachwirkungen solcher Geschehnisse. Hier offenbart sich das oft qualvolle Sterben verwundeter Soldaten wie auch das zahlloser, an Seuchen erkrankter Zivilisten. Die umfangreichen Hinterlassenschaften der beiden Weltkriege ermöglichen eine kritische Überprüfung der teils im Übermaß vorhandenen Schriftquellen – dabei zeigt sich häufig, dass Gefechte in der Realität anders verliefen, als offizielle Berichte es hinterher darstellten.

Schlachtfeldarchäologie ist ein noch junger Zweig der Archäologie. Entsprechend sind die hier vorgestellten Funde und Befunde teils sehr aktuell, in einigen Fällen können nur vorläufige Resultate laufender Projekte zusammenfassend referiert werden. Sicher werden schon bald nach Erscheinen dieses Buches neue, interessante Entdeckungen gemacht und faszinierende Erkenntnisse gewonnen.

Zahlreiche Menschen und Institutionen haben die Entstehung dieses Werkes unterstützt. Ihnen allen gilt unser Dank. Zum einen sind es die Institutionen, denen in erster Linie für ihre großzügige Unterstützung bei der Bebilderung zu danken ist. Neben den Landesämtern für Archäologie bzw. Denkmal- oder Bodendenkmalpflege Baden-Württemberg, Bayern, Brandenburg, Mecklenburg-Vorpommern, Niedersachsen, Nordrhein-Westfalen, Sachsen, Sachsen-Anhalt und Schleswig-Holstein gilt dies auch dem Archäologischen Landesmuseum Schloss Gottorf, der VARUSSCHLACHT im Osnabrücker Land GmbH – Museum und Park Kalkriese, dem Deutschen Archäologischen Institut sowie dem Deutschen Erinnerungskomitee Argonnerwald e. V. Genehmigungen für eine Verwendung der Abbildungen zu den Untersuchungen bei Wisby, Aljubarrota, Tannenberg und Liegnitz erteilten Anna Forsling (Kungliga Vitterhetsakademien, Stockholm), Manuela Mendonça (Academia Portuguesa da História, Lissabon) sowie Wojciech Brzeziński (Państwowe Muzeum Archeologiczne, Warschau).

Zum anderen sind dies folgende Personen, die mit Korrekturen geholfen oder Abbildungen und Informationen zur Verfügung gestellt haben: Richard Ambs, Jörg Ansorge, Birte Anspach, Volker Arnold, Stefanie Berg-Hobohm, Timo Bremer, Stefan Burmeister, Lutz Clewe, Sabine Eickhoff, Anja Endrigkeit, Heidrun Derks, Klaus Frank, Andrea Golowin, Anja Grothe, Jürgen Hald, Henning Haßmann, Christoph Heiermann, Volker Hilberg, Christina Jacob, Detlef Jantzen, Reinhard Jung, Bettina Jungklaus, Marlies Konze, Michael Kunst, Petra Lönne, Alexander Lutz, Ullrich Masemann, Jens Mastnak, Herbert Matejka, Kathrin Misterek, Günther Moosbauer, Marcell Perse, Peter Pieper, Markus Plum, Renée Psyk, Christoph Reichmann, Tobias Schneider, Renate Samariter, Heiko Schäfer, André Schürger, Hildegard von Schmettow, Douglas D. Scott, Eicke Siegloff, Anne Smets, Eva-Carmen Szabó, Michael-Andreas Tänzer, Thomas Terberger, Wolfgang Wegener, Jochim Weise, Susanne Wilbers-Rost.

Eigens für diese Publikation fasste Susann Hardt die Resultate der teils unpublizierten Ausgrabungen bei Kitzen und Güldengossa zusammen.

Thomas Brock und Arne Homann,
September 2011

Ich widme dieses Buch meiner Großmutter Anneliese Homann, geb. Hobohm (28. Oktober 1915 bis 1. Mai 2010). Arne Homann

Gegenüberliegende Seite:
Die Schädel einiger Toter im Massengrab von Wittstock
(1636) während der Ausgrabung.

Krieg und Frieden,
Schlachten und Schlachtfelder
– ein Überblick

Schlachtfeldarchäologie

Schlachtfeldarchäologie ist »auf dem Vormarsch« – zumindest in manchen Medien. »Sensationsfund in Niedersachsen: Römer-Schlachtfeld liegt bei Kalefeld«, »Seltenes Massengrab des Dreißigjährigen Krieges« oder »Knüppel-Schlacht der Bronzezeit im Norden entdeckt« verkünden die Schlagzeilen z. B. in »Stern«, »Welt« und »Focus«. Aber was ist dran am Trend, welche wissenschaftliche Realität verbirgt sich dahinter?

In der deutschen Fachliteratur taucht der Begriff »Schlachtfeldarchäologie« wohl erstmals Ende der 1990er-Jahre auf. Die Archäologin Susanne Wilbers-Rost verwendete ihn im Zusammenhang mit ihren Forschungen auf dem römisch-germanischen Kampfplatz bei Kalkriese. Doch Kolleginnen und Kollegen schenkten dem neuen Wort und den dahinter stehenden Ideen zunächst kaum Aufmerksamkeit. Zwar fand die »14. internationale Roman Military Equipment Conference« 2003 in Wien unter dem Titel »Archäologie der Schlachtfelder« statt, eine große Wirkung im Fach blieb jedoch aus.

Erst 2006 änderte sich dies allmählich, als bei Lützen (Sachsen-Anhalt) ein Großprojekt zur Erforschung eines Schlachtfelds von 1632 aus dem Dreißigjährigen Krieg (1618–1648) begann (Kapitel 8). 2007 trat die Entdeckung eines Massengrabes aus demselben Konflikt bei Wittstock (Brandenburg) hinzu, wo im Jahr 1636 Gefallene verscharrt worden waren. Und im Frühjahr 2008 kam bei Alerheim nahe Nördlingen (Bayern) eine Grube mit Überresten zahlreicher Toter einer Schlacht von 1645 zutage. Vor allem diese Untersuchungen und die mediale Berichterstattung darüber trugen dazu bei, dass »Schlachtfeldarchäologie« ihre derzeitige Popularität erhielt.

2008 etablierte sich der Begriff dann auch in der Wissenschaft. Der »1. Mitteldeutsche Archäologentag« in Halle (Saale) griff in diesem Jahr das Thema »Schlachtfeldarchäologie/Battlefield Archaeology« auf und stellte es als erste deutsche Tagung überhaupt in den Fokus. Die Ergebnisse einiger der hier vorgestellten und auch im zugehörigen Tagungsband vertretenen Projekte bildeten kurz darauf den Schwerpunkt des Heftes 1/2009 der Zeitschrift »Archäologie in Deutschland«. In schneller Folge transportierten die Medien nun spektakuläre »Sensationsfunde«, wie

den Schauplatz eines Gefechts des 3. Jh. zwischen Römern und Germanen am Harzhorn bei Kalefeld (Niedersachsen, Kapitel 5) sowie die vermutlichen Überreste kriegerischer Auseinandersetzungen aus der Bronzezeit im Tal des Flüsschens Tollense (Mecklenburg-Vorpommern, Kapitel 3). Hinzu kam das »Varusschlacht-Jahr« 2009, in dem das allgemeine Interesse, hauptsächlich am bekannten Fundplatz Kalkriese (Niedersachsen, Kapitel 4), einen Höhepunkt erreichte. Vor allem mit der international besetzten »6th Fields of Conflict Conference« in Kalkriese und Osnabrück sowie einer Tagung zu »Schlachtfeld und Massengrab« in Brandenburg an der Havel setzen sich die wissenschaftlichen Aktivitäten auch 2011 fort.

Schlacht und Schlachtfelder: eine Definition

Tatsächlich stammen viele Funde und Befunde, die im Rahmen der Schlachtfeldarchäologie diskutiert werden, nicht von Schlachtfeldern im engeren Wortsinne. Wie im Fall von Kalkriese, einem deutschen

Massengrab von Wittstock (1636): Zeichnung einer Skelettlage.

Einmessung des Massengrabs von Wittstock (1636).

Der Begriff »Schlachtfeld« taucht erst im 16. Jh. auf. Im 17. Jh. ersetzte er dann schnell ältere Bezeichnungen für Schauplätze kriegerischer Auseinandersetzungen, wie beispielsweise die mittelalterliche Walstatt oder den Streitplatz. »Schlacht« leitet sich vom althochdeutschen Wort »slahta« ab. Dessen ursprüngliche Bedeutung war »Tötung«. Im Mittelhochdeutschen bezeichnete »slaht« ein blutiges Gemetzel. Im Lateinischen waren die Begriffe »acies«, »certamen«, »proelium« oder »pugna« üblich, in Spätantike und Frühmittelalter auch »bellum«.

»Schlacht« und »Schlachtfeld« wurden anfangs noch sehr allgemein verwendet. Im »Grammatischkritischen Wörterbuch der Hochdeutschen Mundart« Johann Christoph Adelungs von 1798 hat das Wort »Schlacht« dann bereits einen gewissen Bedeutungswandel erfahren. Adelung schrieb, dass man »Schlacht« für blutige »Gefechte sehr zahlreicher Haufen, besonders zweyer Kriegsheere gebraucht, von welchen man auch sagt, daß sie schlagen.« Er unterschied dabei zwischen verschiedenen Ausmaßen eines Kampfgeschehens: »Schlacht und Treffen bedeuten Gefechte zwischen ganzen Kriegsheeren oder doch zahlreichen Haufen, Scharmützel und Gefecht setzen kleinere Haufen voraus.« Entsprechend hielt er den zu dieser Zeit noch gebräuchlichen Begriff der »Feldschlacht« für überflüssig, da ihm – abgesehen nur vielleicht von der Seeschlacht – zu Lande der entsprechende Gegensatz fehle.

Die einschlägigen militärischen Handwörterbücher des 19. Jh., wie jenes von Wilhelm Rüstow (1859), setzen dann für die Verwendung des Begriffes »Schlacht« nicht allein die Beteiligung großer Verbände voraus. Hinzu kommt nun, dass einer bewaffneten Auseinandersetzung militärische »Bedeutung« zugemessen werden muss. Rüstow schreibt: »Um ein combinirtes Gefecht eine Schlacht zu nennen, verlangt man von ihm, daß es entweder einen Feldzug entscheide oder wenigstens die Bahn zu einer großen Operation innerhalb eines Feldzuges eröffne; außerdem daß die beiden Parteien auf dem Schlachtfelde in beträchtlicher Stärke vertreten seien.«

Allerdings schränkte Rüstow diese Definition zugleich wieder ein, denn »alle die Begriffe hievon sind schwankend, je nach den Zeiten, der Art der Kriegführung, der Stärke der Heere, den Gegenständen«. Der »Hauptbestimmungsgrund«, ob ein Kampf »Schlacht« genannt werden soll, sei »immer noch die Größe der Entscheidung, welche durch den Zusammenstoß erstrebt oder erreicht wird«. Ebenso setzte das Grimmsche Wörterbuch im Jahr 1899 den »kampf groszer heeresabtheilungen oder zur see ganzer geschwader« voraus, »während gefecht und treffen beim feindlichen zusammenstosz kleinerer heerhaufen gebraucht wird.«

wie internationalen Paradefundplatz dieser Disziplin. Hier wissen die beteiligten Wissenschaftler längst, dass direkt am Ort der Grabungen keine große Feldschlacht zwischen zwei Heeren stattgefunden hat. Das enge Gelände zwischen Moor und Berg wäre dafür auch kaum geeignet gewesen. Gekämpft wurde bei Kalkriese allerdings zweifelsohne, doch weist das aufwendig rekonstruierte Szenario mittlerweile eher auf einen Hinterhalt hin. Und auch am Harzhorn bei Kalefeld trafen Römer und Germanen wohl eher in einem Gefecht aufeinander, als in einer »Schlacht«.

Im alltäglichen Wortgebrauch sind Schlachtfelder Orte organisierter Gewalt, Orte von Verwüstung und Zerstörung, Angst und Leid, von massenhaftem Tod. Nüchtern betrachtet und im engen Wortsinne bezeichnet »Schlachtfeld« jenes Gelände, das Feld, auf dem mindestens zwei Armeen oder Heere – im zeitlichen und räumlichen Kontext vergleichsweise große bewaffnete Verbände – auf dem Land gegeneinander kämpfen, also eine Schlacht im »klassischen« Sinne austragen.

Die Einschränkungen, welche die engere Wortde-finition von »Schlacht« vorgibt, nämlich, dass sie ein großes und bedeutendes Ereignis sein soll, variieren im Laufe der Zeit. Denn beispielsweise im Mittelalter konnte eine »kleine« kriegerische Auseinandersetzung mit nur wenigen Hundert Beteiligten durchaus schwer-wiegende territoriale Auswirkungen haben. Dagegen bleiben in der Neuzeit immer wieder Schlachten mit Zehn- oder gar Hunderttausenden Beteiligten ohne vergleichbare Folgen. Zudem konnten sich auch Be-lagerungen zu Schlachten entwickeln. Tatsächlich haftet dem zunächst scheinbar eindeutigen Begriff »Schlachtfeld« eine gewisse Unschärfe an, und nach wie vor ist er in seiner Bedeutung auch einem lang-samen aber beständigen Wandel unterworfen. Dies wird vor allem im alltäglichen Sprachgebrauch offen-sichtlich: Austragungsorte aktueller kriegerischer Auseinandersetzungen – etwa im Irak oder in Afgha-nistan – werden in Medien wie im Gespräch ebenso mit ihm belegt wie Schauplätze bürgerlicher Proteste und Stätten sportlicher Wettkämpfe.

Archäologie auf Schlachtfeldern – Methoden, Grenzen, Ziele

Schlachten im engen Wortsinne trug man meist in re-lativ kurzen Zeiträumen auf großen Flächen aus. Da-bei blieben außer wenigen Befunden wie Feldbefesti-gungen und Bestattungen hauptsächlich verlorene und verschossene Teile von Waffen, Munition und Ausrüstung zurück. Gerade diese Tatsache bestimmt die Erforschung solcher Orte, denn die Funde liegen heute meist weit verstreut und dicht unter der Ober-fläche. Daher setzen Untersuchungen von Schlacht-feldern einen besonderen Kanon wissenschaftlicher Methoden voraus, der sich von dem sonst in der Ar-chäologie üblichen etwas unterscheidet.

Wie in wenigen anderen archäologischen Teildis-ziplinen spielen dabei Schriftquellen eine zentrale Rolle. Über Vergleiche der darin enthaltenen Infor-mationen mit jenen, die die Archäologie liefert, mag man sich dem annähern, was einst »historische Rea-lität« war. Dies ist vor allem dann von Bedeutung, wenn widersprüchliche Aussagen vorliegen oder eine ideologische Vereinnahmung erfolgt ist.

Für Hinterlassenschaften aus Zeiten, in denen der Mensch mit Waffen und Ausrüstung aus Metall »in die Schlacht« zog, ist das Metallsuchgerät wichtigstes Werkzeug. Denn damit lassen sich auch die häufig sehr kleinen Kampfrelikte aufspüren, wie z. B. die un-zähligen, oft weit im Gelände verstreuten Bleikugeln auf neuzeitlichen Kampfplätzen. Eine Kartierung ihrer Fundorte ermöglicht Rückschlüsse etwa auf Ausdeh-

Bleikugeln verschiedener Kaliber (7–19 mm) vom Lützener Schlachtfeld (Sach-sen-Anhalt, 1632).

nung und Ablauf der Kämpfe, manchmal markieren sie Stellungen und Kampflinien – zumindest dann, wenn sie sich in nennenswerter Zahl im Boden er-halten haben.

Die übrigen typischen Befundarten lassen sich da-gegen größtteils mit archäologischen Standardmetho-den wie der Ausgrabung erschließen. Dazu gehören Massengräber, die Informationen zu Herkunft, Le-bens- und Todesumständen getöteter Kämpfer lie-fern, Feldbefestigungen, Lager und Ähnliches, die hel-fen können, Orte sicher zu lokalisieren, an denen sich historisch überlieferte Ereignisse zutrugen, sowie Zerstörungs- oder Brandhorizonte, die ausufernde Gewalt sichtbar machen.

Am Ende der Untersuchungen stehen zusammen-fassende und vergleichende Analysen der archäolo-gischen und historischen Quellen, aber auch Land-schaftsrekonstruktionen. So entsteht ein neues Gesamtbild, etwa von einer bekannten Schlacht, das im Idealfall über die Angaben in historischen Quellen hinausgeht oder diese korrigiert. Aussagemöglich-keiten und -grenzen variieren je nach Epoche zum Teil beträchtlich, denn u. a. wirkten sich die Art der Kriegsführung, der Ausrüstung sowie die Heeresgrö-ßen auf die archäologische Nachweisbarkeit bewaff-neter Auseinandersetzungen aus.

»Das Schlachtfeld ist der Archetyp eines Ortes, an dem im wahrsten Sinn des Wortes ›Geschichte ge-macht worden ist‹«, schrieb der Historiker Marcus Junkelmann 2004 anlässlich des 300. Jahrestages der Schlacht bei Höchstädt (Bayern, 1704). Viele Schlach-ten der Vergangenheit haben ihre Spuren im kollek-tiven Gedächtnis hinterlassen, sind immer wieder ideologisch und politisch instrumentalisiert worden.

So ist es nur folgerichtig, Schlachtfelder in ihrer historischen wie aktuellen Bedeutung als Orte individuellen Leids, verordneter Gewalt und oftmals auch falscher Rezeption zu erforschen, zu verstehen, zu vermitteln und zu schützen. Dabei ist es eine wichtige Aufgabe der Schlachtfeldarchäologie, jene Bilder zu korrigieren oder auch zu bestätigen, die Menschen späterer Zeiten aus den Ereignissen konstruierten. Vor allem die Sichtbarmachung und Verdinglichung in Form archäologischer Funde tragen maßgeblich zu einer Erinnerungskultur bei. Denkmalpflegerisch ist aber besonders auch auf die Ausplünderung dieser Plätze durch illegale Sondengänger und ihre Zerstörung etwa durch Überbauung zu reagieren.

Erste Schritte: Alesia, Marathon, Troja

Die Beschäftigung mit einzelnen Schlachten erlebte vor allem seit der ersten Hälfte des 19. Jh. einen Aufschwung. Damals etablierte sich in Deutschland die Geschichtswissenschaft langsam als eigenständige Disziplin, und es wurden Grundlagen einer wissenschaftlichen Methodik entwickelt. Zunehmend gingen Historiker nun über eine reine Wiedergabe etwa der in zeitgenössischen Berichten zu einer Schlacht enthaltenen Informationen hinaus. An der Suche nach den Schauplätzen und einer Rekonstruktion der tatsächlichen Kampfabläufe hatte man dabei besonderes Interesse. Fragen zu mittelalterlichen oder neuzeitlichen Ereignissen allerdings versuchte man zu dieser Zeit noch überwiegend anhand des verfügbaren historischen Quellenmaterials zu beantworten, nur gelegentlich wurden auch Terrainstudien unternommen. Zufällig z. B. bei Erdarbeiten entdeckte Kampfrelikte wie Waffen- oder Ausrüstungsteile fanden daher in der Regel auch nur als interessante Einzelstücke wissenschaftliche Beachtung. Häufig verschwanden sie als Kuriositäten in Privatsammlungen oder endeten als Altmetall. Menschliche Überreste wurden bestenfalls zügig auf Friedhöfe umgebettet.

Ein sehr frühes und lange Zeit singuläres Beispiel für eine kritische Auseinandersetzung gerade mit solchen materiellen Hinterlassenschaften sind die Arbeiten des Briten Edward Fitzgerald. Auf dem Schlachtfeld des Englischen Bürgerkrieges (1642–1649) bei Naseby (1645) dokumentierte er in den 1840er-Jahren zahlreiche Funde und Befunde im Gelände. Daneben sammelte er Aussagen der Landbevölkerung, die gelegentlich auf alte Waffen, Munition oder Bestattungen gestoßen war. So konnte er u. a. Aussagen zu Kampfschwerpunkten treffen, die die Ergebnisse rein historischer Analysen übertrafen. Sein

verblüffend moderner Ansatz blieb in wissenschaftlichen Kreisen jedoch unbeachtet.

Einen anderen Weg nahm die Erforschung antiker Schlachten. In aller Regel musste hier erst einmal versucht werden, die alten Kampfplätze überhaupt zu lokalisieren, bevor man sie untersuchen konnte. Denn ihre genaue Lage war aufgrund oft unklarer Angaben der historischen Quellen sowie stark veränderter Landschaften fast immer unbekannt. Bei der Suche nach solchen Orten kamen daher auch die Methoden der gerade zur Wissenschaft entwickelten Archäologie verstärkt zum Einsatz. Den begrenzten damaligen Möglichkeiten entsprechend fanden praktisch ausschließlich Ausgrabungen statt. Dabei suchte man hauptsächlich auf solche Weise fassbare Befunde wie Reste von Befestigungswerken oder Bestattungen.

Entsprechende Forschungen erfolgten beispielsweise in der Ebene von Marathon (Griechenland), wo laut historischer Überlieferung im Jahr 490 v. Chr. ein griechisches Heer eine weit überlegene persische Invasionsstreitmacht geschlagen hatte. 1890 wurde ein als Grab der Athener bekannter Hügel teilweise ausgegraben, wobei bewiesen werden konnte, dass darin tatsächlich verbrannte Tote beigesetzt waren. Allerdings ist die genaue Einordnung des Befundes bis heute strittig. An anderer Stelle auf dem vermuteten Kampfplatz hatte der preußische Hauptmann von Eschenburg bereits 1884/85, Hinweisen von Einheimischen folgend, gegraben und angeblich größere Mengen menschlicher Knochen geborgen. Vielleicht hatte er Teile der eilig verscharrten toten Perser entdeckt.

Ein anderer, inzwischen »klassischer« Vorläufer moderner Schlachtfeldarchäologie sind die Grabungen im Umkreis des französischen Örtchens Alise-Sainte-Reine. Gesucht wurde hier nach Spuren der so genannten Schlacht um Alesia (52 v. Chr.) aus dem »Gallischen Krieg« (58–51/50 v. Chr.). Caesars literarische Schilderung dieser Auseinandersetzungen gilt als Paradebeispiel antiker Belagerungskunst und spielt in Hand- und Lehrbüchern zur Militärgeschichte bis heute eine bedeutende Rolle. Zentraler Punkt der Ereignisse war die Belagerung eines gallischen Heeres, das sich in einer befestigten Höhensiedlung verschanzt hatte, sowie ausgedehnte Kämpfe um die zu diesem Zweck von den Römern errichteten Schanzwerke.

1861 bis 1865 ließ dann Frankreichs Kaiser Napoleon III. im Umfeld des heute an der Stelle einer gallischen Festungsanlage auf einem Bergrücken liegenden Ortes Alise-Sainte-Reine graben, wo der Belagerungsschauplatz von 52 v. Chr. vermutet wurde. Dabei fanden sich u. a. Spuren des seinerzeit von Caesars Legionären um den Berg gezogenen doppelten Rings an Belagerungswerken sowie auch Teile römischer Feldlager. Neuere Ausgrabungen zwischen 1991 und

1997 konnten Caesars Beschreibung der Schanzen zwar in groben Zügen bestätigen, doch im Detail zeigten sich erhebliche Abweichungen: An keiner einzigen Stelle im Gelände ließen sich schriftliche Überlieferung und archäologische Befunde in volle Übereinstimmung bringen.

Nach dieser frühen Phase umfangreicherer »archäologischer« Forschungen vor allem zu antiken Schlachtfeldern ging die wissenschaftliche Beschäftigung mit solchen Orten jedoch zunächst wieder stark zurück. In der ersten Hälfte des 20. Jh. erfolgten nur wenige entsprechende Arbeiten, z. B. die weitgehend erfolglosen Grabungen von Oscar Mey, der in den 1920er-Jahren versuchte, den Schauplatz der aus Homers Ilias bekannten legendären Schlacht um Troja zu lokalisieren.

Eine methodisch bedeutende Ausnahme war das Vorgehen von Robert Forrer. Er kartierte zahlreiche, im Jahr 1919 bei Straßburg-Königshofen (Elsass) geborgene römische Militaria sowie Baubefunde und menschliche Überreste, die er seinerzeit als Spuren eines römisch-germanischen Gefechts während eines historisch belegten Einfalls germanischer Gruppen in das Gebiet um 233/234 n. Chr. interpretierte. Auch wenn seine Schlüsse sicherlich zu diskutieren sind, kann Forrer doch als vielleicht Erster gelten, der Einzelfunde kartierte, um auf diesem Weg ein Kampfgeschehen archäologisch nachzuweisen.

Forrers Ideen fanden bei Wissenschaftlern allerdings ebenso wenig Beachtung wie jene von Edward Fitzgerald. Mittelalterliche und neuzeitliche Schlachtfelder wurden auch in dieser Zeit kaum archäologisch untersucht und blieben im Wesentlichen eine Domäne der Geschichtswissenschaft. Zu den wenigen Ausnahmen gehören die überwiegend gut dokumentierten Ausgrabungen von fünf zwischen 1905 und 1928 entdeckten Massengräbern der dänisch-schwedischen Schlacht bei Visby 1361 auf Gotland (Schweden). Hier konnten sterbliche Überreste von über 1000 getöteten Kämpfern sowie zahlreiche Waffen- und Rüstungsteile geborgen werden. Weitere Grabungen in Schleswig-Holstein hatten 1940 und 1949 zum Ziel, jene Schanze aus der Schlacht bei Hemmingstedt zu finden, an der im Jahr 1500 die Dithmarscher ein dänisch-holsteinisches Heer vernichtend geschlagen hatten (Kapitel 7.)

Schlachtfeldarchäologie im Osten

Erst Ende der 1950er-Jahre wurde europäischen Schlachtfeldern wieder verstärkte Aufmerksamkeit zuteil. Damals entschieden die Regierungen einiger osteuropäischer Staaten, die anstehenden Jahrestage mehrerer national bedeutsamer Schlachten zu begehen. Dafür sollten archäologische Untersuchungen ausstellungsfähige Funde und Resultate liefern, die sich für eine politisch-nationalistische Ausdeutung dieser Ereignisse eigneten.

So rückten erstmals auch mittelalterliche und neuzeitliche Schlachtfelder vermehrt in den Fokus der Archäologie. In Polen begannen mehrere Großprojekte, z. B. dort, wo 1410 ein polnisch-litauisches Heer in der Schlacht bei Tannenberg (polnischer Name: Grunwald) die Truppen des Deutschen Ordens geschlagen hatte. Geforscht wurde auch nach dem Schauplatz der schweren Niederlage einer deutsch-polnischen Streitmacht gegen ein mongolisches Invasionsheer 1241 bei Liegnitz/Legnica. Außerdem wurde bei Warna (Bulgarien) jenes Schlachtfeld untersucht, auf dem 1444 ein polnisch-ungarisches Kreuzfahrerheer den Osmanen unterlag. Ausgrabungen erfolgten zudem bei Mohács (Ungarn), wo einfallende osmanische Truppen 1526 die Streitmacht des ungarischen Königs Ludwig II. vernichtet hatten.

Dabei wurde vor allem in Polen ein erheblicher Aufwand betrieben. Insbesondere bei Tannenberg nutzte man ab 1958 modernste verfügbare archäologische Methoden. Beispielsweise wurden Phosphatgehalte des Erdbodens getestet, um Bestattungen ausfindig zu machen oder Zonen zu lokalisieren, in denen nach den Kämpfen viel organische Substanz vergangen war. Mit frühen Metallsuchgeräten überprüften Minenräumtrupps der Streitkräfte ausgedehnte Flächen auf Kampfrelikte. Experten beflogen in Armeehubschraubern weite Teile des Areals, um aus der Luft auffällige, auf Gräber hinweisende Bodenmerkmale aufzuspüren. Doch die große Mühe zahlte sich kaum aus, es wurde lediglich eine verschwindend geringe Zahl von Metallfunden aus der Schlacht geborgen. Menschliche Bestattungen, etwa Massengräber, aber auch verbrannte Gebeine, kamen nur im Umfeld der ohnehin bekannten Ruine einer spätmittelalterlichen Schlacht-Gedächtniskapelle zutage. Allerdings enthielt das Fundmaterial hier auch Skelette mit Hiebverletzungen sowie Bolzenspitzen.

Bei Mohács konnten zwar einige große, zufällig entdeckte Massengräber dokumentiert werden, damit waren die brauchbaren Resultate aber ebenso erschöpft wie bei Liegnitz und Varna, wo Ergebnisse praktisch völlig ausblieben.

Bei einem vergleichbaren Projekt von 1958 bis 1960 in Portugal fanden auf dem für die Nationalgeschichte bedeutenden Schlachtfeld von 1385 bei Aljubarrota großflächige Ausgrabungen statt. Dabei wurden aus historischen Quellen bekannte ausgedehnte Systeme von Feldbefestigungen sowie eine Grube mit sekundär bestatteten Gebeinen gefallener

Wisby: untersuchtes Massengrab von 1361 bei der Ausgrabung 1928.

Menschen und Tiere entdeckt. Darüber hinaus kam auch bei Aljubarrota ein frühes Metallsuchgerät zum Einsatz, jedoch nur in sehr begrenztem Umfang.

Diese ersten Ansätze gezielter archäologischer Untersuchungen mittelalterlicher Schlachtfelder wurden seit den 1960er-Jahren fast ausschließlich in Polen fortgesetzt. Hauptsächlich bei Tannenberg fanden bis in die 1980er-Jahre hinein weitere Ausgrabungen statt. Daneben wurden auch auf neuzeitlichen Schlachtfeldern weitere kleinere Projekte durchgeführt, mit teils interessanten Resultaten, so bei Zehden (Cedynia, 972), Schwetzin (Świecino)/Zarnowitz (Żarnowiec) (1462) und Lübschau (Lubiszewo, 1577). Allerdings blieb die archäologische Erforschung solcher Orte auch in Polen nur ein kleiner Teilbereich des Faches. Ferner wurde in der Ukraine bei Beresteczko (Берестечко) der Schauplatz einer Schlacht zwischen Polen und Kosaken von 1651 untersucht. Besonders die aufgrund ihrer Lage in Feuchtböden sehr gut und zahlreich erhaltenen Waffen und Ausrüstungsgegenstände erlauben einzigartige Einblicke in die materielle Kultur des unterlegenen Kosakenheeres. In den 1980er-Jahren setzte eine entsprechende Entwicklung in der Tschechoslowakei ein, wo vor allem Feldbefestigungen des Dreißigjährigen Krieges im Mittelpunkt des Interesses standen.

So wurden in Osteuropa immer wieder Schlachtfelder teils mit erheblichem Aufwand untersucht, während diese Forschungen im restlichen Europa – abgesehen von wenigen Ausnahmen – weitestgehend unbeachtet blieben.

Die amerikanische Variante: »battlefield archaeology«

Unabhängig davon entwickelte sich in den USA jener Forschungszweig, der später als »battlefield archaeology« bekannt wurde und den Anstoß für die moderne Schlachtfeldarchäologie auch in Europa gab. In den USA kam der historischen Archäologie aufgrund der kurzen europäischen Geschichte des Kontinents bereits früh große Bedeutung zu. Entsprechend interessierte man sich speziell seit Beginn des 20. Jh. besonders für jene Orte, an denen sich im 18. und 19. Jh. die Geschichte der Nation mit Waffengewalt entschieden hatte. Dabei fand der Begriff »battlefield archaeology« spätestens seit Anfang der 1970er-Jahre Verwendung. Doch wie in Europa wurde zunächst, und bis weit in die 1980er-Jahre hinein, fast ausschließlich mit herkömmlichen Mitteln gearbeitet. Primär bei Grabungen erfasste man Gebäudegrundrisse, Wälle und Gräben von Befestigungen, Palisadenreste von Grenzforts und Bestattungen.

Erst später begann man, anhand von Fundkartierungen Hergang und Lage der Kämpfe zu rekonstru-

Aljubarrota: Einsatz eines frühen Metalldetektors am Fundort der Knochen.

ieren. In den 1970er-Jahren bei der Ausgrabung von Fort Watson etwa analysierte Leland Ferguson die Verteilung der geborgenen Bleikugeln von Handfeuerwaffen. So konnte er den Verlauf der Belagerung des britisch besetzten Forts 1781 durch amerikanische Einheiten während des Unabhängigkeitskrieges (1775–1783) teilweise nachvollziehen.

Einen Einschnitt markiert das Jahr 1984, als auf dem »battlefield« am Little Bighorn River (Montana, USA), dem Schauplatz eines vergleichsweise kleinen, aber national bedeutsamen Kampfes der Indianerkriege, ausgedehnte Prospektionen mit Metallsuchgeräten begannen.

Durch die Resultate dieser Forschungen wurde »battlefield archaeology« in den USA zunehmend populär. Im Mittelpunkt zahlreicher neuer Projekte standen in erster Linie Schlachtfelder des Unabhängigkeitskrieges (1775–1783), des Bürgerkrieges (1861–1865) sowie der Indianerkriege des 19. Jh.

Nichts Neues im Westen

In den meisten Staaten Westeuropas wurden die genannten Tendenzen, zunächst im Osten und später dann in den USA, nur wenig beachtet. Ein Grund hierfür dürfte in der allgemeinen Entwicklung der »Archäologie« zu suchen sein: Denn in vielen europäischen Staaten setzte sich beispielsweise die Mittelalterarchäologie erst in der zweiten Hälfte des 20. Jh.

langsam durch, in Deutschland erst in den 1960er- und 1970er-Jahren. Eine archäologische Beschäftigung mit den materiellen Hinterlassenschaften der Neuzeit ist sogar, im Gegensatz zu den USA, noch immer nicht überall etabliert. Entsprechend waren Schlachtfelder aus Mittelalter und Neuzeit, anders als Burgen und Festungen, lange kein Gegenstand der Bodendenkmalpflege. Hinzu kamen weitere Faktoren, weshalb Schlachtfeldarchäologie ein Schattendasein fristete: Kriege und Schlachten sind bekanntermaßen vor allem in Deutschland kein allgemein beliebtes Thema. Selbst einer ernstzunehmenden wissenschaftlichen Beschäftigung mit ihnen haftet schnell der Ruch des Militarismus an. Und auch das teils schlechte Image des Metallsuchgeräts, des ohne Zweifel wichtigsten Hilfsmittels US-amerikanischer Schlachtfeldarchäologie, das in der europäischen Fachwelt teils bis heute als »Werkzeug von Kriminellen« betrachtet wird, führte anfänglich zu scheuer Skepsis unter Archäologinnen und Archäologen.

So erfolgten in Westeuropa in den 1970er- bis 1990er-Jahren nur vereinzelte entsprechende Forschungen. Ende der 1970er-Jahre kartierte Peter Newman in Großbritannien Relikte der englischen Bürgerkriegsschlacht bei Marston Moor (1644) und kam so zu neuen Schlüssen bezüglich Kampfverlauf und Ausdehnung des Areals. In Deutschland führten einige mit archäologischen Landesämtern kooperierende Amateurarchäologen Untersuchungen durch, etwa Herbert Matejka, der in den frühen 1980er-Jahren vor allem anhand von gefundenen Waffenteilen des 14. Jh. aller Wahrscheinlichkeit nach den umstrittenen Schauplatz der Schlacht bei Mühldorf (Bayern, 1322) identifizierte. In Schleswig-Holstein prospektierte Jochim Weise bereits seit den 1990er-Jahren das größte Schlachtfeld der Schleswig-Holsteinischen Erhebung von 1850 bei Idstedt.

Eine deutsche Ausnahmeerscheinung sind in diesem Zusammenhang die 1987 begonnenen Entwicklungen in Kalkriese bei Osnabrück. Der britische Major J. A. S. Clunn war in diesem Jahr zuerst auf römische Münzen, im Folgejahr dann auf drei römische Schleuderbleie gestoßen. Seit 1989 wird das Areal weiträumig prospektiert und teilweise auch ergraben. Reste eines Erdwalls, römische Waffen- und Ausrüstungsteile sowie Gruben mit Tier- und Menschenknochen belegen eindeutig ein kriegerisches Ereignis, das aller Wahrscheinlichkeit nach mit der historisch überlieferten »Varusschlacht« 9 n. Chr. in Zusammenhang steht. Kalkriese, wo im Jahr 2000 ein Park und 2002 ein Museum entstand, entwickelte sich seitdem zu einem Zentrum der deutschen Schlachtfeldarchäologie.

Daneben fanden sich auch früher schon Relikte römerzeitlicher Kämpfe, z. B. der Bataverschlacht des Jahres 69 n. Chr. bei Krefeld-Gellep oder Zeugnisse der »Germanenstürme« des 3. Jh. Diese wurden jedoch nicht unter den speziellen Gesichtspunkten einer Archäologie des Krieges und der Schlachtfelder betrachtet.

Tannenberg: Minenspürtrupps im Jahr 1960 bei der Suche nach Schlachtrelikten von 1410.

Neue Forschungen auf alten Feldern

Erst um die Wende vom 20. zum 21. Jh. wurden die in den USA entwickelten Ansätze dann auch von einer wachsenden Anzahl europäischer Archäologinnen und Archäologen wahrgenommen und bei Untersuchungen mittelalterlicher und neuzeitlicher Schlachtfelder angewandt. Entsprechende Forschungen erfolgten zunächst in Großbritannien.

An der Universität Glasgow (Schottland) fand 2000 erstmals jene Fachtagung mit dem Namen »Fields of Conflict« statt, die 2011 in sechster Folge in Kalkriese abgehalten wurde. Den Durchbruch in der öffentlichen Wahrnehmung auf den britischen Inseln brachte im Jahr 2002 die BBC-Fernsehserie »Two Men in a Trench«, in der zwei junge Archäologen die bekanntesten Schlachtfelder der britischen Geschichte zwischen Mittelalter und 20. Jh. mit modernen Methoden erforschten. 2006 wurde dann an der University of Glasgow das auf historisch-archäologische Schlachtfeldstudien spezialisierte »Centre for Battlefield Archaeology« eingerichtet, die erste Institution ihrer Art weltweit. Ein Thema der hier arbeitenden Wissenschaftler ist die für die englisch-schottische Geschichte bedeutende Schlacht von Culloden (Schottland). Sie markierte 1746 das blutige Ende des Zweiten Jakobitenaufstandes. Umfangreiche archäologische Forschungen – Ausgrabungen, Prospektionen mit Metallsuchgeräten sowie geophysikalische Untersuchungen – haben entscheidend zur Neuinterpretation dieses Ereignisses und seines Schauplatzes beigetragen. Die Resultate des Projekts wurden u. a. in ein 2008 eröffnetes neues Besucherzentrum integriert, sodass hier eine direkte Vermittlung an eine interessierte Öffentlichkeit stattfindet.

Von den genannten Ausnahmen abgesehen begannen im übrigen Europa »moderne« systematische archäologische Untersuchungen historischer Schlachtfelder dagegen etwas später. In Schweden bildete das »National Heritage Board« Anfang 2003 ein »Schlachtfeldteam« unter Leitung des Archäologen Bo Knarrström. Die Gruppe suchte bzw. untersuchte bis dato 13 Kampfplätze und militärische Orte des 12. bis 20. Jh. in Schweden, Norwegen, Finnland und der Ukraine. Einige davon waren Schauplätze großer Schlachten mit mehreren zehntausend Kämpfern, andere hingegen nur Austragungsorte kleinerer Scharmützel mit wenigen hundert Beteiligten. In Polen wurde der Schauplatz der Napoleonischen Schlacht von 1806 bei Pułtusk ebenso untersucht wie jene der Schlachten des Siebenjährigen Krieges bei Zorndorf/Sabinowo, 1758) und Kunersdorf/Kunowice, 1759).

In Deutschland stehen aktuell mehrere neuzeitliche Schlachtfelder im Fokus: Königshofen (1525, Deut-

GENERAL CUSTER'S DEATH STRUGGLE.
The Battle of the Little Big Horn.

Zeitgenössische heroisie-
rende Darstellung von Custers
»letztem Kampf«.

Die Schlacht am Little Bighorn

Am 25. Juni 1876 kämpften in der »Schlacht« am Little Bighorn (Montana, USA) Teile des 7. US-Kavallerieregiments unter dem Bürgerkriegshelden Lieutenant Colonel George Armstrong Custer gegen eine Übermacht von 900 bis 1800 Kriegern der Lakota, Arapaho und Cheyenne unter den Anführern Sitting Bull und Crazy Horse. 268 Soldaten starben, darunter Custer. Die Nachricht vom Untergang erreichte die Ostküste erst kurz nach dem 100. Jahrestag der amerikanischen Unabhängigkeitserklärung am 4. Juli des Jahres. Das weiße, »zivilisierte« Amerika war schockiert, die Schlacht war eine der wenigen, in denen die Urbevölkerung gesiegt hatte.

Seit 1879 ist der Schauplatz als Nationalfriedhof ausgewiesen und seit 1946 National Monument. Zum 50. Jahrestag des Geschehens fand im Sommer 1926 ein »Versöhnungsfest« auf dem ehemaligen Kampfplatz statt, das in einem Eklat endete: Ein Enkel Sitting Bulls legte die ihm zuvor offerierten Dollarscheine auf das Rednerpult und sagte: »Ich kann den weißen Männern, die von mir für Dollars versöhnliche Worte zu hören wünschen, solche Worte nicht sagen. Damit würde ich das Andenken meines Großvaters schänden ...«.

Lange Zeit lagen die Details der Kämpfe im Dunkeln. Die Indianer hüllten sich in Schweigen. Als 1983 ein Buschfeuer auf dem ehemaligen Schlachtfeld weite Teile des dichten Gestrüpps niedergebrannt hatte, bot sich die Gelegenheit, das Areal archäologisch zu untersuchen. Die Arbeiten begannen 1984 mithilfe freiwilliger Sondengänger. In diesem und dem Folgejahr wurden über 1000 Relikte geborgen, bei weiteren Prospektionen kamen noch Tausende hinzu.

Die Verteilung von Geschossen, Patronenhülsen und Teilen militärischer Ausrüstung im Gelände erlaubt es nicht nur, den Kampfplatz einzugrenzen. Auch der Verlauf und die Art und Weise, wie beide Seiten das Terrain nutzten, können teilweise detailliert nachvollzogen werden. Leere Hülsen zeigen, von wo aus US-Soldaten auf Indianer feuerten, eingeschlagene Geschosse, wo diese standen. In einigen Fällen ließen sich die Bewegungen einzelner Männer über den Kampfplatz nachvollziehen – über Spuren charakteristischer Patronenhülsen, die sie bei der Nutzung ihrer Waffen auf dem Schlachtfeld hinterließen.

Durch die archäologischen Untersuchungen wurden auch Legenden zerstört – Legenden des weißen Amerika, das an einen heldenhaften letzten Kampf seiner Soldaten glauben wollte. Die historische Realität ist ernüchternd: Custers Truppe ritt sehenden Auges in ihren Untergang, wegen seiner Selbstüberschätzung herrschten schnell Chaos, Panik, Verzweiflung und Tod.

scher Bauernkrieg), Lützen und Wittstock (1632 bzw. 1636, Dreißigjähriger Krieg), Gadebusch/Wakenstädt (1712, Großer Nordischer Krieg), Minden (1759, Siebenjähriger Krieg), Auerstedt/Hassenhausen (1806, 4. Koalitionskrieg), Lauenburg an der Elbe (1813, Freiheitskriege), Idstedt (1850, Schleswig-Holsteinischer Krieg) und Missunde (1848, 1850, 1864, Schleswig-Holsteinischer Krieg und Deutsch-Dänischer Krieg). Darüber hinaus werden auch Kampfplätze wesentlich älterer bzw. jüngerer Zeitstellungen erforscht, z. B. der erst 2008 entdeckte Austragungsort eines römisch-germanischen Gefechts wohl von 235 n. Chr. am Harzhorn bei Kalefeld oder die Fundstelle bronzezeitlicher Skelette und Waffen im Tal der Tollense, mittelalterliche Schlachtfelder oder amerikanische Schützenstellungen aus den Kämpfen im Hürtgenwald 1944/45.

Perspektiven

In Deutschland ist »Schlachtfeldarchäologie« derzeit im Entstehen, ist als Begriff wie als Forschungszweig noch nicht klar definiert. Wie das deutsche Wort »Schlacht« wird sie vermutlich noch mehrfach Bedeutungswandel erfahren. Ein mögliches Szenario

künftiger Entwicklungen geben britische und US-amerikanische Wissenschaftler vor: Im englischsprachigen Raum wird »battlefield archaeology« mittlerweile als einer von mehreren Aspekten der »conflict archaeology« – der Konfliktarchäologie – gesehen und betrieben. Der Ansatz manifestiert sich hauptsächlich im »Journal of Conflict Archaeology«. Dahinter steckt u. a. die Tatsache, dass »Krieg« eben nicht nur auf dem »Schlachtfeld« stattfindet, sondern dass Heere auch Nachschub aus dem Hinterland und im Frieden wie im Krieg Stützpunkte benötigen, etwa um Verwundete und Gefangene unterzubringen und zu versorgen; dass Soldaten auch außerhalb des Kampfes häufig genug Dörfer plündern und Infrastruktur zerstören, Zivilisten misshandeln und töten – und später, wie überlebende Opfer, unter den physischen wie psychischen Folgen des Erlebten leiden können.

Entsprechend beachten Schlachtfeldarchäologen in Deutschland bereits jetzt auch neuzeitliche Einrichtungen militärischen Ursprungs: Kriegsgefangenenlager, Bunker, Truppenübungsplätze, Bombenschutt etc. So wurden auf der Schlachtfeld-Tagung in Halle 2008 nicht nur Funde und Befunde zwischen Antike und 20. Jh., sondern zugleich solche wesentlich älterer Zeitstellungen vorgestellt. Die jüngst in

In Kalkriese wurde 2002 ein neues Museum mit einem 40 m hohen Aussichtsturm eröffnet.

Kalkriese beendete »6th Fields of Conflict Conference« richtete den Blick ebenso auf gewaltsame und kriegerische Konflikte im Allgemeinen. Daher öffnet die zunächst auf Mittelalter und Neuzeit beschränkte moderne Schlachtfeldarchäologie auch der prähistorischen Archäologie hinsichtlich des Spektrums von »Krieg und Gewalt« neue Perspektiven.

Langfristig könnten dann vielleicht auch Politik und Propaganda, koloniale Spannungen, Erinnerungskultur und Schlachtfeldtourismus oder gesellschaftlicher Umgang mit »Orten der Gewalt« zu Themenfeldern innerhalb eines archäologischen Zweiges werden, der alle Erscheinungsformen von Krieg und zwischenmenschlicher Gewalt umfasst.

Archäologie und »Sondengängerei«

Sicherlich ist das Metallsuchgerät das wichtigste Werkzeug der Schlachtfeldarchäologie. Mit ihm können unter geringem Aufwand jene kleinen Metallobjekte aus den obersten Erdschichten geborgen werden, die auf historischen Kampfplätzen regelhaft den Großteil des Fundmaterials ausmachen. Deren Analyse kann sonst archäologisch nicht oder nur eingeschränkt fassbare Kriegsereignisse nachvollziehbar machen.

Ursprünglich etwa zur Suche nach Erzvorkommen entwickelt und im Zweiten Weltkrieg für die Minensuche genutzt, wurde die Archäologie erst spät auf die Möglichkeiten des Geräts aufmerksam. In Europa blieben frühe Einsätze auf Schlachtfeldern in Polen und Portugal um 1960 ohne Auswirkungen. Vor allem ab den 1980er-Jahren wurde es in den USA archäologisch genutzt, etwa am Little Bighorn.

Seitdem hat sich die Arbeitsweise kaum verändert. Beim Absuchen (Prospektieren) einer Fläche hält der »Sondengänger« mit einer Hand das Gerät an dem Ende des Gestänges, wo sich Griff, Elektronik und Batterien befinden. Nun wird die am anderen Ende sitzende Suchspule beim Gehen dicht über dem Boden immer wieder von links nach rechts und zurück bewegt. Dabei fließt der Strom aus den Batterien durch die Suchspule und erzeugt ein Magnetfeld. Dieses wird von metallischen Objekten verändert, was akustische oder optische Signale auslöst. Moderne Geräte können mehr oder weniger effektiv zwischen Eisen sowie Bunt- und Edelmetallen unterscheiden. Die Sucheigenschaften variieren geräteabhängig und werden durch Faktoren wie etwa Bodenfeuchte und -bewuchs beeinflusst.

Aus archäologischer Sicht jedoch hatte die Möglichkeit, gezielt nach verborgenen Metallobjekten zu suchen, auch negative Folgen. Seit den 1960er-Jahren wurden in den USA günstige Handgeräte produziert und »treasure hunting« entwickelte sich zu einem populären Hobby. Vor allem auf den metallreichen Schauplätzen des Bürgerkrieges (1861–1865) suchten »Schatzjäger« nach Relikten der Vergangenheit. Bald erreichte dieser Trend auch Europa – und bewirkte das in der Archäologie teils bis heute schlechte Image des Metalldetektors.

Die rechtliche Situation für dessen Nutzung regeln in Deutschland die Denkmalschutzgesetze der Länder. Diese besagen im Prinzip übereinstimmend, dass das Suchen bzw. Graben nach so genannten Bodendenkmälern einer Genehmigung durch die Denkmalschutzbehörden bedarf.

Diese Regelung findet gewöhnlich auch für Nachforschungen mittels Metallsuchgerät Anwendung. Denn ob im Boden archäologisch bedeutende Befunde existieren, deren wissenschaftliche Aussagekraft ein unkontrollierter Eingriff zerstören würde, ist oberirdisch meist nicht zu erkennen. Bei ungenehmigter Suche und Grabung drohen daher empfindliche Strafen.

Allgemein sind historische und archäologische Zufallsfunde den zuständigen Behörden zu melden. Die Eigentumsfrage ist bundesweit uneinheitlich geregelt. Meist gilt ein Schatzregal, sodass entsprechende Funde, häufig gegen eine angemessene Entschädigung, an das jeweilige Bundesland gehen.

Ein Metallsuchgerät im Einsatz.

Eine kurze Archäologie und Geschichte vom Krieg

Seit wann gibt es Krieg? Einer der ersten Prähistoriker, der sich eingehender mit dieser Frage befasste, war der britische marxistische Archäologe Vere Gordon Childe. In seinem Aufsatz »War in Prehistoric Societies« (1941) hielt er es für wenig wahrscheinlich, dass sich die Jäger der Altsteinzeit vor mehr als 12 000 Jahren »bekriegten«. Wohl aber nahm er an, dass dies die ersten Ackerbauern und Viehzüchter der Jungsteinzeit in Mitteleuropa seit etwa 7000 Jahren taten. Unter »Krieg« verstand Childe dabei nicht speziell zwischenstaatliche, sondern gewaltsame Konflikte zwischen Menschengruppen überhaupt.

Childes Grundgedanke einer friedlichen Urzeit fußt auf weit älteren Vorbildern, etwa dem biblischen »Garten Eden«. Der Eingriff des Menschen in die Natur, die Veränderung der von ihm vorgefundenen Arten durch Züchten und Kreuzen in der Jungsteinzeit ließe sich mit der biblischen Vertreibung aus dem Paradies gleichsetzen. Solche Vorstellungen eines friedlichen Anbeginns der Menschheit und eines daran anschließenden Verfalls finden sich in verschiedenen Mythen: In der griechischen Antike war es das Goldene Zeitalter, an dessen Ende Macht- und Besitzgier aufkamen und moralischer Verfall einsetze. Fast immer aber ist der Frieden fern, ist er Utopie oder erscheint erst nach dem Tod im Jenseits – wenn auch selbst dort nicht immer.

Das Klischee vom friedlichen Wilden

Lange war das Klischee vom »friedlichen Wilden«, das hauptsächlich auf den Philosophen Jean-Jacques Rousseau (1712–1778) zurückgeht, unter Prähistorikern verbreitet. Rousseau glaubte, dass der Mensch von Natur aus friedlich sei. Vor allem der amerikanische Archäologe Lawrence H. Keeley erschütterte dieses Bild mit seinem 1996 erschienen Werk »War before Civilization: The Myth of the Peaceful Savage«. Denn Keeleys Studien zum Konfliktverhalten zahl-

Kriege, Verbrechen und Laster waren unbekannt. »Das goldene Zeitalter« von Lucas Cranach dem Älteren (um 1530).

reicher moderner, ethnologisch untersuchter Stämme von Ureinwohnern zeigten, dass friedliche Völker die Ausnahme darstellten. Vielmehr zogen etwa 90 bis 95 % der von ihm betrachteten Gruppen gegen andere zu Felde.

Tatsächlich sind ethnologische Berichte aus allen Teilen der Welt voller Beispiele mehr oder weniger organisierter Formen von Gewalt zwischen Gruppen und Individuen: Seien es die indianischen Völker in südamerikanischen Regenwäldern, die fast alle nahezu einmal jährlich ihre jeweiligen Nachbarn überfielen, die Massai in Afrika, deren junge Männer ab einem Alter von etwa 14 bis weit über 30 Jahren als Jäger und Krieger lebten oder die Inuit im Norden Amerikas, die durchaus auch Frauen und Kinder ihrer Gegner töteten – wie etwa beim »Massaker von Bloody Falls« (1771).

Nicht nur die Häufigkeit von Kriegszügen, sondern auch die Todesrate unter den Stammeskriegern war erstaunlich. In den von Keeley analysierten Gruppen starben sie – prozentual gesehen – deutlich häufiger durch kriegerische Handlungen als Angehörige westlicher Staaten durch die Kriege des 20. Jh. Todesraten von 20 % unter Männern waren in Keeleys Beispielgesellschaften »normal« und erreichten teils über 50 %.

Einige Wissenschaftler glaubten, die Aggressivität unter den Völkern rühre vom westlichen Einfluss seit der Kolonisation her. Doch dagegen sprechen glaubhafte Beobachtungen früher Forschungsreisender, vorkoloniale historische Quellen und archäologische Befunde.

Ein Paradebeispiel hierfür ist das so genannte Crow-Creek-Massaker, das sich um die Mitte der ersten Hälfte des 14. Jh. in South Dakota zutrug – lange bevor Christoph Kolumbus Amerika entdeckte. Archäologen stießen hier auf ein Massengrab mit Skeletten von annähernd 500 Männern, Frauen und Kindern. Sie waren getötet, dann teils verstümmelt und geköpft worden. Das zugehörige Dorf hatten die Angreifer niedergebrannt. Anhand der Anzahl vernichteter Häuser schätzten Archäologen, dass hier etwa 800 Menschen gelebt hatten, von denen 60 % getötet wurden.

Auch in Australien gab es Kriege ohne direkten westlichen Einfluss: Laut einer Studie wurden im Territorium Arnhem Land ganz im Norden des Kontinents während des späten 19. Jh. 25 % aller Männer der eingeborenen Murngin bei Stammeskriegen getötet.

Eine Archäologie des Krieges

Sollte in der Urgeschichte ähnliche Gewalt geherrscht haben, wie sie in ethnologischen Berichten hervorscheint? Die völkerkundlichen Beschreibungen las-

Felsbild aus dem Abri von Les Dogues in der Gasulla-Schlucht (Spanien).

sen sich jedenfalls nicht eins zu eins auf die menschlichen Gesellschaften der prähistorischen Epochen übertragen. Die untersuchten neuzeitlichen Völker lebten oft unter grundlegend anderen Bedingungen als die Menschen der Altsteinzeit. Vor allem während der langen Kältephasen der Eiszeiten war die Umwelt eine völlig andere.

Ethnologen wie Archäologen stehen zunächst aber vor der gleichen grundlegenden Frage: Was beinhaltet der Begriff »Krieg« überhaupt? Manche Politikwissenschaftler beispielsweise nutzen ihn erst, wenn ein Konflikt mehr als 1000 Todesfälle verursacht. Ähnliches gilt für Rechtswissenschaftler und das internationale Kriegsvölkerrecht, das heute wesentliche Aspekte zur Art und Weise des Umgangs mit Kombattanten, Nichtkombattanten oder Kulturgütern regelt.

Wie die ethnologischen Befunde sind diese modernen und komplexen Begriffe von Krieg nicht auf urgeschichtliche Verhältnisse übertragbar. Denn zwischenmenschliche Gewalt, archäologisch z. B. durch Knochenverletzungen dokumentiert, macht für sich allein genommen noch keinen Krieg. So stellt sich die Frage, wann Gewalt zu Krieg wird.

Als treffende Definition gilt heute die des Sozialanthropologen R. Brian Ferguson. Ihm zufolge ist Krieg ein planvoller, organisierter Konflikt zwischen Gruppen, der mit tödlichen Waffen ausgetragen wird. Ein solcher Krieg kann unterschiedliche Gestalt annehmen: verabredete Kämpfe in Formation, kleinere Überfälle aus dem Hinterhalt oder Gemetzel, wobei die Übergänge meist fließend sind. Auch Fehden und Bandenkriege umfasst diese Definition.

Die nächste Frage lautet: Wie lässt sich Krieg archäologisch nachweisen? Dieser zeige sich, so Childe, archäologisch vor allem in Form von Waffen und Verteidigungsanlagen. Doch »die Waffe« allein eignet sich kaum als archäologischer Beleg. Denn ursprünglich dienten sowohl Pfeil und Bogen als auch Speere der Jagd auf Tiere und wurden wohl nur ausnahmsweise gegen andere Menschen gerichtet. Reine Kriegswaffen wie Schwerter, die allein den Zweck haben, Menschen zu töten, produzierte der Mensch erst viel später, seit der Bronzezeit.

Dem dänischen Archäologen Jonas Christensen zufolge lassen sich insgesamt fünf archäologische Fundgruppen anführen, die Hinweise auf kriegerische Auseinandersetzungen liefern können. Außer den genannten Waffen und Verteidigungsbauten sind dies Verletzungsspuren vor allem an Menschenknochen, Massengräber mit Merkmalen von Totschlag an den darin liegenden menschlichen Überresten sowie bildliche Darstellungen. Hinzu kommt heute die Möglichkeit, mit modernen schlachtfeldarchäologischen Analysen Kampfplätze – in erster Linie der Me-

Eulau Grab 99, Kleinfamilie mit Eltern und zwei Kindern.

tallzeiten – zu lokalisieren und ein Geschehen zu rekonstruieren. Doch keines der genannten Merkmale allein ist ein sicherer Beweis für Krieg, ausgenommen vielleicht Massengräber und Schlachtfelder.

Eiszeitkriege?

Anders als Childe glaubten manch »frühe« Urgeschichtsforscher des 19. und beginnenden 20. Jh. durchaus an Kriege unter den urgeschichtlichen Menschen und weniger an ihre natürliche Friedfertigkeit. So galten die 1899 unter einem Felsüberhang (Abri) nahe der kroatischen Stadt Krapina entdeckten, teils zerschlagenen und Schnittspuren aufweisenden Knochen von etwa 70 Neandertalern als Relikte eines Jahrtausende während Krieges, in dem anatomisch moderne Menschen ihre Artgenossen nicht nur getötet, sondern komplett ausgelöscht haben sollen. Heute sind sich die Forscher jedoch weitestgehend einig, dass kultische Gründe zu den Schnittmarken an den Skelettresten führten und es sich bei dem Fundplatz wohl um eine Begräbnisstätte handelte. Auch im Falle der 33 in zwei »Nester« gebetteten, teils zertrümmerten Schädel aus der bayerischen Großen Ofnet-Höhle führten vor 9700 Jahren wohl rituelle Handlungen an bereits toten Körpern zu den »Schädel-Schäden«. Nach ihrer Entdeckung im Jahr 1908 waren zunächst Schlagworte wie Kopfjagd, Krieg und Massaker gefallen.

Ein Felsbild der so genannten Levantekunst aus dem Abri von Les Dogues in der Gasulla-Schlucht (Spanien) galt lange als eiszeitliche Abbildung zweier sich gegenseitig mit Pfeil und Bogen bekämpfender Menschengruppen. Doch Vergleiche der ebenfalls dargestellten Tiere mit Ritzungen auf Gefäßen sprechen heute eher für eine Datierung der Malereien in die spätere Jungsteinzeit.

In keinem einzigen dieser altsteinzeitlichen »Fälle« konnte der Anfangsverdacht auf eine kriegerische Ursache des Befundes erhärtet werden. Allerdings ist ein archäologischer Nachweis solcher Ereignisse auch nur sehr eingeschränkt möglich. Neben der geringen Zahl von Skelettfunden liegt dies auch darin begründet, dass die damaligen »Waffen« vor allem aus Holz bestanden und fast nur ihre steinernen Spitzen erhalten blieben, ebenso, dass sich eine Nutzung der Waffen für Jagd oder Krieg nicht unterscheiden lässt.

Ethnologen und Archäologen wie Keeley stießen auch auf Völker, die einträchtig mit anderen zusammenlebten: So waren organisierte Kriege für matriarchale Gesellschaften untypisch, wenngleich auch darin Kriegerkasten und -bünde existierten. Hauptsächlich aber waren es mobile, nomadisch lebende

Gruppen – vielleicht, weil Flucht für sie eher eine Option darstellt als für sesshafte Ackerbauern. Dies könnte zu Childes eingangs erwähnter Hypothese vom friedfertigen Eiszeitler passen. Denn dieser ernährte sich vor allem als Wildbeuter, und seine Lebensweise entsprach am ehesten der von Nomaden. Zudem war in der Urzeit aufgrund der außerordentlich geringen Populationsdichte ein Zusammentreffen größerer Menschengruppen wenig wahrscheinlich.

Mit dem Ackerbau kam der Krieg

Zahlreiche Wissenschaftler glauben heute, dass der Übergang zum Ackerbau nach dem Ende der letzten Eiszeit vor etwa 12 000 Jahren ein wichtiger Faktor für die Entstehung von Kriegen war. Denn in vielen Regionen der Welt lässt sich archäologisch eine ähnliche Abfolge von Ackerbau und Sesshaftigkeit, dem Bau befestigter Siedlungen und schließlich Gruppenkonflikten feststellen.

Ausgehend hauptsächlich vom »fruchtbaren Halbmond«, vorwiegend im heutigen Iran, Irak und Syrien, verbreitete sich allmählich die neue Lebensweise. Damit beginnt für die Archäologie – regional unterschiedlich – die Epoche der Jungsteinzeit. Childe prägte für diesen Prozess den Begriff »Neolithische Revolution«.

Aus dieser Umbruchzeit stammt ein Befund, der hinsichtlich seiner frühen Zeitstellung und seiner Eindeutigkeit in Bezug auf kriegerische Gewalt eine Ausnahme darstellt. Auf einem Gräberfeld bei Jebel Sahaba (Sudan) bestattete man vor etwa 12 000 Jahren die sterblichen Überreste von 59 Menschen. Die Toten lagen einzeln oder zu zweit bis viert in den Grabgruben. Wenigstens 24 kamen gewaltsam zu Tode. Insgesamt 110 steinerne Pfeil- und Speerspitzen fanden sich bei den Skeletten, und zwar so, dass sie bei der Bestattung noch im Körper gesteckt haben mussten. Fehlende Heilungsspuren der Knochen zeigen, dass die Attacken tödlich endeten.

Gräben, Wälle, Palisaden

In den Regionen nördlich der Alpen hielt die neue Lebensweise erst Jahrtausende später Einzug. Aus der davor liegenden Phase, der so genannten Mittelsteinzeit, fanden sich zwar gelegentlich menschliche Skelette mit Pfeileinschüssen oder Spuren tödlicher Schädeltraumata. Doch verglichen mit der Gesamtzahl regulärer Bestattungen jener Zeit nimmt sich deren Anteil gering aus, sodass es sich bei diesen Einzelfällen wohl nicht um Opfer von Gruppenkonflikten handelt.

Eulau Grab 98, Einpassen eines Steinbeils in die Kopfwunde einer Frau.

Eulau Grab 90, Pfeilspitze in der Wirbelsäule einer Frau.

Mit der Einführung von Ackerbau und Viehzucht mehren sich dann aber auch in Mitteleuropa deutlich archäologische Hinweise auf kriegerische Ereignisse. Es entstanden Befestigungswerke aus Gräben, Wällen und Palisaden, von denen manche nach Ausweis der Brandschichten sowie unzähliger Pfeileinschüsse auch angegriffen und zerstört wurden. Zudem gibt es nun regelrechte Massengräber, wobei die Skelette häufig unverheilte Verletzungen durch Nahkampf- und Fernwaffen erkennen lassen.

Im heutigen Talheim (Lkr. Heilbronn, Baden-Württemberg) wurde vor etwa 7000 Jahren offenbar eine komplette Siedlungsgemeinschaft ausgelöscht. Von den mindestens 34 Toten zeigten sich bei 20 Individuen Spuren unverheilter Schädelverletzungen. Vermutlich hatte man sie nach einem Überfall regellos in eine flache Grube geworfen. Neben Pfeil und Bogen mordeten die Täter auch mit eigentlich zur Holzbearbeitung gedachten Steinbeilen. Außer im Kopfbereich wiesen die Skelette nur wenige Knochenverletzungen auf. Dies spricht dafür, dass man die Menschen überraschend angegriffen hatte, sodass ihnen kaum eine Möglichkeit zur Gegenwehr blieb.

In Schletz bei Asparn an der Zaya (Österreich) waren es 67 derart getötete Männer, Frauen und Kinder, deren Überreste verscharrt im Befestigungsgraben ihrer Siedlung lagen. Häufig waren ihnen die Schädel zertrümmert worden. Vielen Opfern hatte man mehrere Verletzungen zugefügt, von denen bereits eine tödlich gewesen wäre. Radiokarbonanalysen datieren das Geschehen auch hier in die Zeit vor etwa 7000 Jahren. Schätzungen anhand zeitgleicher Grabfunde in einigen gut untersuchten Regionen deuten auf eine gewaltbedingte Todesrate von 5 bis 15 % hin.

Auffallend ist die Tatsache, dass sich Befunde wie aus Talheim und Schletz erst einige Generationen nach Einführung der neuen Wirtschaftsweise häufen. Eine Erklärung hierfür wäre eine ökonomische Krise: Möglicherweise konnten anfangs noch viele Menschen ernährt werden, doch könnte es nach einiger Zeit durch Bevölkerungszunahme und Missernten zu Subsistenzkrisen gekommen sein. Naturkatastrophen und Klimawechsel könnten ihr Übriges dazu beigetragen haben, sodass ein Kampf um Ressourcen wie Ackerland einsetzte, der auch mit Mitteln des Krieges geführt wurde.

Stammeskriege

Am Ende der Jungsteinzeit, vor 5000 Jahren, hatte sich »planvolle Gruppengewalt« in Europa etabliert: Aus Frankreich und Spanien sind Massengräber bekannt, wie z. B. in Roaix, wo von 20 Pfeilspitzen sieben noch so zwischen den Knochen der Toten steckten, wie sie einst in deren Körper eingeschlagen haben.

Allein auf der Iberischen Halbinsel lassen sich aus derselben Zeit 69 kupferzeitliche Befestigungswerke nachweisen. Häufig fanden sich massenweise Pfeilspitzen bei diesen Anlagen. Auf den Britischen Inseln starben laut einer systematischen Studie von Schädelfunden 2 % der jungsteinzeitlichen Bewohner durch einen Schlag auf den Kopf.

Im sächsischen Eulau wurden 2005 in einem Kiestagebau 13 Skelette von acht Kindern, drei Frauen und zwei Männern entdeckt, die eindeutig eines gewaltsamen Todes starben. Als Tatwaffen sind Steinbeile und Pfeile nachgewiesen. Das Geschehen datiert in eine spätere Phase der Jungsteinzeit vor 4500 Jahren, als verschiedene bäuerliche Gruppen, so genannte Glockenbecher- und Schnurkeramik-Kulturen, den mitteldeutschen Raum bevölkerten.

Gelegentlich finden sich archäologische Hinweise auf großräumigere und vielleicht auch länger andauernde Kriege. So beispielsweise in Niederbayern, wo vor 5000 Jahren die jungsteinzeitlichen Bauern der Chamer-Gruppe ihre Siedlungen mit Palisaden und Gräben schützten. An den Außenseiten der Befestigungen kamen an mehreren Stellen zudem zahlreiche Feuersteinpfeilspitzen zutage. Am Erdwerk von Hadersbach (Bayern) wurden zahlreiche Geschosse

Aus dem kupferzeitlichen Hamoukar (Syrien) stammen mehr als tausend solcher 5500 Jahre alten Schleudergeschosse.

entdeckt. Dicke Holzkohleschichten stammen von größeren Bränden und zeugen vom Ende des Erdwerks. Ebenso wurde der Torweg über den Graben offenbar noch hastig verbaut, um einen Angriff abzuwehren. Hinzu treten zeitgleiche Funde wie das schnurkeramische Kindergrab aus Straubing-Alburg, wo im Schädelbereich noch die todbringende Feuersteinpfeilspitze lag.

Fürsten und Könige

Außerordentlich kriegerische Zeiten lassen sich anhand archäologischer Funde und Befunde mehrfach erkennen: Am Ende der Steinzeit (vor etwa 5000 Jahren), dann vor allem in der mittleren Bronzezeit (vor ca. 3500–3000 Jahren), in der frühen Eisenzeit (vor ca. 2800–2450 Jahren) und wiederum ab dem 3. Jh. v. Chr. bis schließlich in unsere heutige Zeit hinein.

In diesen Epochen wurden überregional Befestigungswerke angelegt, und die Gräber sind Abbilder meist stark differenzierter Gesellschaften. Fast immer spiegelte die Beigabe von Waffen eine kriegerische Grundhaltung wider. Nicht selten gaben sich die Herrscher jener Jahre durch prunkvolle Bestattungen zu erkennen.

Mit solchen kriegerischen Phasen ging eine Konzentration von Macht- und Reichtum einher. Diese wiederum erfolgte häufig wohl im Zuge wirtschaftlicher und technischer Innovationen, z. B. Kenntnisse um Ackerbau und Viehzucht oder die Fähigkeit zur Kupfer-, Bronze- und Eisenverarbeitung.

Die archäologisch nachweisbaren Sozialgebilde während dieser intensiven Kriegsphasen sind mit den eingangs erwähnten, ethnologisch untersuchten Stämmen des 19. und 20. Jh. nicht mehr zu vergleichen. Vielmehr handelt es sich um komplexer organisierte Gemeinwesen. Im Vergleich zu »einfach« strukturierten Stammesgesellschaften lässt sich eine hierarchische Organisation erkennen, und auch das Kriegswesen weist Eigenheiten auf. Der Anthropologe Keith F. Otterbein legte 1970 eine Studie vor, in der er mit quantitativen-statistischen Mitteln eine ganze Reihe ethnografisch dokumentierter, vorindustrieller Gesellschaften bezüglich verschiedenster Aspekte ihrer Kriegsführung untersuchte.

Insgesamt, so zeigte sich, bestand die Ausrüstung häufig aus Nahkampf- und Fernwaffen, wobei Letzteren – besonders Pfeil und Bogen – bei der Austragung bewaffneter Konflikte eine sehr viel größere Bedeutung zukam.

Während Krieger von Stammesgesellschaften in der Hälfte aller Fälle aus dem Hinterhalt agierten und dabei hauptsächlich Fernwaffen einsetzten, führten solche aus hierarchisch organisierten »Häuptlings-tümern« auch Frontalangriffe in Formation und mit Nahkampfwaffen aus. Zudem waren die Ansiedlungen von »Häuptlingstümern« nie schutzlos, denn die »Anführer« verfügten über genügend Autorität und Macht, um komplexere und größere Befestigungsanlagen errichten zu lassen.

Aufwendig herzustellende Körperrüstungen, so Otterbein, sind vor allem in staatsähnlichen Gesellschaften vorhanden. Existierten derartige Sozialstrukturen nicht, bestanden die wenigen Schutzwaffen, insbesondere Schilde, meist aus »einfacheren« Materialien wie Holz oder Leder. Bei etwa einem Drittel der betrachteten traditionellen Stammesgesellschaften fehlten sie sogar ganz.

Für die Möglichkeit, Otterbeins Beobachtungen auf die europäische Urgeschichte zu übertragen, sprechen z. B. aufwendig gearbeitete Helme, Brustpanzer, Beinschienen und Schildteile aus der Zeit ab der Wende vom 14. zum 13. Jh. v. Chr. oder aufwendige Panzer aus Leder und Metall in der bayerischen Heunischenburg vom Ende des 2. Jt. v. Chr.

Doch auch wenn sich Phasen intensiver kriegerischer Aktivität insbesondere über Kriegswaffen und Rüstungen sowie Verteidigungsanlagen durchaus indirekt archäologisch nachweisen lassen, sind von der Bronzezeit bis um Christi Geburt eindeutige Belege aus dem heutigen Deutschland rar. Etwa 3300 Jahre alt sind die zahlreichen Menschenknochen mit Spuren teils tödlicher Verletzungen aus dem Tal der Tollense. In weiteren Fällen deuten Zerstörungshorizonte auf ein gewaltsames Ende frühstaatlicher Gebilde hin. Ein Beispiel ist die sorgfältig und komplett archäologisch untersuchte Heuneburg bei Herbertingen (Baden-Württemberg) mit ihrer massiven Lehmziegelmauer. Um 470 v. Chr. wurde die Anlage durch einen Brand zerstört und wie so viele befestigte Höhensiedlungen dieser Zeit anschließend verlassen und nie wieder aufgebaut.

Kriegsgeschichte

Von Beginn an war die Geschichte des Menschen zugleich auch eine Geschichte des Krieges. Hieroglyphen, Keilschrifttexte oder Friese wie auf der Standarte von Ur (ca. 2500 v. Chr.) dokumentieren Kriege und Schlachten. Etwas detaillierter wird die Überlieferung ab Mitte des 2. Jt., als Ägypten im Jahre 1457 Syrern in der Schlacht bei Megiddo, 1274 Hethitern bei Kadesch und 1208 lybischen Seevölkern bei Sais gegenüberstand bzw. Assyrer 1117 gegen Muschki am Berg Sais kämpften. Bei diesen Kriegen attackierten sich erstmals, soweit überliefert, große Heere mit professioneller Ausrüstung, deren Einheiten taktisch aufeinander abgestimmt waren. Der noch dürftigen schriftlichen Überlieferung zufolge bestand das ägyptische Heer in Meggido und Kadesch aus etwa 20 000 Mann, die über Streitwagen, Kompositbögen und bronzene Hiebwaffen verfügten. In Kadesch stießen sie auf 37 000 Hetither mit ca. 3000 Streitwagen. Die Schlacht bei Sais forderte wahrscheinlich 12 000 bis 14 000 Tote.

Inschriften in Medinet Habu berichten über die Kriege des ägyptischen Pharaos Ramses III gegen die Seevölker.

»Plünderung eines Dorfes« von Sebastian Vrancx (1573–1647).

Die großen griechischen Historiker schilderten ausführlich die Konflikte ihrer Zeit. So beschrieb beispielsweise Herodot in seinen im 5. Jh. v. Chr. verfassten »Historien« die vorangegangenen Züge von Persiens Großkönigen gegen Griechenland. Thukydides widmete mit seinem »Peloponnesischen Krieg« gleich ein ganzes Werk den gleichnamigen Kämpfen zwischen griechischen Stadtstaaten (ca. 460–400 v. Chr.), und Polybius begann seine Universalgeschichte Roms mit dem Ersten Punischen Krieg (264–241 v. Chr.), während er sie mit der Zerstörung Karthagos und Korinths im Dritten Punischen Krieg (146 v. Chr.) enden ließ.

Der griechische Philosoph Heraklit (um 520–460 v. Chr.) meinte: »Der Krieg ist der Vater aller Dinge. Manche machte er zu Göttern, andere zu Sklaven«. Dies entsprach dann auch im Wesentlichen der häufig durch und durch kriegerischen Ideologie antiker Stadtstaaten. Der Römer Publius Cornelius Tacitus (um 58–120 n. Chr.) hielt die Geschichtsschreibung ohne Kriege für beschwerlich. Bis in jüngste Zeit hinein erhoben Historiker kriegerische Ereignisse, die Reiche und Staaten entstehen und wieder verschwinden ließen, zum zentralen Aspekt ihrer Arbeiten.

Römer, Mönche, Chronisten

Seit den 50er Jahren vor Christi berichten dann auch griechisch-römische Geschichtsschreiber über das Gebiet des heutigen Deutschland. Doch damit endet die Archäologie noch lange nicht, denn noch fast ein Jahrtausend bleibt die Überlieferung sehr fragmentarisch, und bis ins Mittelalter hinein gibt es für weite Teile nördlich der Alpen keine eigene. Allerdings waren die Jahre, über die spätantike und frühmittelalterliche Historiker berichtet haben, fast ausnahmslos Jahre des Krieges.

Der römische Feldherr Gaius Iulius Caesar beschreibt in seinem »Gallischen Krieg« erstmals ausführlich die Gegend westlich des Rheins. Wie die folgenden, überwiegend römischen und griechischen Historiker in ihren Geschichten, Kaiserchroniken und Annalen schildert auch er vor allem kriegerische Konflikte mit »den Germanen«. So war die Ereignisgeschichte des heutigen Deutschlands von Anfang an eine der Kriege und Schlachten. Hauptepisoden dieser Konfrontationen waren zunächst die fast 30 Jahre andauernden Expansionsfeldzüge um Christi Geburt, in deren Verlauf das Varus-Heer fiel. Zahlreiche befestigte Lager dieser Zeit haben sich am westlichen Rheinufer erhalten. Zwar hatten sich die Römer im südlichen und linksrheinischen Deutschland für einige Jahrhunderte festsetzen und etwa bei den Chattenkriegen Domitians in den 80er-Jahren nach Christus noch einige Gebiete hinzugewinnen können, doch schon 16 n. Chr. gaben sie wieder Landesteile auf, die sie bereits zu kontrollieren geglaubt hatten. Der Preis an Menschenleben und militärischer Infrastruktur, den die Römer für die Kriege in Germanien zahlten, war zu hoch. In den Markomannenkriegen 166 bis 180 und schließlich den Goten- und Frankenstürmen des 3. und 4. Jh. musste sich die Weltmacht immer wieder vordringender Scharen erwehren. Den Limes, ihre Außengrenze, gaben die Römer 259/60 auf.

375/76 löste das Vordringen der Hunnen nach Europa die Völkerwanderungszeit und damit eine Welle von Kriegen und Schlachten aus, in deren Folge vielerorts neue und kurzlebige Herrschaften germanischer Völker auf dem Boden des Weströmischen Reiches entstanden. Das Römische Reich selbst erlosch 476 endgültig. Während der folgenden Jahrhunderte kämpften Burgunder, Alamannen, Franken, Vandalen, Goten, Langobarden, Römer und Hunnen in Schlachten wie denen bei Argentovaria (Frankreich, 378), auf den Katalaunischen Feldern (Frankreich, 451) oder bei Zülpich (Nordrhein-Westfalen, 496).

Wenn in dieser frühen Zeit Geschichte geschrieben wurde, dann meist von christlichen Chronisten, von Mönchen. In ihren oft nur kursorischen und häufig parteiisch gefärbten Notizen sind Schlachten und Kriege zentrales Element, ebenso in Stammesgeschichten wie z. B. die der Goten von Jordanes (6. Jh.) oder der Langobarden von Erchempert von Montecassino (2. Hälfte 9. Jh.). Ähnlich verhält es sich bei Biografien, etwa der Karls des Großen, die Einhard verfasste (9. Jh.).

Mit den Sachsenkriegen Karls des Großen (772–804) und den Wikingerüberfällen seit 793 fließen die Schriftquellen reichlicher und dokumentieren zugleich – trotz aller Schönfärberei – die Brutalität, mit der Karl sein Imperium »formte«. In alle Himmelsrichtungen zogen seine Heere, plünderten, brandschatzten, mordeten, besetzten – und brachten dabei das Christentum.

Kam es in diesen Jahrhunderten zur offenen Feldschlacht, so standen sich oft nach heutigem Verständnis eher kleine Heere gegenüber. Meist waren es nur einige Tausend Kämpfer mit Schwert, Schild und Lanze, seltener mit Fernwaffen wie Pfeil und Bogen.

Bei den Franken wiederum erlangte die Reiterei größere Bedeutung, zunächst im 8. Jh. als Reaktion auf die schnellen, berittenen Heere der Mauren und erneut von 899 bis 955, als die mit Pfeil und Bogen ausgestatteten ungarischen Reiterkrieger in Mitteleuropa einfielen. Auf dem Lechfeld (Bayern, 955) gelang es Otto dem Großen mit einem Heer aus Panzerreitern, die Ungarn zu besiegen.

Mit der Etablierung feudaler Gesellschaftsstrukturen im 11. Jh. formierte sich auch das mittelalterliche »Rittertum«. Dadurch wurde die Kriegsführung, wie schon früher in der Geschichte, an einen bestimmten Personenkreis delegiert, und die Feldschlacht konzentrierte sich auf den Kampf zwischen Ritterheeren. Die zuvor oft bedeutenden Fußsoldaten spielten nur untergeordnete Rollen. Zwar konnten Schlachten noch immer »groß« sein und Tausende Krieger umfassen wie z.B. bei Hohenmölsen (Sachsen-Anhalt, 1080), Bornhöved (Schleswig-Holstein, 1227), Worringen (Nordrhein-Westfalen, 1288) oder bei den europäischen Kreuzzügen etwa gegen Stedinger oder Hussiten. Aber meist kämpften nur wenige Hundert Ritter gegeneinander. »Krieg« fand häufig unter niederen Adligen in Form von »Fehden« statt, die sich weniger gegen Burgen und Städte als vielmehr gegen umliegende Ländereien richteten, die geplündert und verwüstet wurden. »Schlachten« gab es dabei, wenn ein beraubter Herrscher einschritt und die Feinde nicht flüchteten, was allerdings selten geschah.

Im 14. Jh. begann der Niedergang des Ritterwesens, z.B. in der Schlacht bei Kortrijk (Belgien, 1302), wo eine großteils aus Milizen von Stadtbürgern bestehende flämische Streitmacht zu Fuß ein französisches Reiterheer besiegte. Ritterliche Aufgebote von Burgundern und Habsburgern unterlagen auch den Schweizer Eidgenossen, die »Gewalthaufen« bildeten. Dies waren Formationen von Fußsoldaten mit langen Piken, in deren Inneren sich Kämpfer mit Fernwaffen befanden. Dem hatte Reiterei ohne unterstützende Infanterie nichts entgegenzusetzen.

Nationalstaaten, Schießpulver, Söldnerheere

Die zunehmende Nutzung von Handfeuerwaffen und Geschützen bei Feldschlachten Ende des 15. Jh. markiert auf den Schlachtfeldern, in den Verteidigungsanlagen und Gräbern in vielerlei Hinsicht eine Zäsur. Schätzungen zu den Anteilen Gefallener an der Gesamtzahl der Kämpfer bestätigen dies: Im 14. Jh. betrug der Anteil getöteter Kombattanten wohl 4,6 %, im 15. Jh. 5,7 % und schließlich im 17. Jh. 15,7 %.

Ihre Auswirkungen waren gerade dort am dramatischsten, wo Gegner noch nicht über die neue Technologie verfügten, insbesondere, wenn europäische Heere auf indigene Völker trafen. Diese oft in Gemetzeln endenden Kämpfe begannen mit den spanischen und portugiesischen Eroberungen in Südamerika und setzten sich später mit der Kolonisierung Afrikas, Asiens und Nordamerikas fort.

Entsprechend lässt die heutige Forschung im 15. Jh. eine neue Epoche der europäischen Kriegsführung beginnen, als Eckdaten gelten meist der Feldzug des französischen Königs Karl VIII. nach Italien 1494 sowie das Ende des Dreißigjährigen Kriegs 1648. Auch formierten sich nun Nationalstaaten.

Typisch für die Kriege der Neuzeit waren von »Kriegsunternehmern« aufgestellte und gelenkte Heere, die im Auftrag von Herrschern handelten, auf ei-

Historisierende und romantisierende Darstellung einer Szene der Schlacht bei Bosworth (Großbritannien 1485) von 1835.

Das »Treffen an der Göhrde am 16. September 1813« – ein die Truppen der gegen Napoleon kämpfenden Verbündeten heroisierendes Monumentalgemälde im Bomann-Museum Celle. Geschaffen 1909 bis 1911 von Carl Röchling, im Kaiserreich einer der bekanntesten Militär- und Schlachtenmaler.

gene Rechnung Landsknechte, später Söldner warben und dafür Geld, Land oder Titel erhielten. Unter den vielen verlustreichen Schlachten dieser Zeit stechen in Deutschland z.B. die bei Soltau (Niedersachsen, 1519), Frankenhausen (Thüringen, 1525), Sievershausen (Niedersachsen, 1553), Lutter am Barenberge (Niedersachsen, 1626), Lützen (Thüringen, 1632) oder Freiburg im Breisgau (Baden-Württemberg, 1644) hervor.

Den End- und zugleich Tiefpunkt der frühneuzeitlichen Kriegsführung markiert der Dreißigjährige Krieg. Im Verlauf der unter diesem Begriff zusammengefassten Konflikte, die von 1618 bis 1648 weite Gebiete Mitteleuropas und vor allem des Heiligen Römischen Reiches Deutscher Nation verheerten, richtete sich kriegerische Gewalt immer häufiger gegen die Zivilbevölkerung. Um Truppen bezahlen und verpflegen zu können, wurde geraubt und gebrandschatzt. Entlassene, »marodierende« Söldner streiften ebenso wie »aktive« Kämpfer umher. Sie plünderten Siedlungen, raubten Wertgegenstände und Nahrung, folterten, vergewaltigten, töteten – und zerstörten, was sie nicht mitnehmen konnten.

Zwar trafen auch immer wieder größere Heeresverbände zu Schlachten aufeinander, doch keine brachte eine nachhaltige Entscheidung. Denn die Verlierer konnten in ganz Europa schnell neue Söldner rekrutieren.

Berufs- und Massenheere

Nach dem Dreißigjährigen Krieg übernahmen die europäischen Staaten die direkte Kontrolle über das Militär. Sie bildeten stehende Heere aus Berufssoldaten und lenkten Konflikte selbst. Diese »Verstaatlichung« veränderte die Art der Kriegsführung, denn anders als bei kurzfristig angeworbenen Söldnern fielen jetzt permanent erhebliche Kosten an, vor allem für Ausrüstung und Ausbildung der Soldaten. Entsprechend geringer war häufig die Bereitschaft, den Verlust eines teuer aufgestellten Heeres zu riskieren.

Die letzte große Phase der europäischen Kriegsgeschichte reicht schließlich bis in die heutige Zeit. Immer wieder hatte sich das revolutionäre Frankreich Angriffen der reaktionären Monarchien Europas erwehren müssen. Dies gelang unter Einsatz von Freiwilligen. Als Folge wurde 1793 mit der »Levée en masse« erstmalig eine Form der Wehrpflicht eingeführt, die alle unverheirateten Männer von 18 bis 25 zum Kriegsdienst verpflichtete. So konnten binnen Kurzem etwa eine Million Mann mobilisiert werden. Dieses »Werkzeug« diente Napoleon dazu, Riesenheere aufzustellen. Seine Gegner mussten hierauf reagieren und stellten vergleichbar große Streitkräfte auf. Typische Beispiele für diese neue Dimension der Kriegsführung sind der französische Russlandfeldzug (1812/13) oder die Völkerschlacht bei Leipzig (1813).

Die endgültige Herausbildung der Nationalstaaten in der zweiten Hälfte des 19. Jh., die »Massenheere« produzierende Einführung der Wehrpflicht in den meisten Staaten sowie die sich immer schneller entwickelnde Militärtechnologie des Industriezeitalters mündeten in die beiden Weltkriege, die wohl ausuferndsten und verlustreichsten der Menschheitsgeschichte.

Die neuen, alten Kriege

Nach dem Zweiten Weltkrieg erlebte die Welt nur 18 Tage Frieden. Dies waren die Tage direkt nach der japanischen Kapitulation 1945. Viele Kriege seither verlaufen nach alten Mustern. Die moderne Kriegsforschung hat für eine Gruppe von Konflikten, die insbesondere nach 1945 etwa im Kongo, in Ruanda oder teils auch in den Sezessionskriegen Jugoslawiens, z. B. in Bosnien, auftraten, den Begriff der »Neuen Kriege« geschaffen. Darin kämpfen nicht mehr Nationalstaaten gegeneinander, wie es nach dem Dreißigjährigen Krieg bis ins 20. Jh. hinein weitgehend der Fall war. Typisch für die »Neuen Kriege« ist ihre ökonomische Verselbständigung. »Krieg« wird zum Selbstzweck, zu einer Erwerbsform für Heerscharen, die oft keine staatliche Institution repräsentieren, sondern in denen »Warlords« als private Kriegsunternehmer handeln.

Vor allem der Politikwissenschaftler Herfried Münkler hat gezeigt, dass die Grundmuster der »Neuen Kriege« so neu nicht sind, und dass ähnliche Arten der Konfliktaustragung bzw. Erwerbstätigkeitsformen teils deutlich früher existierten. Etwa im Dreißigjährigen Krieg (1618–1648), der weitgehend auf diese Weise geführt wurde und in dem ein Generalissimus Wallenstein (1583–1634) ein enormes Privatvermögen anhäufte. Archäologisch und teils auch historisch lassen sich erste Ansätze solcher Verhältnisse schon im Kriegswesen der Bronzezeit und der germanischen Gefolgschaften erkennen, wo eine eigene »Kriegerkaste« hervorscheint, die sich durch Plünderung und Überfall verdingte.

Frieden

Krieg und Gewalt steht zweifellos auch immer wieder ein friedliches Miteinander gegenüber. Neben der ernüchternden Feststellung, dass Krieg in den meisten traditionellen Gesellschaften die Regel war, kam Keeley ebenso zu dem Ergebnis, dass selbst bei den kriegerischsten Völkern friedliche Aspekte wie Handel und Kunst im Alltag die weitaus größte Rolle spielten.

Dieses Miteinander lässt sich archäologisch auf vielerlei Weise ablesen: Wenn auch nicht immer, so erfolgte Handel meist durch zivile Kontakte und schlug sich in Gütern wie z. B. importierten Steinäxten oder Keramik nieder. In manchen Fällen zeigen DNS- und Spurenelementanalysen von sterblichen Überresten, dass verschiedene Bevölkerungsgruppen mitunter verwandtschaftliche Beziehungen aufgebaut haben, wenngleich auch dabei Gewalt eine Rolle gespielt haben könnte, etwa in Form von Frauenraub. Doch erkennt man an bronze- oder eisenzeitlichen Gräbern immer wieder, dass »Fremde« in eine Gemeinschaft aufgenommen wurden. Vielleicht hat sie die einheimische Bevölkerung dank neuen, revolutionären Kenntnissen in der Metallurgie schnell akzeptiert und ehrenvoll auf ihren Friedhöfen bestattet.

Ebenso zeichnen sich Phasen ab, die zumindest weniger kriegerisch waren als andere. Insbesondere auf dem Gebiet der Jastorf-Kultur in Norddeutschland fehlen ab dem 5. Jh. v. Chr. übermäßig reiche bzw. mit Waffen ausgestattete Gräber. Vielleicht waren die sozialen Unterschiede in den bäuerlichen Stammesgesellschaften vor allem Nordeuropas damals eher gering. Statt Höhensiedlungen und Befestigungen bestimmten hier eine Zeit lang kleine Weiler das Siedlungsbild.

Epilog

Mit dem Thema Krieg beschäftigen sich unzählige wissenschaftliche Disziplinen: Psychologie, Soziologie, Ethnologie, Anthropologie, Genderforschung, Primatenforschung oder Ontologie, um nur einige zu nennen. Kaum ein Phänomen ist facettenreicher.

Im Mittelhochdeutschen bedeutete das Verb »kriegen« »sich anstrengen« oder »um etwas streiten«, »zanken« oder »kämpfen«. So sind auch Neid, Missgunst und Habgier Triebfedern des Krieges, ebenso Hass, Wahn und Aggression.

Auch in der Tierwelt gibt es »kriegsähnliche« Verhaltensweisen, wenngleich dort keine zu diesem Zweck hergestellten Waffen genutzt werden. Ameisenstaaten bekämpfen sich genauso wie manche Wespen-, Bienen- und Hornissenarten. Schimpansengruppen betreiben jahrelang Patrouillenvorstöße in Gebiete »gegnerischer« Artgenossen. Im Falle klar unterlegener »Gegner« kommt es zum Angriff. Die Anthropologin Jane Godall meinte zu der Beobachtung einer solchen Szene im Gombe Nationalpark, diese Attacken gehörten zu dem brutalsten, was sie je gesehen habe. Der Mensch aber – so die gängige Meinung – unterscheide sich von den Tieren eben gerade darin, dass er seine Triebe, Emotionen und Affekte kontrollieren könne.

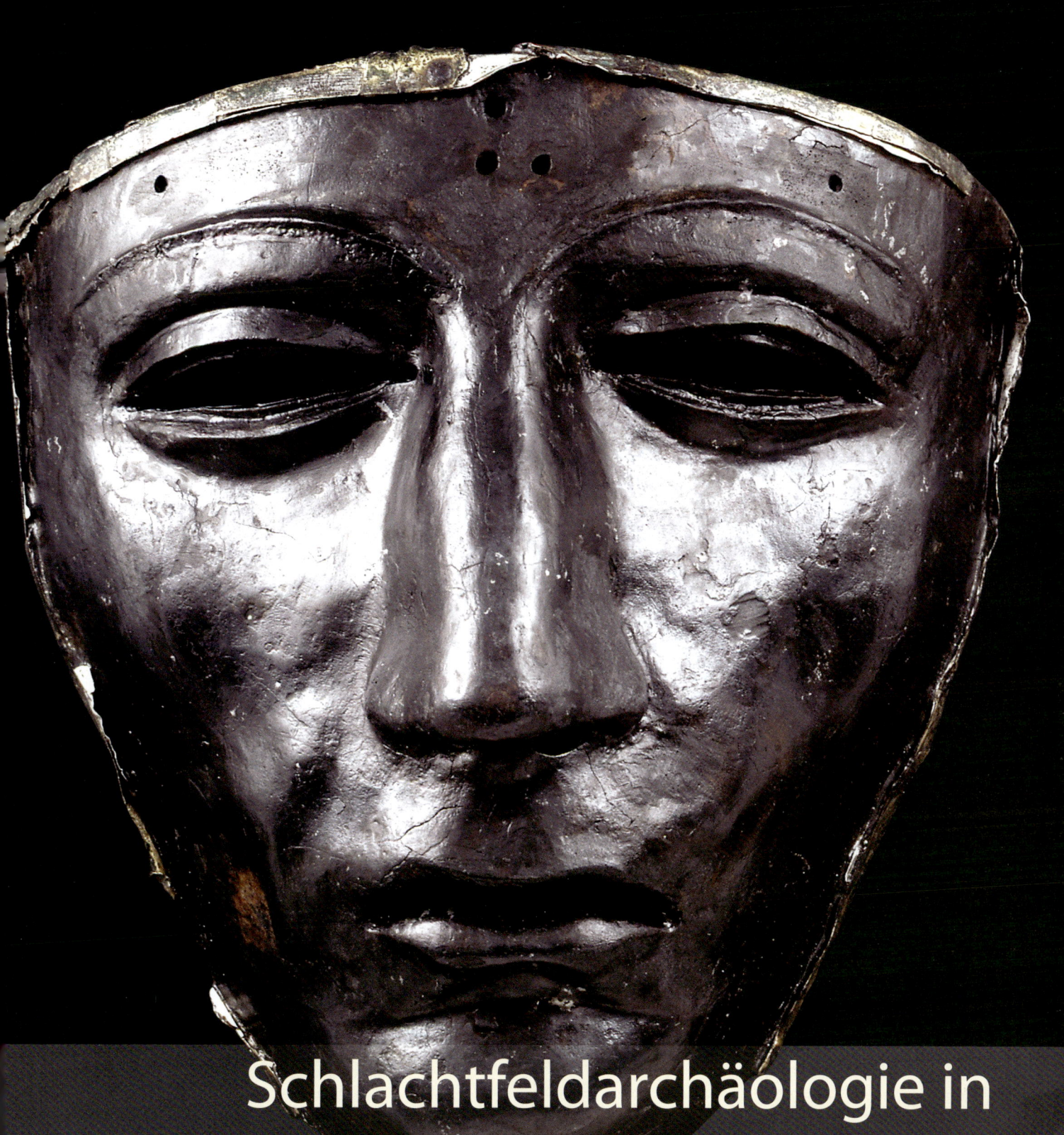

Schlachtfeldarchäologie in Deutschland – von der Bronzezeit bis ins 20. Jahrhundert

Die Toten aus dem Tollensetal:
ein Schlachtfeld der Bronzezeit?

Im Tollensesee in Mecklenburg-Vorpommern nimmt der schmale Fluss seinen Lauf, überwindet auf einer Länge von 68 km gerade einmal 13 Höhenmeter und verliert sich schließlich in der Peene. Die Tollense ist ein friedliches und eigentlich auch ein eher unspektakuläres Gewässer. Nur hinter Altentreptow, bei Weltzin, strömt sie etwas rascher. Hier windet sich das Wasser in engen Bögen durch ein ca. 400 m breites Tal, vorbei an sanft abfallenden Weiden mit grasenden Kühen. Genau hier, am Ende der Bronzezeit, beginnt momentan die Schlachtfeldarchäologie in Deutschland – vielleicht.

Mehr als 3000 Jahre barg der Fluss ein Geheimnis. Inzwischen hat er einen Teil davon preisgegeben: Die Gebeine von mehr als 200 Menschen und unzähligen Pferden sowie mehrere Holzwaffen traten seit 1996 aus seinem Ufersaum zutage. Einige menschliche Knochen zeigen noch deutlich Spuren der Gewalt. Wie jenes Kugelgelenkende eines Oberarmknochens, in dem noch eine Pfeilspitze steckte, oder das Hinterhaupt eines mit einem stumpfen Gegenstand erschlagenen jungen Mannes.

Die Tollense hat unfriedliche Zeiten erlebt. Doch was sich hier genau ereignete, woher die Toten stammten und wie sie starben, ist derzeit blanke Theorie. Die wahrscheinlichste Hypothese lautet, dass es sich um die Opfer eines kriegerischen Konfliktes handelt.

Keulen und Knochen

1996 bargen der Hobbyarchäologe Hans-Dietrich Borgwardt und sein Sohn Ronald menschliche und tierische Knochen sowie einige Holzreste. Darunter waren eine ca. 70 cm lange »baseballschlägerartige Holzkeule«, diverse Knochen von Pferden und Menschen sowie der Oberarmknochen mit Pfeilspitze. Sie war flächenretuschiert und an der Basis eingezogen, was eine Datierung in die Bronzezeit nahelegte. Die Position der Pfeilspitze im Knochen deutete auf einen »Einschuss mit beachtlicher Energie aus rückwärtiger Position«, so die Archäologen Christine und Detlef Jantzen sowie Thomas Terberger in ihrer Fachpublikation aus dem Jahr 2006.

Noch im Juni 1996 erfolgte eine einwöchige archäologische Sondierung des Fundplatzes. Dabei kamen in Grabungsschnitten am Ufer, 1,5 m unter der Oberfläche, aus einer Torfschicht, die über einer Schwemmsandschicht lag, weitere Knochen und Hölzer ans Tageslicht. In einer südlichen Konzentration wurden überwiegend Tierknochen entdeckt. Die Reste von wenigstens fünf menschlichen Skeletten fanden sich hauptsächlich am Ufer, teils noch im anatomischen Verband. In der Hauptkonzentration der Sondierungsschnitte lagen größere, zum Teil verbrannte Hölzer. Mit zunehmender Entfernung vom Ufer dünnten die Funde aus.

Auch die neuen Entdeckungen wiesen Besonderheiten auf: So war an einem menschlichen Hinterhauptfragment eine große Fraktur mit deutlich nach innen gebrochenen Rändern zu erkennen. »Offenbar«, so das Forscherteam, »war der Angreifer mit großer Brutalität vorgegangen.« Der Form der Impression nach könnte ein »schweres Beil, eine schwere Axt oder eine massive Holzwaffe« als Tatwaffe in Betracht kommen.

In den folgenden Jahren gab das Ufer immer wieder Überreste frei. Noch im November 1996 barg Ronald Borgwardt einen weiteren Schädel. 1999 ragte am Fluss ein Holzteil empor, das sich bei der Notbergung durch Mitarbeiter des Landesamtes für Kultur und Denkmalpflege als Holzgerät mit langem Stil und sorgfältig zugerichtetem Keulenende erwies. Auch diesmal waren Skelettfunde zu verzeichnen, von denen einige noch im anatomischen Verband gelegen haben sollen.

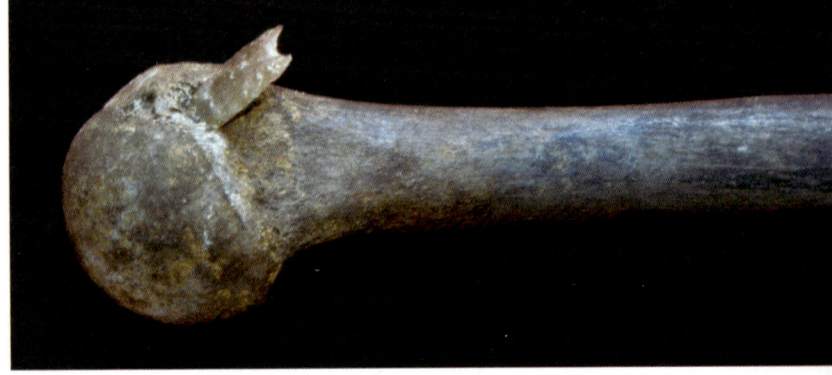

Menschlicher Oberarmknochen mit eingeschossener Pfeilspitze vom Fundplatz Weltzin 20.

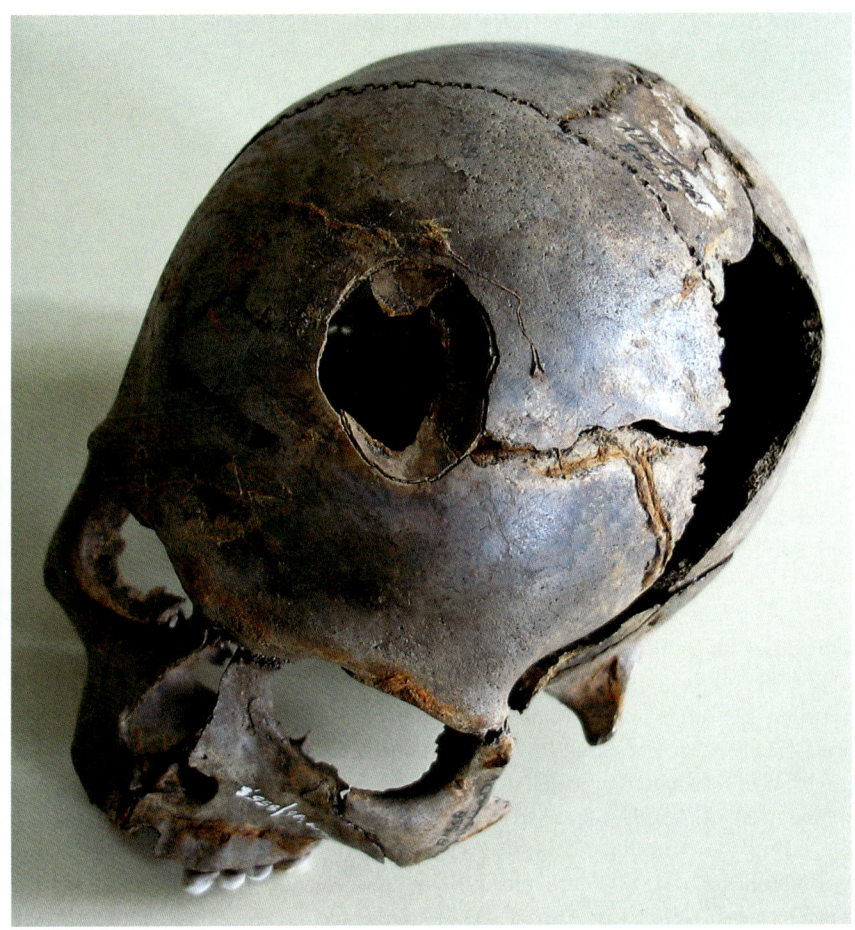

Schädel mit Verletzungen aus dem Tollensetal.

Kriegeradel

Die Toten stammen aus genau jener Zeit, als sich in Europa wohl erstmals stabile Handels- und Machtzentren herausbildeten. Die Verarbeitung des neuen Werkstoffes Bronze weckte Begehrlichkeiten nach Kupfer und Zinn und ermöglichte zugleich neue Formen der Gewaltausübung.

Diese Epoche der Menschheitsgeschichte, die Bronzezeit, markiert ein erstes Zeitalter der großen Schlachten, die etwa durch Hieroglyphen- und Keilschriften überliefert sind. 1457 v. Chr. etwa führte Thutmosis III. Ägypten in die Schlacht bei Megiddo. 1274 v. Chr. kämpfte Ägypten unter Pharao Ramses II. (»der Große«) an einer Festung am Fluss Orontes nahe der heutigen syrisch-libanesischen Grenze gegen die Hethiter in der Schlacht bei Kadesch – wenige Jahre nach dem Tod der Menschen aus dem Tollensetal.

Doch zu Europa, vor allem dem Norden, schweigen die Schriftquellen noch viele Jahrhunderte. Lediglich manche Felsbilder mit Darstellungen von bewaffneten Kriegern und Kampfszenen lassen unmittelbar erahnen, welche Schlachten auch hier tobten.

Allerdings schlagen sich in den prähistorischen Funden zumindest in manchen Gegenden aufkommende Reichtumszentren nieder. Ab dem 2. Jt. v. Chr. gaben sich deren Anführer in Prunkgräbern z. B. der Wessex-Kultur in Südwestengland, der Aunjetitzer Kultur im östlichen Mitteleuropa sowie in frühmykenischen Schachtgräbern in Griechenland zu erkennen.

Krieg spielte in der Ideologie dieser hierarchischen Gesellschaften zweifelsohne eine zentrale Rolle. In Gräbern und Horten fast in ganz Europa fanden sich ab dem 2. Jt. v. Chr. Tausende Schwerter, Dolche, Streitbeile, Lanzenspitzen sowie andere Waffen und Ausrüstungsteile. Daran lässt sich zugleich die Entwicklung der Waffentechnologie verfolgen. Gehörten in der Jungsteinzeit und frühen Bronzezeit noch Dolch und Streitaxt zur Hauptbewaffnung, setzte sich allmählich das Bronzeschwert als Nahkampfwaffe und Statuszeichen des Kriegers durch. Seit dem 13. Jh. v. Chr. vereinte das Schwert sowohl Stich- und Hiebfunktion in einer einzigen Waffe und verdrängte Dolch und Streitaxt. Ergänzt wurde die Bewaffnung durch Lanze, Speer sowie Pfeil und Bogen, deren Bewehrungen nun in Metall ausgeführt werden konnten.

Ab der Wende vom 14. zum 13. Jh. v. Chr. tauchten vereinzelt auch metallene Schutzausrüstungen wie Helme, Brustpanzer, Beinschienen und Schildteile auf. Im Kampf trugen die Anführer aufwendige Panzer aus Leder und Metall, die beispielsweise in der bayerischen Heunischenburg entdeckt wurden und

Seit 2008 wird der Fundplatz von Mitarbeitern des Landesamtes für Kultur und Denkmalpflege Mecklenburg-Vorpommern und der Universität Greifswald im Rahmen eines interdisziplinären Forschungsprojektes systematisch untersucht. In schmalen Suchgräben wurden dicht am Ufer vor allem weitere Knochen geborgen. Taucher des Landesverbandes für Unterwasserarchäologie Mecklenburg-Vorpommern konnten zahlreiche neue Fundstellen entdecken.

Unterstützt von Studierenden und Freiwilligen haben die Forscher auf einer Länge von etwa 2 km entlang des Flusses bis Ende 2010 weit mehr als 2000 Knochen aus der Bronzezeit eingesammelt – und das, obwohl gerade einmal 5 % der möglichen Grabungsfläche geöffnet wurde.

Ersten anthropologischen Untersuchungen zufolge handelt es sich um die Skelettreste von mindestens 90 Menschen, darunter überwiegend Männer im Alter zwischen 20 und 40 Jahren und nur wenige Frauen und Kinder. Da alle in dieselbe Torfschicht eingebettet waren, lassen sich die bisherigen Radiokarbondatierungen verallgemeinern. Demnach starben die Menschen um 1300 v. Chr. Eine Holzprobe aus der Keule ergab ein entsprechendes, nur geringfügig früheres Datum von 1321 v. Chr.

an das Ende des 2. Jt. datieren. Üblicherweise dürften die Schutzwaffen allerdings hauptsächlich aus organischem Material hergestellt worden sein.

Doch nicht nur die Grab- und Hortfunde lassen den hohen Stellenwert der Kriegsführung erahnen. Die Bronzezeit ist zugleich jene Epoche, in der erstmals in großer Zahl Burgen entstehen. Zwar waren die meisten Siedlungen auch damals noch unbefestigt, doch vor allem ab Mitte des 2. Jt. v. Chr. wurden viele Dörfer mit entsprechenden Anlagen umgeben. Offenbar mussten sich die Einwohner schützen. In Nordostdeutschland sind solche Umwehrungen bisher bei Basedow, Kamminke, Kratzeburg und Saal entdeckt worden.

Die Wiege des Krieges

Obwohl kaum eine Epoche so kriegerisch erscheint wie die Bronzezeit, sind Relikte direkter Konfrontationen bislang rar. Gerade deshalb ist der Fundplatz an der Tollense bei Weltzin für die Forschung von so großer Bedeutung.

Nur wenige weitere Fundgruppen beweisen, dass Krieg nicht nur in der Ideologie, sondern auch im realen Leben eine wichtige Rolle spielte. Dazu gehören Scharten und Nachschärfungen an Schwertern, aber auch Brandspuren oder Geschossspitzen an Toranlagen deuten gelegentlich auf Kämpfe hin. In der Heunischenburg fanden Archäologen hauptsächlich im Torbereich über 300 Waffen und Ausrüstungsgegenstände aus Bronze, darunter Schwerter, Lanzenspitzen, Knöpfe und Beschläge. Am häufigsten allerdings waren Pfeilspitzen, die vor allem im Torbereich bzw. unter verstürzten Mauern der Befestigung lagen. Ein Teil der Waffen weist typische Kampfspuren auf. Andere hingegen wurden scheinbar verbogen und zerbrochen. Ganz offensichtlich kämpften hier also größere Gruppen gegeneinander.

Verglichen mit den vielen Waffen und Befestigungen sind auch direkte anthropologische Hinweise auf Gewalt auffallend selten, etwa Hieb- und Stichverletzungen an Knochen durch Lanzen, Schwerter, Beile und Dolche. Im thüringischen Klings beispielsweise steckte eine Bronzepfeilspitze in einem Lendenwirbel. Der Schuss an sich war zwar nicht tödlich, doch führte er zur Lähmung und brachte das Opfer mit Sicherheit zu Boden, wo es wohl rasch auf andere Art zu Tode kam, denn der Wirbel zeigt keinerlei Anzeichen eines Heilungsprozesses.

Aus Saalfeld (Sachsen-Anhalt) stammt ein Bronzegeschoss, das ebenfalls in einem menschlichen Wirbel steckte. Der Schuss hatte das Opfer von der Seite getroffen. Knochenwucherungen belegen, dass auch

hier der Schuss nicht tödlich war. Doch bei beiden Fällen ist eher von Gewaltakten innerhalb einer sozialen Gruppe auszugehen. Ähnliche Befunde, vor allem Pfeilschussverletzungen, sind zudem schon aus früheren Zeiten bekannt.

Anders verhält es sich mit den Toten von Wassenaar in den Niederlanden. Dort kam 1987 ein Massengrab mit jeweils zwei Kindern, Jugendlichen und jungen Frauen sowie sechs Männern zutage. Die Menschen wurden gleichzeitig getötet und kurz darauf bestattet. In der Brust eines jungen Mannes steckte noch eine Pfeilspitze, der Schädel eines Säuglings lag abgetrennt neben dem Arm eines Mannes, und auch andere wiesen untrügliche Zeichen brutaler Gewalt wie Hiebwunden an Kiefer und Oberarm auf. Radiokarbonuntersuchungen datieren das Geschehen um 1700 v. Chr.

Was geschah im Tollensetal?

Wurden die Funde angespült oder gelangten sie am Ufer des Flusses in den Boden? War die Tollense Zeugin blutiger Schlachten oder heiliger Zeremonien, bei denen Menschen und Holzwaffen geopfert wurden? Bei ihren Interpretationen sind die Wissenschaftler vorsichtig. Noch ist vollkommen unklar, ob die Knochen ein bronzezeitliches Schlachtfeld markieren oder ob die Toten vielleicht doch einstmals auf einem »normalen«, vielleicht erodierten Friedhof beigesetzt worden waren.

Menschenknochen am Ufer der Tollense.

Flucht in die Wälder – Höhensiedlungen im Leinetal

Seit dem Jahr 2000 hat die Bezirksarchäologie Hannover eine Reihe von Siedlungsplätzen untersucht, die in bisher ungeahnter Deutlichkeit kriegerische Ereignisse der Mittellatènzeit (ca. 280–190/150 v. Chr.) widerspiegeln. Teils handelt es sich um schon seit Längerem bekannte befestigte Siedlungen. Von besonderem Interesse aber sind drei neu entdeckte unbefestigte Stätten in Höhenlage am Rande des Leinetales bei der Barenburg, am Deister und am Negenborner Burgwall. Diese gaben sich nicht durch Bauten, sondern ausschließlich durch eine Anhäufung bestimmter Funde im Gelände zu erkennen. Illegale Raubgräberei hatte die Untersuchungen notwendig gemacht.

Auf den Höhen fanden sich Scherben von Vorratsgefäßen und Trachtbestandteile, aber auch landwirtschaftliche Geräte wie Sicheln, Tüllenbeile und Pflugschare. Zudem waren Überreste handwerklicher Tätigkeiten sichtbar.

In gewisser Weise ähnelt die Fundzusammensetzung der drei Plätze jenen normaler Siedlungen. Da sich Erstere jedoch in Höhen über 200 M ü. NN. und in durch Rinnen und Hänge durchzogenem, gänzlich unwegsamem Gelände befanden und es zudem keine Wasserversorgung gab, dürfte es sich wohl kaum um dauerhaft bewohnte Orte gehandelt haben. Anzunehmen ist, dass sich Menschen in Zeiten von Bedrohung hierher zurückgezogen hatten.

Außerdem spricht die Fundverteilung für Fluchtversuche und zum Teil für Kampfhandlungen. Am Negenborner Burgwall gelang es der Bevölkerung offenbar zu entkommen. Die auffällige Verteilung verloren gegangener Trachtbestandteile deutet darauf hin, dass sich die Menschen in zwei Richtungen absetzten. Im Falle des Deisters wurden die Geflohenen aber offenbar getötet oder zumindest entführt, denn die verborgenen Güter verblieben an Ort und Stelle. Auch bei der Barenburg sind Fluchtbewegung und Versuche von Gegenwehr erkennbar.

Die Neufunde weisen auf umfangreiche kriegerische Ereignisse innerhalb eines relativ engen Zeitabschnitts der Mittellatènezeit hin. Auch einige der bereits bekannten befestigten Orte waren nachweislich in Kampfhandlungen verwickelt, z. B. die Amelungsburg, die Pippinsburg bei Osterrode/Harz und die Schnippenburg bei Ostercappeln. Dabei erfolgten die Angriffe offenbar mit einer gewissen Vorwarnzeit. So hatten die Bewohner genügend Zeit, ihr Hab und Gut, Vorräte und Gussformen zu packen und in die Wälder zu fliehen.

Der ehemalige Bezirksarchäologe von Hannover, Erhard Cosack, vermutet, dass die Gefahr von keltisch geprägten Kriegerscharen ausging, die in der nördlichen Mittelgebirgszone regional begrenzte Raubzüge durchführten. Zu ihrer Beute dürften in besonderem Maße wohl auch Menschen gehört haben, so Cosack.

Fehlende Kleidungsbestandteile und metallische Objekte erwecken den Eindruck, als hätte man die Leichen gefleddert. Die Verletzungen, die Holzwaffen und Pfeilspitzen, die vielen Pferdeknochen – all das ist für einen Friedhof jener Zeit ungewöhnlich. Es waren unruhige Zeiten. Im Süden breitete sich die so genannte Urnenfelderkultur aus, und damit verstärken sich auch archäologische Hinweise auf kriegerische Aktivitäten. »Die Fakten deuten derzeit am ehesten auf einen kriegerischen Zusammenhang«, so der Archäologe Thomas Terberger von der Universität Greifswald.

Bislang hat der Fluss lediglich verraten, dass er ein Geheimnis birgt. Doch dieses wirft noch viele Fragen auf. Ein Schlüssel zum Rätsel liegt im weiteren Umfeld der Tollense. Zwar weiß man insgesamt noch eher wenig über die Menschen um Weltzin, wie sie siedelten und wirtschafteten ist im Detail bisher weitgehend unbekannt. Nur sehr wenige Hügelgräber haben sich erhalten. Aber immerhin gibt es einige Funde, die vermutlich derselben Zeit entstammen und gehäuft beim Bau der Autobahn 20 ca. 1 km vom Fluss entfernt

entdeckt wurden. Dortige Siedlungsreste geben Aufschluss über die Bevölkerungsdichte in schlechter untersuchten Gegenden. Schätzungsweise lag sie bei vier bis fünf Menschen pro Quadratkilometer. Demnach dürfte es sich am Fluss wohl kaum um einen »Nachbarschaftsstreit« gehandelt haben.

Ein anderer Schlüssel liegt in der Tollense und ihren Funden selbst. Seit 2010 erforschen Archäologen, finanziert durch die Deutsche Forschungsgemeinschaft, den mutmaßlichen Schlachtplatz und sein Umfeld. Dabei werden nicht nur neue Grabungen durchgeführt, sondern Ruth Bollongino von der Universität Mainz versucht zugleich, anhand von DNS Verwandtschaftsbeziehungen und Gruppen der Tollenseschlacht herauszulesen. Täter und Opfer lassen sich unterscheiden, und bei ersten Tests waren Erbgutinformationen bestens erhalten. Zusätzlich könnten Isotopenanalysen der Zähne über die Herkunft der Beteiligten Aufschluss geben.

Entscheidend ist insbesondere die Landschaftsrekonstruktion. Vor mehr als 3000 Jahren staute der damals ansteigende Meeresspiegel der rund 80 km ent-

Bewaffnete Reiter in Kampflinie auf einem bronzezeitlichen Felsbild in Tanum, Schweden.

fernten Ostsee die Tollense zurück. Statt der heutigen Uferwiesen wuchsen hier Schilf und Sauergras, deren abgestorbene Pflanzenreste sich bis zu 3 m hoch zu beiden Seiten des Flusses ablagerten. Schon damals wand sich die Tollense durch das Tal, doch wo genau ihr Bett verlief, muss erst herausgefunden werden. Denn dann klärt sich auch, ob die Toten an ihrem Auffindungsort angeschwemmt, begraben oder getötet wurden.

Einfache, aber effektive Waffen

Vielleicht, so Detlef Jantzen, Landesarchäologe von Mecklenburg-Vorpommern, war der Fluss selbst ein Grund für das Gemetzel. Sicherlich war er für die Region eine Lebensader, er bot Wasser und Fische und diente als Transportweg. Weitere in der Umgebung gefundene unterschiedliche Bronzeobjekte deuten an,

dass das Tollensetal im Verlauf des späten 2. Jt. v.Chr. einen gewissen »Aufschwung« erlebte.

Statt eines Clan-Zwistes hat der Landesarchäologe deshalb eine andere Theorie: »Vielleicht ging es um Ressourcen, etwa um Salz. Vielleicht war die Tollense ein Grenzfluss und hier eine Furt, die jemand kontrollieren wollte.«

Einmal mehr unterstreichen die Funde aus der Tollense den kriegerischen Charakter der Bronzezeit. Doch werden sie das bisherige Bild dieser Epoche nachhaltig verändern. Statt der zahlreich bekannten prunkvoll ornamentierten Waffen, metallenen Dolche und Schwerter sind es hier schlichte Keulen. »Ein Bronzeschwert hatten nur die Reichen, eine Holzwaffe konnte jeder herstellen«, meint Thomas Terberger. »Hier finden wir diese. Es sieht so aus, als wäre zumindest ein Teil der Kämpfer mit einfachsten, aber hocheffektiven Waffen aufeinander losgegangen.«

Kalkriese und die Varusschlacht

Die Schlacht gilt als eine der größten Niederlagen des Römischen Reiches. Die besiegten 17., 18. und 19. Legionen wurden nie wieder aufgestellt, ihre Nummern in der Legionszählung nicht mehr vergeben. Der historischen Überlieferung nach waren die Verluste so vernichtend, dass Kaiser Augustus in Rom seinen Kopf gegen Türen geschlagen, tagelang weder Bart noch Haar geschnitten und immer wieder den einen Satz ausgerufen haben soll: »Quinctilius Varus, gib die Legionen zurück!« Doch der Feldherr Publius Quinctilius Varus hatte sich am Ende der Kämpfe in sein Schwert gestürzt und seinen »halbverkohlten Leichnam«, so schilderte der römische Historiker Velleius Paterculus, hatten »die Feinde in ihrer Rohheit in Stücke« gerissen.

Viele antike Autoren erwähnten die »clades variana«, den Untergang der je drei Legionen und Reiterschwadronen sowie sechs Kohorten an Hilfstruppen und unzähliger Zivilisten im Jahre 9 n. Chr. Zeitgenossen wie Ovid, Manilius, Strabon und Velleius Paterculus notierten den Untergang in den Wäldern Germaniens ebenso wie Tacitus, Sueton und Cassius Dio – die Verfasser der wichtigsten Werke zur Geschichte der frühen Römischen Kaiserzeit.

Die Schlacht, ihre Umstände und ihr Nachwirken haben das Zeug zum großen Drama: Nach ihrem Sieg zerstritten und bekriegten sich die Germanen, statt vereint gegen Rom zu marschieren. Der Hauptverschwörer, Arminius, raubte sich die Tochter seines Rivalen, Thusnelda, die ihn ebenfalls liebte. Doch fiel Thusnelda in die Hände von Germanicus, wurde nach Rom verbracht und gebar dort in Gefangenschaft den gemeinsamen Sohn Thumelicus. Arminius wurde mit 37 Jahren von seinen eigenen Verwandten hinterlistig ermordet. Das Haupt des Varus gelangte über Umwege nach Rom und wurde im Familiengrab bestattet. Ebenso kehrten wenige Jahre später die verlorenen Legionsadler nach Rom zurück.

Die Germanen sollen das Ereignis noch einige Zeit in Heldenliedern besungen haben, doch mit dem Ende des Römischen Reiches geriet das Geschehen in Vergessenheit. Im 12. und 13. Jh. interessierten sich nur wenige dafür. Man vermutete den Ort der Schlacht bei Augsburg oder Duisburg. Erst mit der Wiederentdeckung von Tacitus' Annalen im Jahre 1507 erwachte erneut ein breites Interesse an Arminius, vor allem unter Humanisten und Reformatoren wie Martin Luther, Philipp Melanchthon und Ulrich von Hutten. Ersterer übersetzte den Namen des Verschwörers aus dem Lateinischen ins Deutsche: Aus »Arminius« wird bei ihm »Hermann«. Melanchthon verortete das Schlachtgeschehen, Tacitus folgend, unweit von Lippe und Ems. Hutten bezeichnete den Cherusker als größten Helden deutscher Geschichte.

Erst Anfang des 19. Jh., als die Napoleonischen Kriege Europa erschütterten, wurde die Schlacht zum Mythos. Als »Gründungsakt der Deutschen Nation« stilisierte man sie zum Identifikationssymbol der Deutschen, das in Werken wie »Die Hermannsschlacht« von Kleist 1808 seinen Niederschlag in Dichtung, Theater und Musik fand. Bei Detmold im »Teutoburger Wald« weihte man 1875, vier Jahre nach Gründung des Deutschen Reiches, ein Denkmal für den Anführer der Aufständischen ein. Der Althistoriker und Nobelpreisträger Theodor Mommsen bezeichnete sie als »Wendepunkt der Weltgeschich-

Gilt als einer der bedeutendsten Altertumswissenschaftler des 19. Jh.: Theodor Mommsen (1817–1903).

te«. Und zuletzt erhob sie der Direktor des Deutschen Museums in Berlin, Hans Ottomeyer, zum »Urknall deutscher Geschichte« – wenngleich dies nicht unwidersprochen blieb.

Eine alte These und ein neuer Fund

Die Suche nach dem Ort der Varusschlacht hat im Laufe der Zeit mehr als 700 Theorien hervorgebracht. Dabei kristallisierten sich vier Hauptgebiete heraus, in denen sich das Geschehen zugetragen haben könnte. Am wahrscheinlichsten galt lange die Gegend um Detmold. Entsprechend hat man dort im »Teutoburger Wald« das Hermannsdenkmal gebaut. Aber auch die Region um Beckum, das Sauerland und ein Gebiet nördlich des »Teutoburger Waldes« standen verstärkt in der Diskussion.

Es war der britische Major und Hobby-Archäologe J. A. S. (Tony) Clunn, der im Juli 1987 einer alten Theorie zum Ort der Schlacht wieder zu Aktualität verhalf. Clunn war in der Gemarkung Kalkriese nahe des Lutterkruges am Rande des Großen Moores mit seiner Metallsonde auf 105 römische Silbermünzen aus der Zeit Kaiser Augustus' gestoßen. Bei anschließenden Ausgrabungen und Begehungen förderten Mitarbeiter der Archäologischen Denkmalpflege Osnabrück über 50 weitere Denare zutage. An einem

Sommerwochenende im Jahr darauf entdeckte Clunn dann an drei verschiedenen Stellen jeweils Reste eines Schleuderbleies, die in der Regel nur von römischen Hilfstruppen verwendet wurden.

Clunn war nicht ohne Grund genau hier mit seiner Sonde unterwegs. Vom späten 17. Jh. bis um 1900 waren Bauern beim Düngen mit Plaggenesch immer wieder auf silberne, manchmal auch goldene römische Münzen gestoßen, die sie größtenteils an die Familie von Bar verkauften. Bereits im 18. Jh. brachten u. a. die Juristen und Historiker Justus Möser und Johann Eberhard Stüve diese Funde mit den Feldzügen der Römer in augusteisch-tiberischer Zeit bzw. mit der Varusschlacht in Verbindung.

Schließlich sah auch Theodor Mommsen, für seine »Römische Geschichte« 1902 mit dem Nobelpreis ausgezeichnet, in den Münzen den Beweis dafür, dass hier der Ort der »clades variana« gefunden sei.

Mommsen hatte den Numismatiker Julius Menadier 1884 zu einem Aufenthalt und Studium der Münzen vor Ort veranlasst. Auf die so entstandene Zusammenstellung von 227 römischen Münzen – darunter ein Aureus (Gold), 179 Denare (Silber) und zwei Asse (Kupfer) aus der Sammlung der Familie von Bar – konnte Mommsen sich berufen, als er 1885 seine Überlegungen der Preußischen Akademie der Wissenschaften in Berlin vorstellte. »Die Örtlichkeit der Varusschlacht« hieß sein Vortrag und seine spä-

Denare aus dem Hortfund vom Lutterkrug.

Lage der Kalkrieser Niewedder-Senke zwischen großem Moor und Kalkrieser Berg.

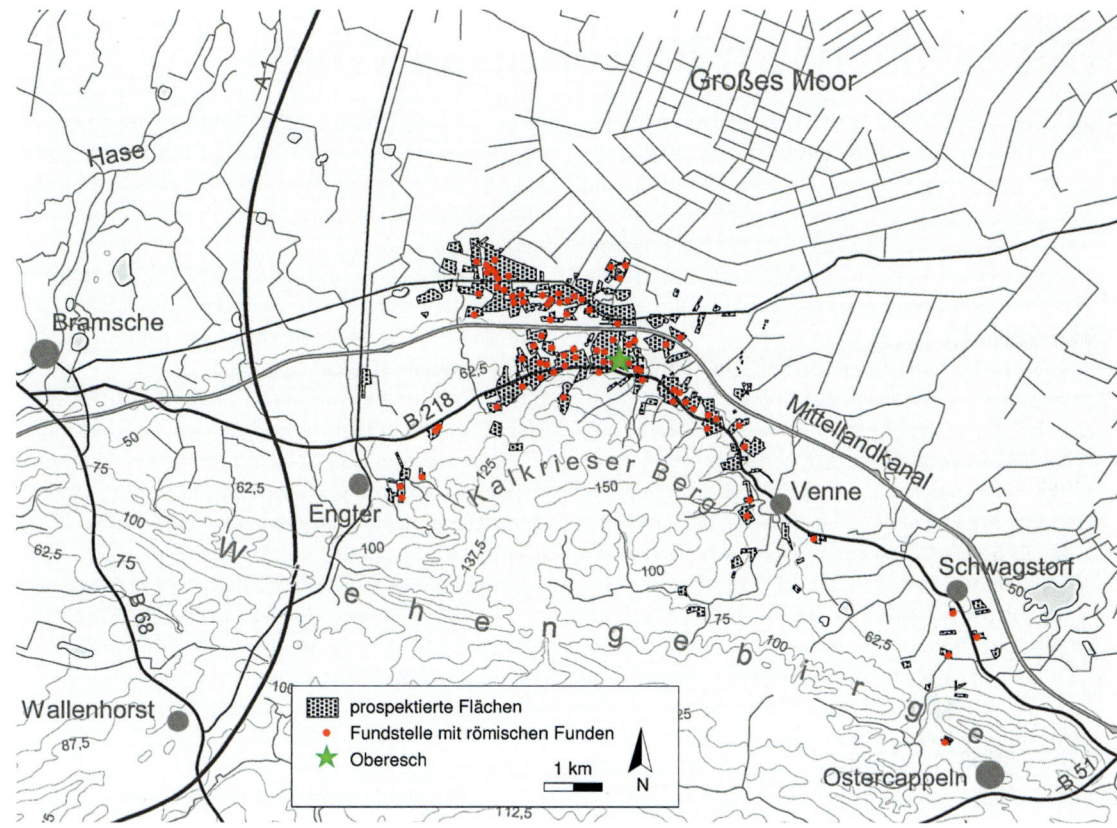

ter verschriftlichte kleine Studie. In seiner »Römischen Geschichte« 1894 schrieb er:

»Seit Jahrhunderten ist in der Gegend von Venne an der Huntequelle eine auffallend große Anzahl von römischen Gold-, Silber- und Kupfermünzen gefunden worden, wie sie in augusteischer Zeit umliefen, während spätere Münzen dasselbst so gut wie gar nicht vorkommen. … Sie sehen ganz aus wie der Nachlaß einer großen aufgeriebenen Armee, und die vorliegenden Berichte über die Varusschlacht lassen sich mit dieser Localität vereinigen.«

Die Fachwelt beachtete Mommsens Thesen zwar, erkannte sie aber nicht an. Zur Ablehnung führten die unsicheren Fundumstände der Münzen aus der Sammlung, das Fehlen anderer römischer Objekte und die geringe Menge an Kupfermünzen, dem eigentlichen Soldatengeld. Damit geriet auch die Fundstelle bei Kalkriese in Vergessenheit. Denn mit dem Ende der Plaggenwirtschaft um die Jahrhundertwende ebbte der Strom der Münzen ab. Beim großflächigeren Auftrag von Kunstdünger übersahen die Bauern, was sie früher bei den Arbeiten nahe am Boden noch erspäht hatten.

1945 ging die Sammlung von Bar verloren. Zwischen 1900 und 1989 fanden sich nur noch drei Münzen. Zuletzt, 1963, las ein Bauer einen Denar beim Lutterkrug auf. Dort machte Clunn sich mit Genehmigung des Kreisarchäologen auf die Suche.

Die Ausgrabungen

Clunns Entdeckung ermöglichte eine Neubewertung von Mommsens Theorie. Diesmal lag die Herkunft der Münzen unzweifelhaft in Kalkriese, und erstmals waren in derselben Gegend römische Militaria, die drei Schleuderbleie, zutage gekommen. Diese Schleuderbleie waren der Startschuss für nunmehr über 20 Jahre systematischer Forschungen auf dem Kalkrieser Oberesch.

Bis zum Herbst 1989 ließ die »Archäologische Denkmalpflege für die Stadt und den Landkreis Osnabrück« ein Gebiet mit einer Ausdehnung von etwa 4,5 km x 2 km prospektieren. Im November 1989 bezog dann ein ständiges Archäologen- und Grabungsteam einen ehemaligen Hof vor Ort. Seitdem stehen die Techniker, Restauratoren und Helfer unter der Leitung der Archäologin Susanne Wilbers-Rost. Die wissenschaftliche Gesamtleitung liegt derzeit an der Universität Osnabrück, Fachbereich Alte Geschichte, unter Prof. Dr. Günther Moosbauer.

1989 wurde mit der Sonde zunächst das Feld, später der Wald nach metallischen Funden abgesucht. Im selben Jahr wurden erstmals auch größere Flächen freigelegt: im Wald die kleineren Schnitte 1 bis 6 mit 2 bis 3 m Breite und auf dem Acker Schnitt 7 mit 5 m Breite und 180 m Länge. Letzterer gab einen zusammenhängenden Aufschluss quer durch den Oberesch.

Die Schlacht im Teutoburger Wald

Immerhin berichten die meisten antiken Autoren über Varus' Niederlage. Doch ausführliche Darstellungen sind vergleichsweise selten. Am detailliertesten und wohl auch am glaubwürdigsten ist der Bericht aus der »Römischen Geschichte« (Buch 56) des Cassius Dio, etwa 200 Jahre nach der Schlacht verfasst. Demnach folgte der Untergang einem raffinierten Plan, ausgeheckt vom Adel der Cherusker unter Arminius.

Dio schildert anfangs kurz die römischen Herrschaftsambitionen in Germanien, den Unmut und die feindliche Haltung auch derjenigen Einheimischen, die offiziell mit Rom verbündet sind. Über den Sommer lockten sie ihn »weit vom Rhein weg, in das Cheruskerland und bis an die Weser.« Als Varus sein Heer in die römischen Lager zurückführen wollte, »erhoben sich, nach einem wohlüberlegten Plan, gewisse Völkerschaften«.

Die Römer »führten viele Wagen und auch Lasttiere mit sich; dazu begleiteten sie zahlreiche Kinder und Frauen und noch ein stattlicher Sklaventross, die sie ebenfalls zu einer gelockerten Marschform zwangen. … Die Berge, ohne Ebenen, waren … von Schluchten durchzogen, außerdem standen Baumriesen dicht nebeneinander, so dass die Römer bereits vor dem feindlichen Überfall mit dem Fällen der Bäume, der Anlage von Wegen und der Überbrückung von Geländeabschnitten, wo solches nötig war, Mühe genug hatten.« Hinzu kamen starker Regen und Sturm.

Die Verluste waren schon am ersten Tag hoch. Immerhin gelang es den Römern an »einem bewaldeten Berg« für die Nacht ein Feldlager, das erste von dreien, zu errichten. Anderntags verbrannte man »die meisten Wagen« und entledigte sich allem Entbehrlichen. Wieder gab es Verluste. Doch konnten die Römer im nun freien Gelände den Angriffen etwas entgegensetzen.

»Von dort aus gerieten sie aber wieder in Wälder, und hier mussten sie sich gegen Angreifer wehren, wobei sie aber gerade die schwersten Verluste erlitten.« Noch eine dritte Nacht gelang ein Lagerbau, doch dann »überfielen sie heftiger Regen und starker Wind, die sie (…) nicht einmal mehr die Waffen gebrauchen ließen. Sie konnten sich nämlich nicht mehr mit Erfolg ihrer Bogen und Speere oder der ganz und gar durchnässten Schilde bedienen.« Die Feinde waren zu diesem Zeitpunkt schier übermächtig. »Und so wurde jeder Mann, jedes Pferd, ohne dass man Gegenwehr fürchten musste, niedergehauen ...«

Publius Cornelius Tacitus beschreibt in seinen Annalen den Besuch des Ortes durch den römischen Feldherrn Germanicus sechs Jahre nach dem Gemetzel.

»Im ersten Lager des Varus wurde durch seinen weiten Umfang und die Absteckung des Feldherrnplatzes die Arbeit von drei Legionen sichtbar; darauf erkannte man an dem halbverfallenen Wall, an dem flachen Graben, dass dort schon zusammengeschmolzene Reste gelagert hatten. Mitten auf dem Feld bleichende Knochen, zerstreut oder in Haufen, je nachdem ob die Soldaten die Flucht ergriffen oder Widerstand geleistet hatten. (3) Daneben lagen zerbrochene Waffen und Pferdegerippe, …«.

Laut Tacitus seien die Römer am »saltus Teutoburgiensis«, »unweit« der Oberläufe der Flüsse Ems und Lippe, in ihr Verderben marschiert. Doch wo der von Tacitus genannte »Teutoburger Wald« damals lag, weiß heute niemand mehr. Noch bis ins 19. Jh. hinein bestand dieses Gebiet aus dem Lipper Bergland, dem Osning, dem Ravensberger Hügelland und dem Wiehengebirge. Gerade weil in dieser Gegend die legendäre Varusschlacht vermutet wurde, benannte man vor allem den Osning bei Detmold als »Teutoburger Wald«.

Wenigstens gibt Tacitus' Begriff Anhaltspunkte darüber, wo der Schauplatz des Gemetzels einst wohl gelegen haben könnte: Als »saltus« bezeichneten die Römer für gewöhnlich einen von Höhen und Schluchten durchzogenen Landstrich, das »burg« deutet auf einen Hof, vielleicht sogar eine Befestigung hin.

Da die Berichte von Tacitus und Dio lange nach der Schlacht abgefasst worden sind, kommt einem dritten, wenn auch sehr knappen Text besondere Bedeutung zu: dem des Velleius Paterculus. Paterculus war nicht nur Zeitzeuge, sondern als Kriegsteilnehmer selbst in Germanien. Wie auch Tacitus stimmt Paterculus mit der Überlieferung des Cassius Dio in wesentlichen Teilen überein: die Vorbereitung der Falle durch Arminius und seine Mitverschwörer, die Anlage offenbar mehrerer Lager, Berge, Wald, Sumpf und schließlich der Selbstmord des Varus.

Dagegen ist die sonstige Überlieferung der antiken Historiker zweifelhaft oder knapp. Stark abweichend stellt der römische Historiker Florus, der Anfang des 2. Jh. schrieb, den Schlachtverlauf dar. Ihm zufolge seien Germanen plötzlich über ein Drei-Legionen-Lager hergefallen, als Varus auf dem Tribunal saß. Dabei nutzt Florus offenbar einen Kunstgriff: Er verdichtet das eigentliche Geschehen, stilisiert und spitzt es zu. Dennoch erwähnt auch er den Hinterhalt der Germanen, die Wälder und Sümpfe, und den anschließenden Untergang von drei Legionen.

Abgesehen von den schriftlichen Quellen und vielleicht den archäologischen Befunden in Kalkriese lässt sich lediglich ein weiteres Zeugnis mit der Schlacht in Verbindung bringen, und das auch nur möglicherweise: Der Grabstein des Marcus Caelius. Dessen Inschrift legt dar, dass Caelius gebürtiger Italiker und Zenturio der 18. Legion war. Im Alter von 53 ½ Jahren fiel er im »Krieg des Varus« (»bello Variano«). Ob damit tatsächlich die Varusschlacht gemeint war, ist jedoch ebenfalls nicht ganz sicher – es könnten auch andere Feldzüge des Varus gemeint sein.

Verteilung römischer Funde und archäologische Suchschnitte auf dem Oberesch.

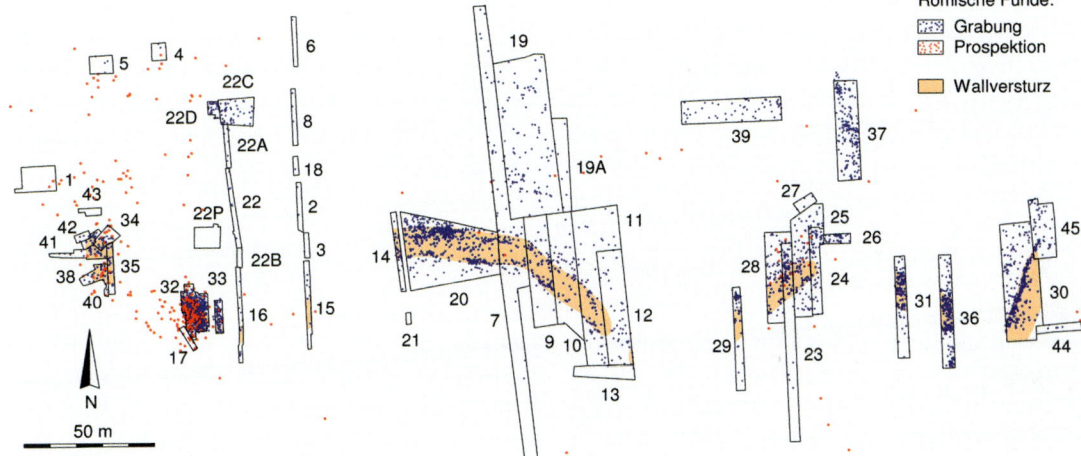

Schon im ersten Jahr der planmäßigen Ausgrabungen entdeckte man nicht nur zahlreiche römische Funde, sondern auch die Reste eines ehemaligen Walles. Bis 1999 verfolgten die Archäologen hauptsächlich den Wall und seit 1994 auch die häufiger auftretenden Gruben mit Menschen- und Tierknochen. Diese für die wissenschaftlichen Fragestellungen vorteilhafte Situation änderte sich ab 1999 mit Errichtung des Archäologischen Parks und anschließend des Museums. Baumaßnahmen, das Aufstellen eines Pavillons und die Anlage von Wegen erforderten »Notgrabungen« und umfangreiche Begehungen. Hieraus resultierte die Aufdeckung weiterer Knochendeponierungen, eines fast vollständigen Maultierskeletts, zahlreicher römischer Gegenstände, darunter ein Bleibarren, Münzen und zwei Bronzeglocken, sowie weiterer Wallabschnitte.

Besonders von 1994 bis 2000 bezogen die Forscher mit einigen Sondierungsgrabungen und Begehungen auch das weitere Umfeld des Obereschs ein. Dabei kamen u. a. in germanischen Siedlungen bei Hof Dröge, ca. 1,5 km westlich, und bei Hof Schomaker in östlicher Richtung auch römische Funde aus der Zeit der Varusschlacht zum Vorschein.

Inzwischen, mehr als 20 Jahre, nachdem Tony Clunn sich auf die Suche nach einer sensationellen Entdeckung gemacht hatte, sind fast 50 Grabungsschnitte angelegt und aus einem Gebiet von ungefähr 50 km^2 mehr als 1000 Münzen sowie über 5000 militärische Objekte geborgen worden. Die weitaus meisten davon auf dem Oberesch: Fragmente von Waffen und Rüstungen – von Wurfspeeren, Helmen und Panzern –, aber auch einzelne Schleudergeschosse, Pfeilspitzen und Pionieräxte, medizinische Instrumente, Truhenbeschläge, Schmuck und Geschirr. Dazu kommen zahlreiche Befunde wie der Wall oder die Knochengruben.

Kalkriese – Ort eines Hinterhaltes

Die Erbauer des Walles auf dem Oberesch hatten die engste Stelle zwischen Berg und Moor gewählt. Hier, westlich des heutigen Bohmte, hinter Schwagstorf, schiebt sich der Kalkrieser Berg weit in die Ebene hinein und bildet zusammen mit dem Großen Moor in beide Richtungen kilometertiefe Trichter. An der engsten Stelle – das Moor ist nur wenig mehr als 1 km vom Berg entfernt – liegt der Oberesch.

Zwei schmale, trockene Sande könnten Durchlass gewährt haben: am Rande des Großen Moores und unterhalb des Berges. Damals, um Christi Geburt, führte der obere Weg an einem verfallenen, erst wenige Jahrzehnte vor der Schlacht aufgelassenen Gehöft vorbei. Drum herum breiteten sich Grasland und Gebüsch aus. Östlich und westlich davon flossen – etwa 400 m voneinander entfernt – zwei in den Grund einschneidende Bäche. Rinnsale quollen aus dem Grund und vernässten die Kalkrieser Niewedder-Senke. Diese Bäche an den Seiten bildeten eine natürliche Barriere. Durch die nach Norden anschließende Senke und den Wall entstand eine Art Kessel.

Teilrekonstruktion des Walles auf dem Oberesch im Museum und Park Kalkriese.

Vermutlich befand sich der Wall ungefähr 50 m entfernt zum Weg, war etwa 400 m lang, 4 m breit und knapp 2 m hoch. Sein Bau dürfte eine größere Gruppe nur wenige Tage beschäftigt haben. Wenigstens im mittleren Teil besaß die Krone offenbar eine Palisade, zumindest konnte eine entsprechende Pfostenreihe festgestellt werden. An seinen Enden an den Bächen war zusätzlich nördlich jeweils ein Graben vorgelagert. Mehrere Durchlässe, die teils mit Toren gesichert waren, boten die Möglichkeit, schnell vorzupreschen oder sich gegebenenfalls zurückzuziehen.

Die römische Expansion

Der römische Feldherr Gaius Iulius Caesar hatte in den 50er Jahren vor Christus durch seine Erfolge im Gallischen Krieg die Grenze des Römischen Reiches bis an das linke Rheinufer vorgeschoben, und über weite Strecken schied der Fluss für Jahrhunderte die Weltmacht von den »Barbaren«. In Deutschland erforscht die Provinzialrömische Archäologie die umfangreichen Hinterlassenschaften dieser Zeit. Etwa in Xanten, wo sich im Boden große Teile der ehemaligen römischen Stadt Colonia Ulpia Traiana erhalten haben und heute teils wieder aufgebaut werden. Erstmals hatten römische Truppen 13/12 v. Chr. unter Kaiser Augustus hier auf dem so genannten Fürstenberg ein Lager errichtet. Mitte des 1. Jh. erweiterte man es dann zu einem Zweilegionenlager, das zeitweilig einer der wichtigsten Stützpunkte des Imperiums am Rhein war. Bis zu 10000 Legionäre stationierte Rom hier und baute zu deren Versorgung und Verschiffung u.a. einen Hafen. Mit der Zeit ließen sich auch Händler, Handwerker, Gastwirte, Veteranen und ihre Familien im Umfeld nieder. Vergleichbare, erst rein militärische Ansiedlungen, bei denen sich dann zivile Städte entwickelten, reihten sich wie eine Kette entlang des Rheins, etwa dort, wo heute Köln, Bonn oder Mainz liegen.

Auf der anderen Seite des Flusses lässt sich archäologisch vor allem die Phase der römischen Expansionsfeldzüge von 12 v. bis 16 n. Chr. nachvollziehen. Zahlreiche Basen an der Lippe waren Ausgangspunkt für die Kriegszüge. Etwa zwei Tagesmärsche vom Rhein entfernt lagen bei Holsterhausen (Stadt Dorsten) neun verschiedene Marschlager der Zeit. Circa 20 km weiter befanden sich ein Hauptlager bei Haltern sowie sieben weitere Anlagen wie ein Uferkastell, eine Anlegestelle und eine Vorstadt. Stromaufwärts folgten Stationen bei Oberaden (Bergkamen) und Beckinghausen (Lünen), die man aber wohl bereits wenige Jahre nach Christi Geburt, in den Feldzügen von Varus und Germanicus, wieder aufgab. Am östlichen Punkt der Lippe, der per Schiff erreichbar war, befand sich der Stützpunkt Anreppen (Delbrück).

Außer dieser Hauptaufmarschlinie werden Relikte der römischen Expansion z.B. entlang von Flüssen wie der Lahn entdeckt. Weiter entfernt kamen Reste von Lagern bzw. »Schanzen« wie bei Barkhausen (Porta Westfalica) oder an der Bielefelder Egge zum Vorschein. Erst 2004 wurde von der Kreisarchäologie Göttingen das Römerlager bei Hedemünden an der Werra der Öffentlichkeit vorgestellt. Es war bereits unter Drusus in den Jahren vor Christi Geburt gegründet worden und hatte wohl bis nach der Varusschlacht 9 n. Chr. Bestand. Ein weiterer bedeutender Fundplatz ist Waldgirmes, wo seit 1993 gegraben wird: Hier liegt die einzige bislang bekannte, vorwiegend zivile Siedlung rechts des Rheines.

Historisch sind für diese Zeit vor allem die Feldzüge des Drusus zu Beginn des römischen Ausgriffs nach Germanien bis 9 v. Chr. überliefert. Ein Großereignis war ein nur spärlich dokumentierter »Gewaltiger Krieg« (»immensum bellum«) von 1 v. Chr. bis 6 n. Chr. Nach der Varusschlacht im Jahr 9 folgten Episoden wie die wochenlange germanische Belagerung des Kastells Aliso. Am Rhein verstärkte Augustus nun die Truppen, und spätestens ab 11 n. Chr. führten die Römer neue Feldzüge, die unter dem Oberbefehl des Germanicus ab 13 n. Chr. zum erbarmungslosen Offensivkrieg wurden. Mehrmals standen die Heere des Arminius, jenes germanischen Anführers, der das Heer des Varus geschlagen hatte, jetzt Legionären gegenüber, die zu Zehntausenden die Gebiete östlich des Rheins verwüsteten. Im Jahr 16 n. Chr. gelingt dem römischen Feldherrn Germanicus in der Schlacht bei Idistaviso ein Sieg über die Cherusker, das »Volk« des Arminius. Doch siegten die Römer in all diesen Kämpfen nur unter großen eigenen Verlusten. An den Pontes Longi (»Caecina-Schlacht«) gelang es ihnen nur mit Mühe, der Feinde Herr zu werden. Und auch am Angrivarierwall (16 n. Chr.) erlitten sie herbe Verluste. Im Laufe der Zeit fielen schätzungsweise weit über 20000 Legionäre. Offenbar waren die Opfer zu groß, sodass sich Rom nach 16 n. Chr. wieder über den Rhein zurückzog.

Eine zweite, »erfolgreichere« Phase römischen Vordringens kam dann im späten 1. Jh. 83 n. Chr. besiegte Kaiser Domitian die Chatten (Hessen) und schob die römische Grenze des Imperiums bis in die Wetterau vor. Nach Gründung der Provinzen »Germania inferior« und »Germania superior« begannen die Römer mit dem Bau des Obergermanisch-Raetischen Limes, der von Hessen über Baden-Württemberg ins bayrische Unterfranken führte und zunächst wohl nicht mehr als eine Schneise mit Wachtposten war. Erst um 130 n. Chr. wurde diese Anlage mit einem Palisadenzaun versehen und danach noch mehrmals befestigt. Im Jahr 260, mit den Germanen-Stürmen, gaben die Römer den Limes auf und zogen sich auf die Rheingrenze zurück.

Lanzenspitzen, Pilumspitze
und Schildrandbeschläge.

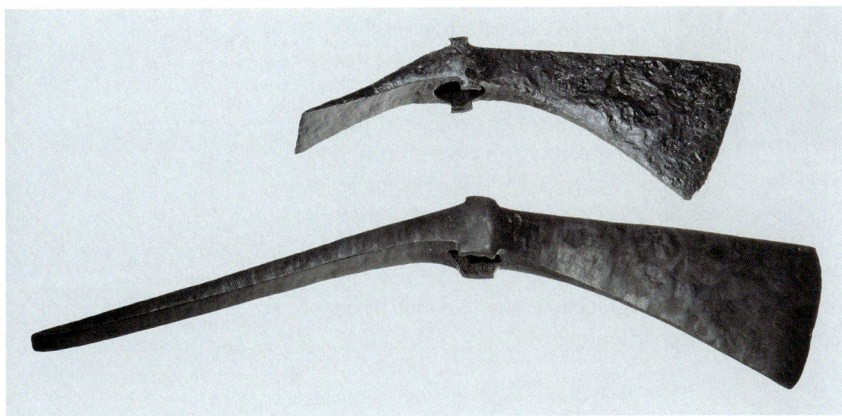

Zwei Pionieräxte (dolabrae)
aus Eisen.

Kalkriese – Ort eines Kampfes

Ohne Zweifel ist in Kalkriese gekämpft worden: Waffenfragmente lagen verstreut auf dem Boden und waren teilweise, wie ein Maultier mitsamt Anschirrung, unter dem Wall verschüttet worden. Es waren Römer, und es waren nicht wenige: Truhen, Geschirr, medizinisches Besteck, religiöse Gegenstände, Packtiere und Wagen – all das lässt auf einen größeren Trupp schließen, der unmittelbar hier unterging. Offenbar hatten sie versucht, den Wall einzureißen und zu überrennen. Zwei Pionieräxte in unmittelbarer Nähe der Befestigung könnten dafür sprechen. In einigen Abschnitten dürfte die Anlage sehr bald zusammengebrochen sein und einen großen Teil dessen begraben haben, was Archäologen heute wieder zutage fördern.

Nach der Schlacht lagen die Kadaver von erwachsenen Männern, Maultieren und Pferden auf dem Boden, einzelne im Drainagegraben, wenige unter dem verstürzten Wall. Die Ausgräber vor Ort gehen davon aus, dass die Germanen als Sieger ihre Gefallenen mitsamt Ausrüstung bergen konnten. Dies würde auch die Seltenheit germanischer Funde in Kalkriese erklären.

Die Römer dagegen hatte man, wenn überhaupt, erst Jahre später unter die Erde gebracht. Ein Großteil der bisherigen Knochen fand sich in acht Gruben. Den Untersuchungen der Anthropologen und Zoologen zufolge lagerten die Knochen zwischen zwei und zehn Jahren auf der Oberfläche. In einigen Fällen wiesen sie tödliche Verletzungen auf. Offenbar handelt es sich bei den Gruben um eine Art Massengräber, in welche die Toten aber nicht vollständig hineingelegt wurden, sondern nur einzelne Knochen.

Viele römische Gegenstände zeigen Spuren von Zerstörung: Am Wall hatten die Sieger ihre Beute offenbar zusammengetragen und das wertvolle Metall vom sperrigen Holz oder Leder getrennt. Etwa 1 km entfernt, beim heutigen Hof Dröge, sind einige der römischen Objekte weiterverarbeitet worden, denn hier fanden sich metallische Schmelzreste und Bruchstücke von Militaria, die möglicherweise aus der Schlacht stammen.

Kalkriese – Ort der Varusschlacht?

Was genau in Kalkriese geschah, welches historische Ereignis die Fundansammlung verursachte, ist nicht sicher und erschließt sich nicht aus dem archäologischen Befund allein. Vieles spricht dafür, dass hier, wenn auch vielleicht nicht unbedingt d e r Ort, so aber doch e i n Ort entdeckt wurde, der mit der Varusschlacht in Zusammenhang steht.

Zeugnisse der Bataverschlacht bei Krefeld-Gellep

Wiederholt sind bei Krefeld-Gellep umfangreiche Spuren einer Schlacht zum Vorschein gekommen, die in der zweiten Hälfte des 1. Jh. n.Chr. geschlagen wurde. Die Funde lassen sich mit einem Bericht des römischen Historikers Publius Cornelius Tacitus (Historien 4,33) verknüpfen, dem zufolge Julius Civilis, Anführer der Aufständischen Bataver, im Herbst des Jahres 69 n.Chr. bei Gelduba das Lager eines größeren römischen Heeres angreifen ließ. Durch den überraschenden Überfall gerieten die Römer trotz Überzahl in starke Bedrängnis. Erst als die Aufständischen damit begannen, die Legionen niederzumachen, konnten römische Unterstützungstruppen das Blatt noch wenden. Die batavische Reiterei floh ohne größere Verluste mit erbeuteten Feldzeichen und Gefangenen, doch der Großteil des aufständischen Fußvolkes wurde getötet.

Was Tacitus berichtete, hinterließ bei Gellep Spuren im Boden, z.B. annähernd 180 Pferdeskelette, aber auch Waffen, Ausrüstungsteile, Verteidigungsgräben und Gruben römischer Lager. Die Pferde waren zum Großteil in den Gräben verscharrt worden, kamen aber auch in deren Vorfeld und im Lagerinneren zutage. Weiter von diesem entfernt liegende Kadaver hatte man in flachen Gruben beseitigt.

Die Funde stimmen nicht nur mit der historischen Überlieferung überein, sondern ergänzen sie teils auch äußerst detailliert. So erwähnte Tacitus, dass Teile des römischen Lagers sehr schlecht gebaut waren. Entsprechend bilden die Gräben bei Gellep keinen einheitlich rechteckigen Grundriss, sondern reihen sich in höchst unterschiedlicher Bauweise aneinander. Einen batavischen Reiterangriff notiert Tacitus zudem nur am Rande. Gerade dieser tritt jedoch archäologisch auf einer Länge von etwa 700 m klar hervor und war verantwortlich dafür, dass sich Lagergräben und Gruben mit Pferdekadavern füllten.

Da die Pferdekadaver vor allem in direkter Nähe des Grabens und nur wenige weiter entfernt davon verscharrt wurden, steht zu vermuten, dass die Attacke so überraschend erfolgte, dass es der römischen Fernabwehr nicht mehr gelang, in Stellung zu gehen. Wie man die Pferde dabei über Hindernisse gezwungen hat, machen so genannte Steigergebisse deutlich, die ihnen um die Unterkiefer gezogen wurden und anhand derer den Tieren starke Schmerzen zugefügt werden konnten.

Dass das Gelände nach der Schlacht gründlich geräumt wurde – laut Tacitus errichtete man hier bald ein neues Lager – zeigt sich besonders im Bereich eines im Südwesten gelegenen Tores. Allein in seinem Umfeld wurden beinahe 90 Pferde vergraben – nahezu die Hälfte aller gefundenen Tiere.

Für die menschlichen Leichname scheint es fünf Scheiterhaufen gegeben zu haben. Offenbar hatte man die Toten wie auch den Kampfplatz zuvor noch gründlich geplündert, denn unter den Schlachtrelikten dominieren Kleinteile wie Geschossspitzen, Schildrandbeschläge oder Schnallen. Ausnahmen bilden zwei eiserne Helme. Der eine war in eine Grabenböschung eingetreten, der andere offenbar vergraben worden, weshalb beide Stücke wohl übersehen wurden.

Pferdeskelett im Graben.

Pferdegräber und Gräben des Legionslagers im südlichen Abschnitt.

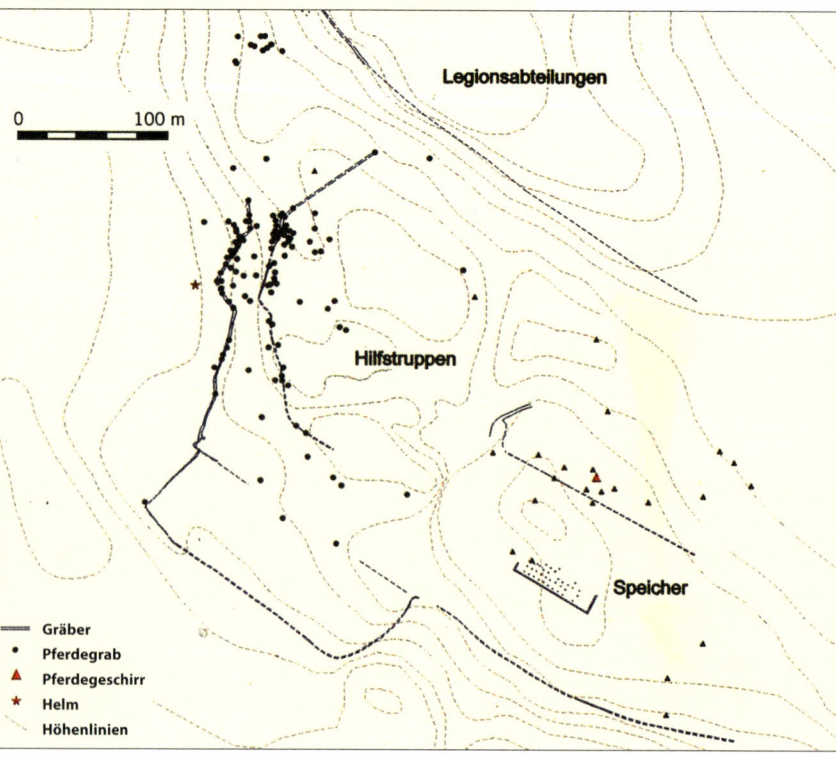

Legionsabteilungen

0   100 m

Hilfstruppen

Speicher

— Gräber
• Pferdegrab
▲ Pferdegeschirr
★ Helm
— Höhenlinien

Das Geländerelief bei Kalkriese erinnerte schon Mommsen an die Überlieferung des Römers Dio. Mommsen schrieb in »Die Örtlichkeit der Varusschlacht«: »Die zweite Strasse verlässt die Weser bei Minden, geht über Lübbeke, Preußisch Oldendorf, Wittlage nach Bramsche an die Hase, von wo dann die Ems auf verschiedenen Wegen erreicht werden kann ... Die Venner Gegend bietet die Vereinigung von Bergen und Mooren, die die Berichte fordern. Dass hier marschierende Truppen Bohlwege zu schlagen hatten, liegt nahe; und noch näher, dass die schließliche Katastrophe hier herbeigeführt ward durch die Einkeilung der Armee zwischen Bergen einer- und Mooren andererseits.«

Ein Fund 2008 könnte diese These zusätzlich untermauern: Der Archäologe Daniel Bérenger meinte, bei Barkhausen, unweit von Minden an der Weser, das Sommerlager des Varus lokalisiert zu haben. Inzwischen sind die zuständigen Behörden bei der Beurteilung ihrer Entdeckung vorsichtiger geworden. Doch Zeltheringe, Münzen, Mühlsteine, Sandalennägel und Fibeln zeigen, dass die Römer damals in dieser Gegend weit häufiger operierten als lange angenommen.

Neben der Datierung deuten vor allem aber die Knochengruben auf einen Zusammenhang mit der Varusschlacht hin. Tacitus' Bericht zufolge wurden viele Gebeine erst 15 n.Chr. begraben, als der römische Feldherr Germanicus den Schlachtort besuchte. Zuvor waren sie jahrelang auf der Oberfläche ausgeblichen. Und die Knochenfunde aus Kalkriese, so das Ergebnis der anthropologischen Untersuchungen, haben einige Jahre auf der Oberfläche gelegen, ehe man sie zusammentrug.

Doch es gab und gibt weiterhin Zweifel, dass tatsächlich der Ort der Varusschlacht gefunden sei. Der Streit wird mit durchaus ernsthaften Argumenten geführt, teilweise aber auch mit Lokalpatriotismus und manchmal Polemik. Bisweilen trägt er bizarre Blüten.

Ein Problem ist: Römer und Germanen schlugen um Christi Geburt viele Gefechte. Dabei hat das militärische Vordringen der Weltmacht in die Gebiete zwischen Ems und Elbe seine Spuren hinterlassen.

Schon alt sind Vermutungen, die Funde aus Kalkriese könnten aus den Rachefeldzügen des Germanicus in den Jahren 14 bis 16 n.Chr. und besonders der Schlacht am Angrivarierwall stammen. Die Münzen der Sammlung von Bar und das Gelände um Kalkriese hatten den Juristen und Philosophen Carl Gerhard Wilhelm Lodtmann 1753 und 1780 Justus Möser zu diesem Verdacht inspiriert.

Entscheidend ist daher vor allem die Datierung des Kalkrieser Geschehens. Die Münzen lassen einen gewissen Spielraum: Die jüngsten wurden in den Jahren 2 und 1 v. Chr. geprägt und tragen Gegenstempel von Varus bzw. seinem Legaten aus den Jahren 6 bis 9 n. Chr. Demnach trugen sich die Ereignisse nach 6 n. Chr. zu. Erst mit Tiberius' Ernennung zum Kaiser im Jahre 14 n. Chr. wurden neue Münzen geprägt. Solche fehlen jedoch in Kalkriese. Somit datiert das Geschehen in die Jahre zwischen 6 und 14 n. Chr., zuzüglich jener Zeit, in der das neue Geld auch in die entlegenen Regionen des Reiches gelangte. Das könnte gedauert haben.

Damit kämen theoretisch auch einige Schlachten aus den Germanicus-Feldzügen in Betracht, wie z. B. die »Caecina-Schlacht« 15 n. Chr. an den Pontes Longi. Das Gelände um die Pontes Longi soll – wie jenes auf dem Oberesch – von mehreren Wasserläufen durchzogen und von sanft ansteigenden Wäldern benachbart gewesen sein. Allerdings ist es wahrscheinlicher, dass die Ereignisse von Kalkriese eher in die früheren Jahre des möglichen Spektrums fallen.

Denkbar ist, dass auf dem Oberesch nur ein Randgeschehen der Jahre um 9 n. Chr. fassbar ist. Doch egal, ob Kalkriese Ort der Varusschlacht war oder nur ein Nebenschauplatz oder ob die Römer hier erst Jahre später untergingen: Kein archäologischer Fundplatz kommt derzeit dem Ereignis vor 2000 Jahren so nahe und symbolisiert so sehr den Mythos, der sich daraus entwickeln sollte.

Schlachtfeldarchäologie

Der Flecken am westlichen Wiehengebirge ist heute ein Zentrum der Schlachtfeldarchäologie. »Museum und Park Kalkriese« haben seit ihrer Eröffnung 2002 mehr als eine Million Besucher verzeichnet. Das breite Interesse gründet vor allem in der Verknüpfung des Fundplatzes mit der historisch überlieferten Varusschlacht im Jahre 9 n. Chr. Kaum einer Konfrontation zwischen Germanen und Römern ist so viel Bedeutung für die deutsche Nationalgeschichte beigemessen worden. Entsprechend konzentriert sich die Öffentlichkeit insbesondere auf die Identifizierbarkeit Kalkrieses mit dem Ort der Varusschlacht.

Für die Forscher stehen allerdings andere Aspekte im Vordergrund. Dank der langjährigen Grabungs- und Prospektionstätigkeiten verfügen sie inzwischen über ein so umfangreiches Fundmaterial, dass wesentlich weitergehende schlachtfeldarchäologische Rückschlüsse möglich sind. Wenn auch nur fragmentarisch, lässt sich beispielsweise erkennen, wie vielfältig ein römisches Heer und der begleitende Tross um Christi Geburt auf dem Marsch ausgestattet war. Die Auswertung ist zwar noch nicht abgeschlossen, doch ermöglichen Zwischenergebnisse schon jetzt detaillierte Einblicke in das Geschehen vor allem nach dem Kampf, wie z. B. die Plünderung des Schlachtfeldes und das spätere Aufsammeln der Gebeine.

Die ursprüngliche Annahme, dass aus der Anzahl der Funde direkt auf die Intensität der Kämpfe geschlossen werden könne, sprach zunächst für eine weitgehende Beschränkung der Kampfhandlungen auf den Engpass. Doch ist die Fundüberlieferung sehr komplex, sie dürfte vor allem auch durch das Bergen, Aufräumen und Plündern zustande gekommen sein. In Hauptkampfzonen mit vielen Toten war es für die Plünderer ein Leichtes, ihre Beute zusammenzutragen. Entsprechend häufen sich dort Funde. Direkt auf dem Oberesch fanden sich hauptsächlich viele Bruchstücke römischer Ausrüstungen, was, so der Kalkrieser Archäologe Achim Rost, wahrscheinlich durch das Fleddern der Leichen verursacht worden sein dürfte. Dabei rissen Kleinteile ab und wurden übersehen. Hingegen blieben Randbereiche, in die sich Soldaten flüchteten, bei der Leichenfledderei eher unbemerkt. Entsprechend nimmt im nordwestlich an den Oberesch anschließenden Areal die Gesamtfundmenge ab, doch der Anteil besonders wertvoller Fundensembles steigt. In diesem Randbereich könnten fliehende römische Soldaten wertvolle oder hinderliche Ausrüstungen weggeworfen oder versteckt haben, bevor sie gefangen genommen wurden.

Militärische Bauten, die dem Wall vergleichbar wären, konnten nirgendwo sonst im Gelände entdeckt werden. Doch, so Wilbers-Rost, werden die Germanen auch an anderen Stellen die Flanke des vorbeiziehenden römischen Heeres angriffen haben. Geht man von mehrtägigen Kampfhandlungen aus, ist ein langgezogenes Schlachtgebiet nur allzu wahrscheinlich. Unterholz und Gestrüpp boten sich den Angreifern in dieser Gegend reichlich.

Römer am Harz

Die Entdeckung eines Schlachtfeldes bei Kalefeld im Landkreis Northeim, auf dem im 3. Jh. römische Truppen gekämpft hatten, galt im Dezember 2008 als archäologische Sensation. Bis dahin war die Fachwelt davon ausgegangen, dass sich Rom nach der Niederlage in der Varusschlacht 9 n. Chr. aus Norddeutschland zurückgezogen hatte. Doch nun waren dort, im südlichen Niedersachsen, die Überbleibsel wenngleich vielleicht keines Schlachtfeldes, so doch eines heftigen und großen Gefechtes zum Vorschein gekommen. An einem Ort, wo kein Experte mit Römern gerechnet hätte und der so manche Ansichten über das Verhältnis zwischen der Weltmacht und den »Barbaren« jenseits von Donau und Rhein in Zweifel stellte.

Würden die Funde aus der Zeit um Christi Geburt stammen, wäre die Aufregung – zumindest in der Fachwelt – nur halb so groß gewesen. Damals führten die Römer ausgedehnte Expeditionen bis zur Elbe, und etwa 65 km vom Harzhorn entfernt befand sich das Römerlager Hedemünden – doch im 3. Jh. betrug die Distanz zu größeren römischen Truppenstandorten, z. B. in Mainz, weit über 200 km.

Rom drohte zu dieser Zeit erstmals ernstlich im Chaos zu versinken. Die klassische Struktur der römischen Armee löste sich auf. In ihr dienten Söldner aus den Provinzen und den Randbereichen des Imperiums. Im Norden nutzten die Anführer der germanischen Gefolgschaften seit dem 3. Jh. geschickt jede Schwäche der Weltmacht aus, fielen immer wieder in die römischen Provinzen ein, raubten Vieh, plünderten Gutshöfe, massakrierten die Bevölkerung und kehrten mit Karren voller Beute in ihre Heimat zurück.

213 n. Chr. drangen sie in die römischen Provinzen Obergermanien und Raetien (ins heutige Hessen, Baden-Württemberg und Bayern) ein. Noch im selben Jahr zog Kaiser Caracalla gegen sie zu Felde. Caracalla siegte am Main, doch der Verlauf der folgenden Kämpfe zwang ihn, den Frieden zu erkaufen.

Zwei Jahrzehnte später, 233 n. Chr., verheerten Germanen wiederum die römischen Provinzen. Kaiser Alexander Severus rekrutierte 234 ein Heer und ließ eine Brücke über den Rhein schlagen. Doch vor allem seine pannonischen Söldner rebellierten, töteten Severus, seine Mutter und Freunde und wählten Maximinus Thrax zu ihrem Anführer und Kaiser. Der führte im Jahr 235 n. Chr. seine Truppen nach Germanien hinein.

Leuchter oder Pferdeschuh?

Am Harzhorn bei Kalefeld, dort, wo heute die Autobahn 7 und die Bundesstraße 248 das westliche Harzvorland passieren, etwa 7 km vom Rastplatz Seesen, haben sich offenbar Relikte dieses Feldzuges von Maximinus Thrax erhalten. Schon im Jahre 2000 waren die Laienforscher Rolf Peter Dix und Winfried Schütte hier auf einige eiserne Geschosse, eine Schaufel und ein Stück, das sie zunächst für einen »Leuchter« hielten, gestoßen. Erst nach Jahren stellten sie fest, dass der mutmaßliche Leuchter eine römische »Hipposandale« – ein Pferdeschuh – sein könnte. Die Northeimer Kreisarchäologin Dr. Petra Lönne bestätigte den Verdacht und identifizierte weitere Funde als römisch.

Bei einer ersten Geländebegehung durch die Archäologin kamen nur wenige Zentimeter unter der Oberfläche des Waldbodens weitere römerzeitliche Relikte zutage. Seit Ende August 2008 untersuchen Mitarbeiter des Niedersächsischen Landesamtes für Denkmalpflege (Bezirksarchäologie Braunschweig

Topografie des Schlachtfeldes am Harzhorn. Hervorgehoben sind die Hauptkampfzonen.

Nachbau eines Scorpios.

und Zentrale Hannover) und die Kreisarchäologie das Areal systematisch. Neben zahlreichen Ehrenamtlichen wie den »Ostfalensuchern«, eine Gruppe zertifizierter Metallsondengänger, die monatelang mit bis zu elf Metalldetektoren gleichzeitig das Gelände abschritten, sind Wissenschaftler der Universitäten Osnabrück und Berlin (FU), des Niedersächsischen Instituts für historische Küstenforschung Wilhelmshaven sowie des Historischen Museums der Stadt Frankfurt an der Auswertung beteiligt.

Immer mehr bestätigt sich die anfängliche Vermutung, dass die Hinterlassenschaften von einem Gefecht des 3. Jh. zwischen römischen Truppen und Germanen stammen. Dass hier Römer kämpften, ist eindeutig. Nicht nur der Pferdeschuh, auch die massiven Katapultprojektile und die meisten Pfeilspitzen lassen daran keinen Zweifel.

Schon die ersten Münzen, der Beschlag eines Messerfutterals sowie ^{14}C-Daten von hölzernen Speerschaftresten mit einem Alter von 130 bis 250 n. Chr. wiesen den Fundkomplex in die erste Hälfte des 3. Jh. Eine präzisere zeitliche Einordnung ermöglichen die insgesamt elf Münzen: Vor allem neun Denare der severischen Kaiser, u. a. von Elagabal und Severus, sprechen derzeit für eine Datierung des Gefechts in die Jahre nach 228 n. Chr.

Nicht nur die Datierung legt einen Zusammenhang mit dem Feldzug des Maximinus Thrax nahe, auch die Zusammensetzung der Truppen ist auffällig: Zahlreiche dreiflügelige Pfeilspitzen weisen auf die Beteiligung orientalischer Schützen hin, die Reflexbögen benutzten. Und es scheint kein kleiner Verband gewesen zu sein, der dort kämpfte. Die verschiedenen Truppenteile, die Wagen, das Schanzzeug und die Verpflegung lassen auf wenigstens 1000 Soldaten schließen – wenn nicht weit mehr.

Die Schlacht im Moor

Datierung, Ausrüstung und Masse der Funde passen zu einem Bericht des römischen Historikers Herodian. Der schrieb in seiner Kaisergeschichte, dass Maximinus Thrax für seinen »Germanenfeldzug« im

Geschosse für Torsionsgeschütze.

Endbeschlag eines Messer-
futterals.

Jahr 235 n. Chr. »eine gewaltige Streitmacht, ja fast die gesamte römische Armee« bei sich hatte, »darunter eine große Zahl maurusischer Speerwerfer, osrhoenischer und armenischer Bogenschützen – teils Untertanen, teils Freunde und Bundesgenossen –, ferner eine Anzahl Perser, die entweder, vom Geld angelockt, übergelaufen oder in Kriegsgefangenschaft geraten waren und im römischen Heer dienten, …«.

»Nach seinem Einmarsch in Feindesland drang Maximinus weit vor, ohne daß ihm jemand Widerstand leistete; vielmehr hatten sich die Barbaren zurückgezogen. Er verwüstete das Land weit und breit – das Getreide reifte bereits –, steckte die Dörfer in Brand und überließ sie dem Heer zur Plünderung«, so Herodian.

»Vor einem großen Sumpf, wohin sich die Germanen auf der Flucht zurückgezogen hatten, zögerten die Römer, zur Verfolgung in ihn einzudringen. Da sprengte zuerst Maximinus mit seinem Pferd in den Sumpf, obgleich das Wasser dem Tier bis über den Bauch reichte. Er machte die Barbaren, die Widerstand leisteten, nieder, so daß das übrige Heer sich schämte, den für sie kämpfenden Kaiser im Stich zu lassen, Mut faßte, auch in die Sümpfe vordrang und es auf beiden Seiten viele Tote gab: (Groß war die Zahl) der Gefallenen auf römischer Seite; von den Barbaren aber kamen fast alle um, die an diesem Gefecht teilgenommen hatten.«

Bislang vermuteten Historiker den Ort der »Schlacht im Moor« nicht unweit der römischen Außengrenze, am Main. Dabei hieß es ursprünglich, in einer weiteren Schriftquelle, der »Historia Augusta«, dass Maximinus Thrax etwa 500 km ins Feindesland vorgedrungen war. Doch hielt man diese Entfernungsangabe für übertrieben und suchte die Schlacht im Moor etwa 50 km vom Main. Dass die Römer so weit nach Norden vorgedrungen waren, schien beinahe unvorstellbar.

Eine Hipposandale,
ein eiserner Hufschutz
für Pferde.

Auf dem Rückmarsch

Mit der Entdeckung am Harzhorn ist das nun anders. Zwar handelt es sich bei den Funden nicht um Relikte der eigentlichen Schlacht im Moor, doch offenbar stehen sie mit ihr in Zusammenhang. Wo genau das große Moor war, woher die Römer kamen – das weiß derzeit niemand. Manche Forscher gehen nun davon aus, dass sich der Feldzug gegen Elbgermanen im Bereich der heutigen Altmark (Sachsen-Anhalt) richtete. Er könnte aber auch bis an die Nord- oder Ostseeküste, nach Schleswig-Holstein oder Mecklenburg-Vorpommern, Magdeburg oder Frankfurt geführt haben.

2009 und 2010 suchten die Archäologen das weitere Umfeld am Harzhorn ab. Demnach erstreckte sich der Kampfplatz über fast 2 km und war mehrere Hundert Meter breit. Zudem fanden sich Stücke einer typisch germanischen Schale, Knochen sowie Reste einer Feuerstelle, deren genaue zeitliche Einordnung aber noch aussteht. Bis Ende 2010 wurden rund 1800 Metallgegenstände freigelegt, dokumentiert, vermessen und konserviert.

Die Verteilung von Sandalennägeln zeigt, dass die Römer Richtung Süden marschierten. Viele Katapultbolzen und Pfeilspitzen stecken noch in den Felsspalten, in die sie hineingeschossen wurden. Diese Einschläge römischer Geschosse markieren die germanischen Stellungen. In mehreren Arealen auf der Nordseite des Harzhorns häuften sich die Funde. Dort dürften die Zusammenstöße am heftigsten gewesen sein. Derzeit spricht vieles dafür, dass die Auseinandersetzungen entlang des Hauptkammes des Harzhorns am stärksten waren und von dort mit wachsender Distanz schwächer wurden. An einer Stelle versuchten die Römer offenbar, ein steiles Tal zu erklimmen. Am Hauptkamm kam es zum Gefecht, bei dem wohl auch ein Karren einen Steilhang hinabstürzte, am Boden zertrümmerte und liegen blieb.

Schon jetzt, so der Osnabrücker Provinzialarchäologe Günther Moosbauer, deute die Ausrüstung von Bogenschützen, Speerschleuderern, Reitern, Katapulten und Wagen auf eine Beteiligung von mindestens 1000 römischen Kämpfern hin. Dies entspräche einer so genannten »Vexillation«, einer militärischen Einsatzgruppe, wie sie im 3. Jh. n. Chr. geläufig war und die aus mindestens zwei Kohorten bestand.

Moosbauer vermutet aber ein weit größeres Gefecht. »Die römische Einheit könnte bis zu zehntausend Kämpfer umfasst haben«, sagt er. Noch seien diese Größenordnungen zwar nicht archäologisch belegbar, gesteht der Wissenschaftler, »doch die bisherigen Funde und die historischen Quellen sprächen dafür«.

Auch die Germanen werden in großen Verbänden agiert haben, so Moosbauer. Aber sie geben sich bislang nur schemenhaft zu erkennen. Viele eindeutig römische Funde liegen vor, allerdings nur wenige germanische. Ebenso wurden weder Verhaue noch Schanzungen entdeckt.

Weshalb die Römer nicht den üblichen Weg durch den Pass nahmen, ob Germanen diesen verstellt hatten und sie deshalb auf die Hänge auswichen, ist unklar. Zwar lässt sich das Geschehen auf römischer Seite einigermaßen rekonstruieren, dasjenige auf germanischer Seite bleibt jedoch weitgehend im Dunkel.

Er drohte die Germanen zu vernichten …

Das Harzhorn, so die Northeimer Kreisarchäologin Petra Lönne und der Braunschweiger Bezirksarchäologe Michael Geschwinde, sei eines der am besten erhaltenen antiken Schlachtfelder überhaupt. »Es bietet weltweit einzigartige Möglichkeiten, ein Gefecht einer römischen Armee archäologisch zu untersuchen.« Beide nennen es ein »Geschichtszeugnis von europäischer Bedeutung«.

Für die Wissenschaftler wird dessen Erforschung noch reichlich Arbeit aufwerfen: Vor Ort sind weitere Begehungen, Ausgrabungen und Sondagen geplant. »Guides« führen Interessierte über das Gelände. Auf diese Weise soll auch der illegalen Schatzsucherei begegnet werden.

Beschlag, wahrscheinlich von einem Reisewagen.

Zu diesen denkmalpflegerischen Arbeiten tritt der wissenschaftliche Erkenntnisgewinn. Denn noch ist die Rekonstruktion des Geschehens am Harzhorn hypothetisch. »Ob das Gefecht den isolierten Einsatz einer kleineren Einheit widerspiegelt, oder ob es sich um einen Ausschnitt aus einem größeren Kampfgeschehen handelt«, so die Archäologen Lönne und Geschwinde, lasse sich noch immer nicht beurteilen.

Es war jedenfalls der letzte Vorstoß, den die Weltmacht nach Germanien unternahm, und wie die Archäologen nun wissen: ins Innerste dieses Landes. In der Schlacht im Moor und am Harzrand blieben die Römer 235 n. Chr. aufgrund ihrer überlegenen Militärtechnik wahrscheinlich noch einmal erfolgreich.

»Mit vielen Kriegsgefangenen und reicher Beute kehrte er [Maximinus Thrax] … nach Pannonien zurück. … Er traf Vorbereitungen für einen (neuen) Feldzug im Frühjahr. Er drohte – und hätte seine Drohung wahr gemacht – die barbarischen Stämme der Germanen bis zum Ozean zu vernichten und zu unterwerfen,« endet Herodians Bericht über dieses Jahr. Doch es war wohl der letzte große Vorstoß der Römer. Nicht nur am Harzhorn waren sie auf dem Rückzug.

Die ungeschriebenen Kriege

Nur wenige Schriftquellen berichten im 3. und 4. Jh. n. Chr. über das Gebiet fern im Norden der römischen Grenzen. Doch archäologische Funde belegen, dass Germanen hier heftige Kämpfe zu Lande als auch zur See fochten. Die Tatsache, dass die Krieger nach der Schlacht einen Teil der Beute den Göttern geopfert haben, konnte das Wissen darüber bewahren.

Den antiken Autoren waren solche Rituale durchaus bekannt. Der Mönch und Geschichtsschreiber Orosius schilderte noch Ende des 4. Jh. die eigentümlichen Sitten der Kimbern und Teutonen nach der Schlacht gegen die Römer bei Arausio 105 v. Chr.: »Die Gewänder wurden zerrissen und in den Kot getreten, das Gold und Silber in den Strom geworfen, die Panzer der Männer zerhauen, der Schmuck der Pferde vernichtet, die Pferde selbst in den Strudeln ... (des Stromes) ertränkt, die Menschen mit Stricken an den Bäumen aufgehängt, so dass der Sieger keinerlei Beute behielt, der Besiegte kein Erbarmen erfuhr.«

Und der römische Geschichtsschreiber P. Cornelius Tacitus gab eine Begründung für solches Verhalten. Im 13. Buch seiner Annalen schrieb er, dass die germanischen Stämme der Chatten und Hermunduren »für den Fall des Sieges das feindliche Heer dem Mars und Merkur geweiht hatten, ein Gelübde, durch das Mann und Ross, überhaupt alles Lebende, dem Untergang geweiht wird«. Doch der Wahrheitsgehalt dieser Aussagen wäre ohne die archäologischen Funde eher zweifelhaft.

Abertausende Waffen und Teile von Militärausrüstungen gerieten so in den Morast. Aus mehr als 50 Mooren der jütischen Halbinsel und Südskandinaviens kamen solche Opferungen nach Jahrhunderten wieder zutage. Allein im dänischen Illerup-Ådal ha-

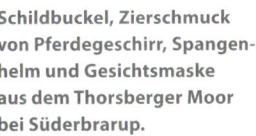

Schildbuckel, Zierschmuck von Pferdegeschirr, Spangenhelm und Gesichtsmaske aus dem Thorsberger Moor bei Süderbrarup.

Goldene Zierscheiben aus Thorsberg. Die linke zeigt germanische Motive, die rechte römische. Sie könnten mit einiger Wahrscheinlichkeit von einer Person getragen und von demselben Handwerker hergestellt worden sein.

ben Archäologen seit 1950 in mehreren Grabungskampagnen mehr als 15 000 Einzelteile geborgen: Lanzen, Schilde, Schwerter, Äxte, Trachtbestandteile, Kleidung, Zaumzeug, Bootsteile, Feuerschläger und mehr – einen »archäologischen Zauberspiegel«, wie es der Ausgräber Jørgen Ilkjær 2002 formulierte.

Mooropferplätze sind für diese Epoche und Region in jeder Hinsicht eine einmalige Geschichtsquelle, ebenso sind sie es für die Schlachtfeldarchäologie. Denn zwar handelt es sich um keine Kampfstätten im eigentlichen Sinne, doch bieten die Moorfunde einen unvergleichlichen Einblick in die germanischen Heere, die am Harzhorn oder in Kalkriese kaum in Erscheinung treten. Anhand der Häufigkeiten bestimmter Waffengattungen etwa lässt sich der Aufbau der Heere rekonstruieren, prunkvolle Garnituren aus Gold und Silber bzw. schlichte aus Eisen offenbaren deren hierarchischen Aufbau, und die Masse der Funde verrät die Mindestzahl an Kombattanten.

Nach der Schlacht

Innerhalb Deutschlands Grenzen liegt lediglich ein Opferplatz: das kleine, 140 m x 300 m messende Thorsberger Kesselmoor bei Süderbrarup im Kreis Schleswig-Flensburg. Heute ist es weitgehend durch Torfabbau zerstört. In vorchristlicher Zeit versenkten die Bewohner der Umgebung darin Holz- und Tongefäße sowie einzelne landwirtschaftliche Geräte. Vielleicht erhofften sie sich dadurch bessere Ernten. Im 3. und 4. Jh. n. Chr. waren es dann massenweise militärische Ausrüstungen.

1858 begann der dänische Archäologe Conrad Engelhardt mit Ausgrabungen, die er 1860 und 1861 fortsetzte. Er fertigte zwar keine detaillierten Beschreibungen an, doch seine Aufzeichnungen im Gra-

bungstagebuch geben u. a. darüber Aufschluss, dass ein Großteil der Funde, darunter auch Prachtausrüstungen und Textilien, an einer Stelle konzentriert und demnach offenbar bei einer einzigen Zeremonie niedergelegt wurde. Diese Hauptdeponierung datiert in die erste Hälfte des 3. Jh. n. Chr., wahrscheinlich in die Jahre zwischen 225 und 250 – in jene Zeit, als der römische Kaiser Maximinus Thrax sein Heer in das »große Moor« führte.

1987 legte Klaus Raddatz einen weitgehend vollständigen Katalog der Funde vor, der mehr als 1500 Einzelteile umfasst. Hinzuzuzählen sind vor allem noch die bislang weitgehend unbearbeiteten umfangreichen Holzfunde wie Lanzen- und Pfeilschäfte, Schildbretter und Gefäße, sodass in Thorsberg von mindestens 1800 Einzelteilen auszugehen ist.

Verglichen mit anderen Opferplätzen wie Illerup-Ådal scheint diese Fundanzahl gering. Allerdings hat die Säure des Thorsberger Moores Knochen, Geweih und Eisen zerstört und damit vermutlich auch die unzähligen eisernen Lanzen- und Speerspitzen, die sich üblicherweise auf anderen Mooropferplätzen finden. Ursprünglich wurden daher wohl weit mehr Waffen

Eine Axt mit Kampfscharten aus dem dänischen Nydam-Moor.

Römischer Reiterhelm aus Thorsberg.

die so genannten Prachtmäntel, ein Hemd, silberbeschlagene Ledersandalen und zahlreiche Lederteile gehören zu den wenigen erhaltenen Kleidungsstücken jener Zeit überhaupt.

Waffen für die Götter

Die Moorfunde wurden sehr unterschiedlich gedeutet. Schon Engelhardt hatte vermutet, dass die Deponierungen kriegerische Auseinandersetzungen widerspiegeln. Neuere Untersuchungen von Beschädigungen an Waffen können dies bestätigen. Viele zeigen eindeutige Gebrauchsspuren, wie sie im Kampf entstehen: Speere sind verbogen, wahrscheinlich, als sie auf Schilde trafen, Schildbretter haben Löcher durch Pfeileinschüsse und Schwerter entsprechende Scharten. Mit solchen Waffen ist also tatsächlich gekämpft worden.

Prähistoriker wie Herbert Jankuhn und Klaus Raddatz glaubten, dass die Menschen Waffen und Ausrüstungen regelmäßig und relativ häufig niedergebracht haben. Doch offensichtlich hat man in längeren zeitlichen Abständen umfangreichere Mengen nach größeren Kämpfen versenkt.

Zudem waren die Deponierungen planvoll und ihnen gingen wohl Zeremonien voraus: So fallen ähnliche Häufigkeiten der Waffengattungen auf. Im Moor von Nydam etwa wurden rund 350 Speere und etwa gleich viele Lanzen, 37 Äxte und 40 Bögen versenkt. Viele Waffen und Gegenstände sind absichtlich zerstört worden, wie z.B. die Thorsberger Schlangenkopfarmringe, die man vor der Niederlegung zielgerichtet zerhackt hatte.

Heute hält die Fachwelt die meisten Waffenfunde in den Mooren für Kriegsbeute, welche die einheimische Bevölkerung nach siegreichen Kämpfen gegen feindliche Truppen einer Gottheit, vermutlich dem Kriegsgott Odin, zum Dank weihte.

Anführer und Fußvolk

Masse und Häufigkeit der Deponierungen weisen auf Kämpfe beachtlichen Ausmaßes hin. Die umfangreichen Inventare der größten Kriegsbeuteopfer spiegeln Kämpfe von mindestens einigen hundert bis zu tausend Kriegern auf jeder Seite wider – bei einer geschätzten Bevölkerungszahl von etwa 1% unserer heutigen in Deutschland. Und es könnten noch mehr gewesen sein, denn nicht wenige der unterlegenen Kämpfer werden mit ihren Waffen geflohen sein. Zudem ist unklar, welcher Anteil der Beute überhaupt an die Götter ging. Es ist schwerlich vorstellbar, dass die immensen Werte vollständig vernichtet wurden.

deponiert. Rechnet man die nicht überkommenen Eisenfunde hinzu, so könnten in Thorsberg einige Hundert Ausrüstungen versenkt worden sein.

Statt des Eisens haben sich Edelmetalle, Textilien, Holz und Leder in hervorragender Qualität erhalten. Relativ häufig sind Teile von Schwertern, deren Knäufe, Schwertscheidenbeschläge, Bügel, Kopf- und Fußplatten; von Schilden die Fessel und Buckel, von Kleidung Schnallen, Riemen und Fibeln. Das Pferdegeschirr, die wohl umfangreichste Materialgruppe in Thorsberg, besteht aus Schnallen, Riemenzungen und Riemenverteilern und stammt von wenigstens 15 Pferden.

Heraus ragen die Prachtausrüstungen und Textilien: Eine Gesichtsmaske und Zierscheiben, mehrere goldene Schlangenkopfarmringe, Helme, Kettenpanzer und hervorragend gearbeitete Schwertgarnituren finden in den übrigen Moorfunden nur wenig Parallelen. Auch die Bekleidung, darunter wollene Hosen,

Die Plünderzüge des 3. Jahrhunderts

Sobald die Besatzungen der römischen Grenzbefesti-gungen am Limes durch anderswo zu führende Kriege geschwächt waren, nutzten germanische Anführer die Situation und plünderten mit ihrem Gefolge wochen- und monatelang Roms Provinzen: Erstmals war dies 213 der Fall, doch konnte Kaiser Caracalla die Eingefallenen nahe des Mains besiegen. 233, als Kaiser Severus Ale-xander durch Kriege gegen die Perser in Anspruch ge-nommen war, folgte ein Überfall auf Raetien. Mit Seve-rus' Absetzung und Ermordung begann jene von 235 bis 284 andauernde Phase, die in der Geschichtswissen-schaft als »Reichskrise des 3.Jahrhunderts« bezeichnet wird. Dabei zerfiel zeitweilig sogar das Imperium, von 260 bis 274 existierte das »Gallische Sonderreich«.

Besonders in dieser Zeit häuften sich die Germanen-einfälle. Überlieferte Inschriften, z.B. auf dem Augs-burger Siegesaltar (260 n.Chr.), zeigen, dass solche Plün-derzüge nicht nur von kleinen Gruppen durchgeführt wurden, sondern dass es sich teils um regelrechte Inva-sionen mehrerer Tausend Krieger handelte.

254 wurden das Oberrheingebiet und das westliche Raetien geplündert. Gallienus, Sohn des Kaisers Valerian, konnte die Einfälle dieses Mal noch rasch zurückschla-gen. Doch schon 257 offenbarte sich in aller Eindringlich-keit ein grundlegendes Problem der römischen Grenz-sicherung: Hatten Eindringlinge die Verteidigungslinie einmal überwunden, war ihnen das Hinterland schutz-los ausgeliefert. So konnten die späteren Franken in die-sem Jahr ganz Gallien verheeren und bis nach Spanien vordringen, wo sie 260 die Küstenstadt Tarraco (Tarra-gona) zerstörten. 259 wurde ein Großteil der römischen Truppen von der Rheingrenze auf Kriegsschauplätze im Nahen Osten und Südosteuropa abgezogen – der Limes hörte auf zu existieren.

Vielerorts sind die germanischen Plünderzüge ar-chäologisch belegt. So fanden und finden sich westlich des Rheins an zahlreichen Orten Schätze, die von der Bevölkerung aus Angst vor einem Überfall verborgen wurden. Meist handelt es sich dabei um Münzen. Mit-unter gelangten aber auch in größerem Umfang Ge-schirr und Schmuck in den Boden.

Neben diesen Versteckfunden gibt es wenige Fälle verlorener Beute. Ein mit über 700 kg Gesamtgewicht besonders imposantes Beispiel ist der aus 1062 haupt-sächlich metallenen Objekten bestehende Hortfund von Neupotz (Rheinland-Pfalz). Er kam 1967 bis 1997 bei Kiesabbauarbeiten aus einem Altarm des Rheins zuta-ge. Offenbar wurden die mit Beute beladenen Plünde-rer auf ihrem Heimweg von einer römischen Rheinflot-te überrascht. Das zum Teil vor der Einschiffung zerteilte Beutegut ist so umfangreich und in seiner Zusammen-setzung so vielfältig, dass es sich um Beute aus weit mehr als nur einem Landgut handeln muss. Neben Ta-fel- und Küchengeschirr sind im »Barbarenschatz« auch Handwerkszeug und landwirtschaftliches Gerät, Teile von Wagen und Schiffen, Pferdegeschirr sowie Waffen enthalten. Die Datierung der Objekte spricht für einen direkten Zusammenhang mit historisch überlieferten Plünderzügen von 259 und 260. Häufig lässt sich die Herkunft der Beute noch relativ sicher bestimmen, so-dass es Vergleiche solcher Fundkomplexe mit den ge-nannten Versteckfunden erlauben, die Wege derartiger Einfälle nachzuvollziehen.

Zu diesen indirekten Hinweisen auf eine Bedrohung treten aber auch unmittelbare Zeugnisse von Kämpfen und tödlicher Gewalt. So wird die Zerstörung des Hilfs-truppenkastells Pfünz (Bayern) mit einem historisch be-legten Einfall alamannischer Gruppen 233 in Verbindung gebracht. Dort wurden menschliche Gebeine in einem Stabsgebäude, einer Zisterne und einem Turm entdeckt. Vor dem Eingang des Turmes lagen zudem Reste von Schildfesseln. Deshalb vermutete der Ausgräber einen Überfall, der den Legionären keine Zeit ließ, ihre ange-lehnten Schilde zu ergreifen. In der nahen Zivilsiedlung fanden sich neben einem Münzhort auch ausgedehnte Brandspuren und weitere menschliche Knochen.

Nahe dem heutigen Regensburg-Harting (Bayern) endete ein solcher Überfall Mitte des 3. Jh. für Zivilisten tödlich. In zwei Brunnen einer Villa Rustica (Landgut) fanden sich Skelette von 13 durch Schläge auf die Stirn umgebrachten Personen. Der Ausgräber glaubte, dass die Opfer »möglicherweise bewegungsunfähig (gefes-selt) auf dem Rücken lagen«. Schnittspuren an den Schädeln, vor allem bei weiblichen Individuen, könnten zudem auf Skalpierungen hindeuten.

Eine auffällige Parallele hierzu stammt aus der römi-schen Siedlung von Kaiseraugst (Schweiz), wo sich in ei-nem römischen Brunnen die knöchernen Überreste zahlreicher Leichen bzw. Kadaver von Pferden, Eseln und Hunden fanden. Auch hier wurden die Menschen durch teilweise schädelspaltende Axthiebe über den Augen getötet. Weitere Funde sind aus einem Tempel-bereich an der Augustenstraße in Regensburg (Bayern) sowie aus Pforzheim (Baden-Württemberg) bekannt, wo sechs Brunnen zahlreiche menschliche Skelettreste ent-hielten.

Am Legionslager von Krefeld-Gellep, wo sich bereits 69 n.Chr. die Bataverschlacht ereignet hatte, lassen sich anhand von Brandhorizonten, Gräbern und Waffenfun-den mehrfach intensive Kämpfe nachweisen. Im Jahr 259 trug sich hier ein Gefecht auf freiem Feld zu, infolge dessen zahlreiche getötete Kämpfer offenbar über län-gere Zeit hinweg an der Oberfläche verwesten, bis man sie in Gruben verscharrte. Wahrscheinlich 275/76 bra-chen dann vermutlich bei Kampfhandlungen in Brand geratene Lagergebäude zusammen, wobei u.a. Schwertklingen, Äxte und zerschlagene Schildbuckel verschüttet wurden.

Gefallenengräber aus Krefeld-Gellep, die nach einem Kampf 259 angelegt wurden.

Im Kampf verbogene Spitzen von Stoßlanzen aus dem dänischen Nydam-Moor.

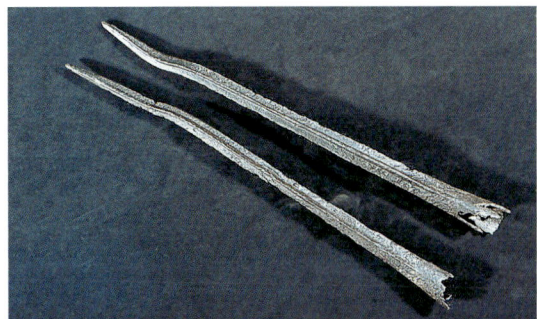

Ein weiteres Ergebnis z.B. von Illerup-Ådal ist, dass die Heeresverbände in drei Schichten hierarchisch untergliedert waren. Dies deckt sich mit dem dreigliedrigen Aufbau germanischer Verbände, der von zeitgenössischen Historikern beschrieben wird. Tacitus etwa spricht von »principes«, »comites« und »pedites« und Ammianus Marcellinus von »regales«, »optimates« und »armatores«.

Am deutlichsten lässt sich dieser Aufbau anhand der Schilde feststellen. Diejenigen der Anführer hatten prunkvolle Buckel aus Silber und waren mit Halbedelsteinen und Glas sowie Pressblechen besetzt. Die Schildbretter zierten kleine Gesichtsmasken und Rosetten aus vergoldetem Silber, die Randbeschläge bestanden aus Silber. Passend zur Anzahl an Schilden kamen in Illerup auch fünf goldene Arm- oder Halsreifen zutage. Mit diesem Ornat, ergänzt durch silbernes Pferdegeschirr und aufwendige Schwertgarnituren, waren sie für jeden Soldaten leicht erkennbar.

Die zweite Ranggruppe ist durch Schildbestandteile mit ähnlich aufwendigem Dekor gekennzeichnet, jedoch bestehen die 30 Schildbuckel aus Bronze. Diese »Offiziere« waren beritten und ebenfalls mit Schwertern ausgerüstet.

Schließlich gibt sich das Fußvolk durch die mehr als 300 einfachen eisernen Schildbuckel zu erkennen. Die Grundausrüstung dieser untersten Hierarchiestufe bestand aus Schild, Lanze und einem oder mehreren Speeren.

Das Zahlenverhältnis zwischen Heerführern, Reiterei und Infanterie beträgt in Illerup 1:8, d.h., auf einen Anführer kamen acht Offiziere mit 64 Fußkämpfern. Ein solches Verhältnis findet sich auch im römischen Heer, wo acht Infanteristen eine Zeltgemeinschaft bildeten.

Ein Sonderstatus innerhalb dieser Ranggliederung könnte den Bogenschützen zugekommen sein. Pfeil und Bogen tauchen erst allmählich Ende des 2. Jh. im Inventar germanischer Krieger auf und sind dann v. a. in den Waffendeponierungen zahlreich vorhanden.

Weitere Heeresbestandteile werden an einigen Kleinfunden ablesbar: Nadeln, Knochensägen, chirurgische Messer und Pipetten z. B. aus Illerup belegen die Möglichkeit ärztlicher Versorgung, Werkzeuge von Schmieden und anderen Handwerkern diejenige, Waffen zu reparieren.

Mit den germanischen Heeren aus der Zeit des Arminius haben diese Kampfverbände nur noch wenig gemein. Die Mooropferungen repräsentieren die militärischen Hinterlassenschaften professionell organisierter Truppen hauptsächlich aus skandinavischem Gebiet. Ausrüstungsgegenstände waren in hohem Maße standardisiert. Der Kampfstil mit diesen Waffen und der sich aus dem Heeresaufbau ergebenden Formation war für untrainierte Krieger viel zu kompliziert. Wohl nur im Notfall ergänzten auch Bauern und Unfreie die Truppen. Zwar wird es keine stehenden Berufsheere wie im Römischen Reich gegeben haben, doch dürften Heerführer junge Männer angeheuert, bewaffnet und verschifft und sich mit anderen verbündet haben, um die Küsten oder Dörfer und Gemeinden der Nachbarstämme zu plündern. Dabei sparten sie nicht an Prunk: Die silberne und teilweise vergoldete Gesichtsmaske, die goldenen Zierscheiben und Schlangenkopfarmringe, die aufwendigen und reich verzierten Schwertgarnituren legen davon Zeugnis ab. Selbst die Pferde waren in silbernes Dekor gewandet.

Die Technologie hierfür stammte teilweise aus römischem Gebiet. Schwertklingen, -garnituren und -gurte sowie Helme waren größtenteils importiert, ebenso die Münzen. Lediglich Griffe und einzelne Verzierungen sind nachträgliche »germanische« Handwerksarbeiten. In Thorsberg kommt dieser Aspekt besonders stark zum Tragen: Verglichen mit allen anderen Kriegsbeuteopfern fällt hier der große Anteil römischer Stücke auf. Die geopferten Militaria kamen aus südlichen Gegenden, vielleicht aus dem Gebiet zwischen Elbe und Weser.

Schildbuckel mit Pfeileinschüssen aus dem dänischen Nydam-Moor.

Vom Frühmittelalter zur Neuzeit

Archäologische Befunde aus Früh- und Hochmittelalter, die sich mit historisch überlieferten Kämpfen assoziieren lassen, sind in Europa vergleichsweise selten. Eines der wenigen Beispiele ist der »battle cemetery« nahe Chester (Großbritannien). Hier wurde 2004 ein altbekanntes Massengrab mit schätzungsweise mehr als 120 Skeletten neu untersucht. ^{14}C-Datierungen von Knochen zweier Toter mit Hiebverletzungen an den Schädeln lassen vermuten, dass es sich um Opfer der Schlacht bei Chester 616 handelt. Den Friedhof von Aldaieta (Spanien) interpretierte Böhme als Ergebnis von Kämpfen des Jahres 541, was allerdings nicht unwidersprochen blieb. Für zwei »feldmarschmäßig« bestattete Reiter von Sarstedt (Niedersachsen) diskutierte Cosack einen möglichen Tod in der sächsisch-fränkischen Schlacht am Süntel 782. Mit Wikingerüberfällen lassen sich gleich mehrfach Funde verbinden. So werden Schmuck und Bestattungen von Stade (Niedersachsen) mit Kampfhandlungen des Jahres 994 in Verbindung gebracht, menschliche Skelette und Brandspuren aus York (Großbritannien) und Zutphen (Niederlande) mit belegten Plünderungen von 866/67 bzw. 882 assoziiert. Ferner wurden angebliche Reste eines Feldlagers der polnisch-deutschen Schlacht von Zehden 972 bei Cedynia (Polen) entdeckt. Im Kern erfolglos blieben dagegen gezielte polnische Untersuchungen am vermutlichen Schauplatz der Schlacht bei Liegnitz/Legnica 1241 in den 1960er-Jahren. Und auch 1998 bei Fulford (Großbritannien) begonnene Arbeiten führten bislang nicht zur zweifelsfreien Lokalisierung des gleichnamigen Schlachtfeldes von 1066. Bei Re (Norwegen) wird seit 2009 nach Kampfplätzen von 1163 und 1177 gesucht. Aktuelle Projekte in Schleswig-Holstein beschäftigen sich mit den Schlachten von Lürschau (1043), Schmilau (1093) und Bornhöved (1227).

Häufig lassen sich archäologische Spuren aufgrund fehlender oder unzulänglicher historischer Quellen jedoch nicht mit Einzelereignissen in Verbindung bringen, so z. B. die 51 meist jungen Männer, die zwischen 930 und 1030 (^{14}C-datiert) nahe Weymouth (Großbritannien) enthauptet und in einer Grube verscharrt wurden. Vielleicht waren sie Wikinger, die bei einem in Vergessenheit geratenen Gefecht gegen Einheimische unterlagen. Hingegen können recht zahl-

reich über Mitteleuropa verstreute, charakteristische Funde vor allem von Waffen und Reiterausrüstung als Relikte der Ungarneinfälle (899–955) identifiziert werden. Und aus dem Brandschutt zweier über einen See führender Brücken bei Ostrów Lednicki (Polen) geborgene Waffen und Rüstungsteile stammen wohl von Kämpfen des Jahres 1038. An dieser Stelle sind allgemein die immer wieder in Fließgewässern entdeckten Waffen und Rüstungsteile zu erwähnen, ebenso die frühmittelalterlichen Skelette mit Verletzungsspuren sowie die hauptsächlich in Süddeutschland auftretenden merowingerzeitlichen Mehrfachbestattungen teils bewaffneter und/oder gewaltsam zu Tode gekommener Männer.

So lassen sich zwar vielerorts in Europa kriegerische Auseinandersetzungen im weiteren Sinne aus Früh- und Hochmittelalter archäologisch nachweisen. Kampfhandlungen historisch belegter offener Feldschlachten und Gefechte konnten jedoch bisher im Wesentlichen nicht zweifelsfrei identifiziert werden.

Die Ursache dafür liegt zum einen in der historischen Überlieferung: Sie ist, wenn überhaupt von einem Ereignis berichtet wird, meist unpräzise und knapp. Somit entspricht die geringe Anzahl der noch bekannten Schlachten und Gefechte aus dem Früh-, aber auch aus dem Hochmittelalter in keinster Weise der viel umfangreicheren historischen Realität. Hinzu kommt, dass Ortsangaben in Schriftquellen angesichts oft massiv veränderter Landschaften bestenfalls eingeschränkt weiterhelfen.

Zum anderen waren die damaligen Heere relativ klein. In aller Regel bestanden sie aus maximal einigen Tausend Kämpfern, nur in Ausnahmefällen kamen wenige Zehntausend zusammen. Daher dürften auf den Schlachtfeldern nach Aufräumung und Plünderung meist ohnehin vergleichsweise wenige Objekte zurückgeblieben sein. Und bei der Überlieferung gibt es weitere Probleme: Metallische Waffen und Ausrüstungsteile bestanden großteils aus Eisen, das im Boden bei schlechten Erhaltungsbedingungen schnell vergeht. Was in solchen Fällen an Bunt- und Edelmetallgegenständen übrig blieb, ist verschwindend wenig. So wird angenommen, dass Schlachten und Gefechte des Früh- und Hochmittelalters zwar Spuren im Boden hinterlassen haben, dass diese jedoch,

Stark romantisierende, mythisch verklärende Darstellung der Schlacht von Hemmingstedt vom Ende des 19. Jh. Links mittig besonders herausgehoben die in dieser Form wohl ins Reich der Sage zu verweisende »Jungfrau Telse«, die angeblich das Banner der Dithmarscher trug. Rechts der Tod des zu Pferde sitzenden Landsknechtsführers Thomas Slentz.

wenn überhaupt, nur noch sehr schwer aufzufinden und einem bestimmten Geschehen zuzuweisen sind.

Das Zeitalter des Schießpulvers

Im Spätmittelalter (ca. 1250–1500) und der folgenden Neuzeit bessert sich die historische Quellenlage allmählich. Gleichzeitig steigt die Zahl der archäologisch zu- und nachgewiesenen kriegerischen Ereignisse. Aus Schlacht- und Kampfkontexten bekannt sind meist zufällig entdeckte Massengräber bzw. Bestattungen etwa von Næstved (Dänemark, zwischen 1300 und 1350), Wisby (Schweden, 1361), Aljubarrota (Portugal, 1385), Tannenberg/Grunwald (Polen, 1410), Towton (Großbritannien, 1461), Hemmingstedt (Schleswig-Holstein, 1500), Uppsala (Schweden, 1520), Leipheim (Bayern, 1525), Mohács (Ungarn, 1526), Lübschau/Lubiszewen (Polen, 1577) und Rheinberg (Nordrhein-Westfalen, 16./17. Jh.). Zu erwähnen sind hier die umfangreichen Analysen von Knochen getöteter Kämpfer der Schlacht bei Dornach (Schweiz, 1499) durch Christine Cooper.

Auch die Liste gezielter Schlachtfelduntersuchungen wird länger. Unter den in den letzten 15 Jahren erforschten britischen Beispielen (Bannockburn, 1314; Shrewsbury, 1403; Barnet, 1471; Bosworth, 1485) ist Towton (1461) hervorzuheben, wo in jahrelanger Arbeit z. B. Ausdehnung und Schwerpunkte der Kämpfe im Gelände rekonstruiert wurden. Neue Ergebnisse konnten auch bei Projekten in Schweden (Mästerby, 1361; Axtorna, 1565) und Frankreich (Azincourt, 1415) gewonnen werden. Bereits Anfang der 1960er-Jahre hat man bei Aljubarrota (Portugal) Systeme von Feld-

befestigungen ergraben. Weitere frühe Forschungen erfolgten in Polen (Tannenberg/Grunwald, 1410; Schwetz/Świecino, 1462), Bulgarien (Warna, 1444) und Ungarn (Mohács, 1526). An deutschen Untersuchungen sind Mühldorf (Bayern, 1322) und Hemmingstedt (Schleswig-Holstein, 1500) zu nennen. Bei Rheinberg (Nordrhein-Westfalen) fanden sich außer den genannten Bestattungen zufällig auch Spuren eines wohl zeitgleichen Feldlagers.

In der Gesamtschau wird deutlich, dass sich der Schlachtfeldarchäologie ab dem Spätmittelalter insgesamt günstigere Bedingungen bieten. Hierfür sind verschiedene Faktoren verantwortlich. Einerseits verursachten die oft deutlich größeren Heere vor allem seit dem 15. Jh. einen wachsenden Fundanfall. Andererseits wirken sich die Veränderungen der materiellen Kultur positiv aus. Insbesondere gab es vermehrt Metallrüstungen sowie allgemein mehr Buntmetallobjekte, die sich aufgrund der deutlich kürzeren Lagerungszeit im Boden besser erhalten konnten, sodass vergleichsweise mehr Relikte überliefert sind. Ergänzend nehmen Umfang und inhaltliche Qualität der historischen Quellen zu. Deshalb lassen sich Funde und Befunde besser interpretieren und leichter bestimmten historischen Ereignissen zuordnen.

Eine Zäsur markiert die Entwicklung bzw. Einführung der Feuerwaffen, die in Europa im 14. Jh. der »Entdeckung« des Schwarzpulvers folgte. Neben größeren Geschützen kamen dabei auch »Handrohre« – mit einem Holz- oder Metallgriff versehene, einseitig offene Bronze- oder Eisenröhren – auf. Eine Schwarzpulverladung im Innern trieb nach Zündung ein Geschoss hinaus. Es waren simple Konstruktionen mit massiven Auswirkungen, denn eine Person genügte,

um diese leicht bedienbaren »Handfeuerwaffen« tragen und nutzen zu können.

Ihren Durchbruch, den Wandel weg von den alten Fernwaffen Bogen und Armbrust, erlebten sie jedoch erst in der späteren zweiten Hälfte des 15. Jh. Nun wurden Handfeuerwaffen wie Geschütze nicht nur bei Belagerungen, sondern zunehmend auch in Feldschlachten eingesetzt. Ab dem 16. Jh. spielten sie dann auf den meisten Schlachtfeldern eine oft dominante, häufig entscheidende Rolle.

Die Bedeutung der Handfeuerwaffen für die Schlachtfeldarchäologie liegt in ihrer Munition begründet. Von Beginn an wurden üblicherweise Bleikugeln verschossen, die sich gut im Boden erhalten haben. Auch wurden diese aufgrund ihrer geringen Größe leichter bei der Absammlung übersehen als etwa Pfeile oder Geschosse größerer Geschütze. Zudem wurden Bleikugeln stets in großer Zahl mitgeführt und konnten bereits in einem kleinen Gefecht mit wenigen Hundert Beteiligten zu Tausenden verschossen und verloren werden. Entsprechend lässt ihre Verteilung Rückschlüsse auf die Ausdehnung der Kämpfe im Gelände zu. Theoretisch sind weitere Erkenntnisse möglich, auf jeden Fall aber verbessern Geschosse deutlich die archäologische Nachweisbarkeit von Schlachten und Gefechten.

Für den größten Teil des Spätmittelalters lassen sich derartige Schlüsse allerdings noch nicht treffen,

denn entsprechende Funde sind minimal. Aktuell wurden in Großbritannien bei Towton (1461) Fragmente zweier Handrohre und eine Bleikugel mit Eisenkern geborgen. Und bei Bosworth (1485) fanden sich 22 bleierne Geschosse für Handfeuerwaffen und Kanonen, die entscheidend zur Neulokalisierung dieses Schlachtfeldes beitragen konnten.

Mühldorf 1322 – die Wiederentdeckung eines Schlachtfelds

Das bislang augenscheinlich einzige deutsche Beispiel für ein erfolgreich wiederentdecktes mittelalterliches Schlachtfeld ist jenes bei Mühldorf am Inn (Bayern). Dort kämpfte am 28. September 1322 das Heer des Wittelsbachers Ludwig IV. »des Bayern« gegen das des Habsburgers Friedrich des Schönen. Anlass war ein Nachfolgestreit um das Amt des römisch-deutschen Königs. Auf bayerischer Seite zogen wohl über 5000 Berittene und 4000 Kämpfer zu Fuß, auf österreichischer mehr als 4000 Reiter sowie etwa 5000 Ungarn in eine der letzten »Ritterschlachten« nach alter Art. Am Ende siegte Ludwig, 1328 wurde er Kaiser des Heiligen Römischen Reiches.

Trotz der historischen Bedeutung des Ereignisses geriet die genaue Lage des Schlachtfeldes in Vergessenheit. Aufgrund abweichender Angaben in den Schrift-

Zeitgenössische Darstellung einer Schlacht. Nach einer 1334 für Landgraf Heinrich von Hessen hergestellten Handschrift.

quellen wurde der Ort dann im 19. und 20. Jh. sowohl bei Mühldorf als auch 9 km westlich um Ampfing vermutet. Letztere These hielt einer kritischen Überprüfung der Quellen nicht stand, mehr Glaubwürdigkeit wurde historischen Berichten zu einem Kampf auf den etwa 5 km nordöstlich von Mühldorf gelegenen Erhartinger Wiesen beigemessen. Eine endgültige Bestätigung konnte jedoch nur anhand archäologischer Funde erfolgen.

Die entscheidenden Puzzleteile lieferte dann aller Wahrscheinlichkeit nach der Amateur-Archäologe Herbert Matejka. Im Herbst 1984 und Frühjahr 1985 untersuchte er auf Anregung eines Landwirts und in Zusammenarbeit mit dem Bayerischen Landesamt für Denkmalpflege einen ca. 2 km westlich von Erharting gelegenen Acker namens »Totenpoint«. Auf einer Fläche von gerade einmal 150 m × 100 m barg Matejka zahlreiche Funde, die in ihrer Art und Zusammensetzung eigentlich nur von einem Kampf des 14. Jh. stammen können. Bis heute sind es etwa 80 Pfeilspitzen und rund 300 Armbrustbolzen aus Eisen, großteils mit auf »Gebrauch« hindeutenden Schäden, ein Schwertknauf, ein Dolch sowie Hufeisen. Daneben fand er zwei Brandstellen mit Knochenresten sowie annähernd 200 Pferdezähne.

Vermutlich ist es »nur« ein Randbereich des Schlachtfeldes, den Matejka entdeckte, darauf weist die Lage des Geländes hin. Doch wurde hier ohne Zweifel gekämpft – und andere Schlachten als die »bei Mühldorf«, wo derart große Mengen an Waffen hätten zurückbleiben können und offenbar zu entsorgende Pferdekadaver in größerer Zahl anfielen, gab es bei Erharting im 14. Jh. nicht. Darüber hinaus barg Matejka an weiteren Plätzen im Umfeld des »Totenpoint« ebenfalls Teile von Waffen und Ausrüstung, hinzu kamen Altfunde. So deutet alles darauf hin, dass der Kampfplatz von 1322 wiederentdeckt ist.

Hemmingstedt 1500 – die Suche nach einer Schanze

Die inzwischen seit mehr als 130 Jahren andauernde Diskussion um den ehemaligen Standort der Schanze von Hemmingstedt ist ein klassisches Beispiel dafür, welche Probleme entstehen können, wenn man versucht, den Schauplatz bestimmter Ereignisse allein anhand von Schriftquellen zu lokalisieren.

Am 11. Februar 1500 marschierte der Dänenkönig Christian I. mit etwa 2000 Reitern, 5000 Landwehrleuten und 4000 Söldnern der berüchtigten Schwarzen Garde in Dithmarschen ein. Zwei Tage später wurde Meldorf, einer der beiden Hauptorte der Landschaft, erobert und geplündert. Am 17. ging der Vormarsch weiter, die geplante Route führte nach Norden, in Richtung Heide.

Doch Christian erreichte sein Ziel nicht: Zwischen Epenwöhrden und Hemmingstedt hatte ein Teil der Dithmarscher, deren Gesamtaufgebot wohl nur ca. 6000 Kämpfer umfasste, den Landweg durch eine Schanze – einen Erdwall mit vorgelagertem Graben – gesperrt und zudem die Siele des Seedeiches geöffnet. Dadurch wurde das tiefer liegende Gelände beiderseits des Straßendamms langsam geflutet, sodass das dänisch-holsteinische Heer auf dem nur wenige Meter breiten Weg gefangen war. Die an der Spitze stehende Garde konnte sich nicht zum Kampf entfalten, ein Sturm auf die Schanze misslang. Gegenangriffe der Dithmarscher lösten auf dem mit Männern, Pferden und Wagen verstopften Landweg Panik aus: Wohl über 3000 der zurückdrängenden Kämpfer König Christians wurden niedergemacht oder ertranken.

Schnell setzte eine Verklärung des unerhörten Erfolgs der Dithmarscher Bauern über ein »Ritterheer« ein. Doch trotz umfangreicher mündlicher und schriftlicher Überlieferung geriet der Ort in Vergessenheit. Zwar wusste man, dass die Schlacht zwischen Epenwöhrden und Hemmingstedt stattfand. Doch wo die Schanze einst stand, war bereits im 19. Jh. unklar, denn oberirdisch blieb von Wall und Graben nichts erhalten. Aus praktischen Gründen hatte man sie schnell wieder eingeebnet. Ebenso wie eine wohl am selben Ort errichtete Schanze aus der »letzten Fehde« 1559, der endgültigen Eroberung Dithmarschens.

Daher begannen Historiker, anhand schriftlicher Quellen Theorien zu entwickeln, die allerdings je nach Auslegung mehrere Standorte zuließen. Auch wurde gelegentlich das Terrain kritisch in die Überlegungen mit einbezogen, doch möglichen Sachzeugnissen maß man wenig Bedeutung bei.

Den wohl ersten – fruchtlosen – Versuch, den Schanzenstandort mit archäologischen Mitteln zu finden, unternahm 1940 Alfred Kamphausen. Mehr Erfolg hatte offenbar seine nächste Unternehmung. Auf Anregung des Historikers Walther Lammers prüfte Kamphausen 1949 mittels Grabung dessen Lagetheorie. Dabei entdeckte er einen von West nach Ost verlaufenden, alt verfüllten Graben, der einst den Landweg zwischen Epenwöhrden und Hemmingstedt schnitt, sowie angeblich auch Wallreste. Zwar fehlten von der Schlacht stammende Funde, doch schien Lammers' Theorie bestätigt. Dieser nahm sie daher auch in sein Standardwerk »Die Schlacht bei Hemmingstedt« auf.

Kamphausens Erkenntnisse beendeten die Diskussion um den Ort der Schanze für mehr als 50 Jahre. Eine kritische Überprüfung durch Volker Arnold Anfang der 1990er-Jahre ergab jedoch Unerwartetes:

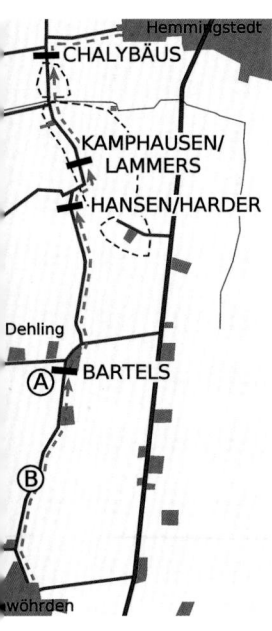

Theorien zur Lage der Schanze bei Hemmingstedt, versehen mit den Namen ihrer Verfechter. A = Denkmal; B = Massengrab; Rot gestrichelt beabsichtigter Marschweg des dänisch-holsteinischen Heeres, östlich die moderne Straße; Schwarz gestrichelt ungefähre Ausdehnung erhöhter Bereiche. Karte genordet.

Das Massengrab nahe Epenwöhrden mit Opfern der Schlacht bei Hemmingstedt 1500. Zuoberst ein großes Pferdeskelett, daneben menschliche Schädel und weitere Knochen.

Arnold kam zu dem Schluss, dass Kamphausen vermutlich nicht den Schanzgraben von 1500 gefunden hatte. Vielmehr hatte er bei seinen Grabungen östlich und westlich des Weges wohl zwei der dort zahlreich vorkommenden »Grüppen« geschnitten – Entwässerungsgräben. Daraus, so vermutete Arnold, konstruierte Kamphausen dann möglicherweise eine zum ehemaligen Standort einer Schanze »passende« Befundsituation.

Eine Nachuntersuchung jenes Bereichs, in dem Kamphausen 1949 gegraben hatte, erfolgte 1997 im Auftrag des Museums für Dithmarscher Vorgeschichte (Heide). Der Archäologe Ullrich Masemann sollte prüfen, ob hier überhaupt entsprechende Befunde existierten. Tatsächlich fand er einen alt verfüllten, im Prinzip zu Kamphausens Resultaten passenden »Graben«. Obwohl auch jetzt von der Schlacht stammende Funde fehlten, hielt Masemann es für möglich, dass der Graben im Jahr 1500 offen lag. Denn die Füllung enthielt zwei Scherben der ersten Hälfte des 16. Jh. Zudem ergaben Bohrungen in umliegenden Grüppen, dass nur auf der Sohle des »Kamphausen-Grabens« Schilfreste lagen. War dieser also doch ein Teil »der« Schanze? Oder wurde er in der »letzten Fehde« 1559 angelegt?

Eine definitive Antwort auf die Frage nach dem Standort der Schanze steht weiter aus. Doch bereits die bisher von der Archäologie gelieferten Indizien gehen in ihrer Aussagekraft deutlich über die allein auf historischen Quellen fußenden Spekulationen der Vergangenheit hinaus. Für 2011 und die Folgejahre sind erneut Untersuchungen geplant.

Das Massengrab von Epenwöhrden

Am 15. Juni 1944 bargen sowjetische Kriegsgefangene beim Ausheben von Pipeline-Gräben am Landweg zwischen Epenwöhrden und Dehling Knochen von mindestens vier Menschen und einem Pferd. Da die Gebeine teils schwere Verletzungen von Hieb- und Stichwaffen aufwiesen, wurde vermutet, dass es sich um Opfer der Schlacht von Hemmingstedt handelte. Weitere Untersuchungen fanden jedoch nicht statt. Eine professionelle Ausgrabung unternahm erst 1996 der Archäologe Ullrich Masemann für das Museum für Dithmarscher Vorgeschichte (Heide). Dabei zeigte sich, dass in einem nur 2,4 m × 0,6 m kleinen Massengrab die Überreste mehrerer Menschen und mindestens eines Pferdes lagen.

Anthropologische Analysen der Skelette sowie zweier Schädel und eines Unterkiefers von 1944 ergaben, dass Überreste von wenigstens elf Personen vorlagen. Von diesen konnten acht noch »im Zusammenhang« rekonstruiert werden, in allen sieben bestimmbaren Fällen waren es Männer. Von ihrem gewaltsamen Ende zeugen zahlreiche Verletzungen durch scharfe und stumpfe Hieb- und Stichwaffen. Alles in allem fanden sicher Kämpfer des dänisch-holsteinischen Heeres ihre vorerst letzte Ruhe im Massengrab. Ein Junge, der gerade einmal um die 13 Jahre alt war, mag im Gefolge eines Adligen oder Offiziers der Garde in den Tod gezogen sein. Dagegen dürfte ein 50–60-Jähriger ebenso wie andere mit krankhaft veränderten Knochen eher zur wenig kampftauglichen Landwehr gezählt haben. Ritter waren es wohl nicht, denn deren tote Körper blieben angeblich auf dem Schlachtfeld liegen, als Schmähung und Warnung: »Dar hedden die Vögel und Hunde den Winter genoch to etenn« (Da hatten die Vögl und Hunde den Winter [über] genug zu essen). In jedem Fall zeugen die zertrümmerten Gebeine heute von der Wut, mit der die Dith-

marscher am 17. Februar 1500 das Invasionsheer im wahrsten Sinne des Wortes zerschlugen.

Leipheim – Spuren des »Bauernschlachtens« von 1525

Am 4. April 1525, mitten im »Deutschen Bauernkrieg« (1524–1526, regional verschieden) ereignete sich an der Mündung der Biber in die Donau, wenige Kilometer vor dem Städtchen Leipheim (Bayern), die gleichnamige »Bauernschlacht«. Etwa 5000 Aufständische des »Leipheimer Haufens« lagen hier verschanzt. Zuvor hatten sie Günzburg besetzt und zwei Klöster geplündert. Allerdings flohen die Landleute, als ein mit 1500 Berittenen, 8000 Landsknechten sowie Geschützen klar überlegenes Heer des Schwäbi-

Aus der Vogelperspektive aufgenommenes Bild der zwei großen Massengräber von Leipheim.

schen Bundes angriff. Geschätzte 500 wurden von der sie verfolgenden Reiterei niedergemacht.

Im September 1994 kamen bei Bauarbeiten nahe Leipheim Knochen zutage. Bei der folgenden Grabung durch Richard Ambs, Kreisheimatpfleger für Neu-Ulm, wurden zwei Massengräber mit dreizehn (nördliches Grab) und neun (südliches Grab) Skeletten entdeckt. Ohne größere Sorgfalt hatte man die Toten in natürliche Geländemulden geworfen. Westlich der Massengräber fanden sich noch zwei Doppelbestattungen. Dass die hier Verscharrten sehr sicher 1525 in der Schlacht starben, legen zwei Münzpäckchen aus den Massengräbern mit Schlussmünzen von 1519 bzw. 1523 nahe. Hierzu passen Beobachtungen an den 26 Skeletten – sie stammen ausschließlich von Erwachsenen, in den weitaus meisten Fällen von Männern. Daneben zeugen unverheilte Verletzungen an zwei Schädeln vom Tod im Kampf.

Richard Ambs, Peter Schröter und Bernward Ziegaus erklärten die Lage der Gräber nahe Leipheim da-

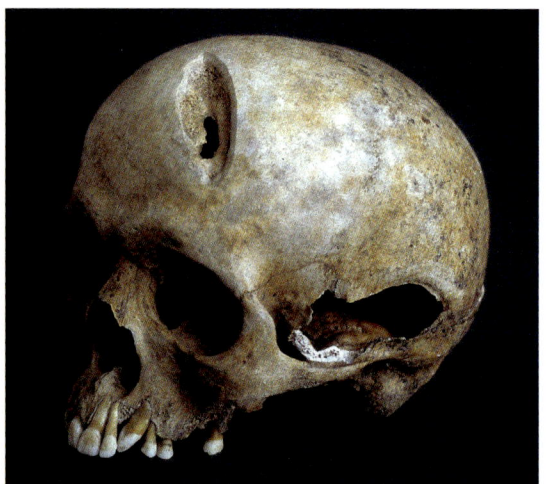

Hemmingstedt: Rekonstruktion der Kämpfe vor der Schanze im neuen Infopavillon, der 2000 eingeweiht wurde.

Schädel eines Toten von Leipheim. Die Verletzung des Knochens stammt von einem von vorne geführten Hieb.

bei so, dass die Bauern bei ihrem Rückzug von der Bibermündung Verwundete und Tote mitnahmen. Letztere begruben sie dann offensichtlich teilweise an der Straße nach Leipheim auf freiem Feld.

Der Dreißigjährige Krieg

Unter den zahlreichen Kriegen und militärischen Konflikten der frühen Neuzeit sticht einer besonders hervor: der Dreißigjährige Krieg. Von 1618 bis 1648 kämpften die Monarchen Frankreichs, Schwedens und Dänemarks, deutsche Fürsten sowie die Vereinigten Niederlande in wechselnden Koalitionen gegen den römisch-deutschen Kaiser, sein Haus Habsburg und deren Verbündete. Im Gebiet des Heiligen Römischen Reiches Deutscher Nation, wo die meisten Feldzüge stattfanden, kamen geschätzte drei bis vier Millionen Menschen durch direkte Kriegsfolgen ums Leben oder starben an den besonders seit Mitte der 1630er-Jahre grassierenden Seuchen. Bis zu einer Million Männer verdingten sich als Söldner. Dabei bevölkerten 1618 vermutlich nur 17 bis 20 Millionen Menschen die Länder des Reiches.

Der Dreißigjährige Krieg war kein einzelner, kein durchgängiger Konflikt, wie sein historisch gewachsener Name vermuten lässt. Vielmehr bestand er aus einer teils unterbrochenen Kette von vier Teilkriegen: dem Böhmisch-Pfälzischen (1618–1623), dem Niedersächsisch-Dänischen (1625–1629), dem Schwedischen (1630–1635) und dem Schwedisch-Französischen Krieg (1635–1648). Deren heutige Namen beziehen sich auf den oder die jeweiligen Kontrahenten des Kaisers.

Zwar spielte dabei auch die Frage nach dem rechten Glauben, der seit der Reformation existierende Gegensatz zwischen Protestanten und Katholiken eine gewisse Rolle. Dieser konfessionelle Konflikt aber, der bereits zu Beginn nur einer von mehreren Kriegsgründen war, trat im Laufe der Zeit immer mehr in den Hintergrund.

Die Archäologie des Dreißigjährigen Krieges

Unter den Funden aus der Zeit des Dreißigjährigen Krieges stechen in Deutschland vor allem die zahlreichen Bestattungen heraus, in erster Linie Massengräber von Schlachtfeldern wie jene von Wittstock (1636) und Alerheim (1645). Aber auch zwei im Jahr 1628 bei der Belagerung Stralsunds Getötete sorgten 2010 für Aufsehen. Zudem fanden sich Einzelbestattungen, etwa in Vorpommern. Ein Massengrab von Höchstädt an der Aisch barg die Gebeine wohl bei der Zerstörung ihrer Stadt 1633 ums Leben gekommener Zivilisten. Daneben wurden mehrere 2006 entdeckte Skelette von Opfern der ersten Schlacht bei Nördlingen (1634) kürzlich ebenso neu ausgewertet wie mit der Belagerung Neubrandenburgs 1631 in Verbindung stehende, 1991 gefundene Überreste von mindestens 13 Personen.

Entsprechende Gräber sind auch aus dem Ausland bekannt. Teils stammen sie ebenfalls aus dem Dreißigjährigen Krieg wie jene 44 vor Prag in einer Grube verscharrten Kämpfer der Schlacht am Weißen Berg (1620). Teils handelt es sich um Opfer anderer Konflikte, wie z. B. die 113, meist 35 bis 49 Jahre alten Männer, deren Skelette 2007 in York in zehn Massengräbern entdeckt wurden. Wahrscheinlich starben sie 1644 bei der Belagerung der Stadt im Englischen Bürgerkrieg (1642–1649) an Seuchen. Aus dem Oberösterreichischen Bauernkrieg (1626) stammen die Toten in den Gräbern bei Pinsdorf und Lambach.

Gezielte Untersuchungen der eigentlichen Schlachtfelder des Dreißigjährigen Krieges mit neuen archäologischen Methoden finden in Deutschland erst seit Kurzem statt. Hauptsächlich sind hier die seit 2007 bzw. 2006 laufenden Projekte bei Wittstock (1636) und Lützen (1632) zu nennen. Im Ausland begannen entsprechende Arbeiten eher. So führte man in Großbritannien umfangreiche Studien zu Schlachtfeldern des Englischen Bürgerkrieges (1642–1649) durch, etwa bei Edgehill (1642) und Naseby (1645). In Schweden erfolgten Prospektionen bei Borst (1644), und in der Ukraine wurden die Schauplätze der Schlachten bei Zboriw (1649) und Beresteczko (1651) aus dem Chmelnyzkyj-Aufstand (1648–1657) erforscht.

In Deutschland mittlerweile recht zahlreich sind Ausgrabungen und Prospektionen von Feldlagern der Jahre 1618 bis 1648, wie beispielsweise bei Sarstedt (1634), der Benz bei Gielow (1639), Latdorf (1644) und Heidelberg (1622). Daneben wurden Feldbefestigungen untersucht, darunter Erdwälle und Gräben von Lagern aber auch teils im Zusammenhang mit Schlachten oder Belagerungen errichtete Schanzen.

Der Böhmisch-Pfälzische Krieg

Unmittelbarer Auslöser für den ersten Teilkonflikt des Dreißigjährigen Krieges, den Böhmisch-Pfälzischen Krieg (1618–1623), war eine Rebellion protestantischer böhmischer Adeliger gegen ihren katholischen König Ferdinand. Am 23. Mai 1618 drangen etwa 200 Protestanten in die Prager Burg ein und stießen drei königliche Beamte aus einem Fenster. Mit diesem zweiten Prager Fenstersturz erklärten die Aufständischen König Ferdinand für abgesetzt und inthronisierten im Folgejahr Friedrich V., den calvinistischen Kurfürsten der Pfalz.

Der ehemalige böhmische König, wenig später als Ferdinand II. in Frankfurt zum deutschen Kaiser gewählt, mobilisierte nun seinerseits die Liga, einen Zusammenschluss katholischer Fürsten, und marschierte in Böhmen ein. In der ersten großen Schlacht des Krieges, 1620 am Weißen Berg bei Prag, siegten seine Truppen.

Der Böhmisch-Pfälzische Krieg endete im Jahr 1623, doch dauerhafter Frieden folgte nicht. Denn angesichts Ferdinands Vorgehen fürchteten nun auch die protestantischen Fürsten, Adligen und freien Reichsstädte um Macht und Privilegien. Zudem weckte der Machtzuwachs der Habsburger, die nicht allein den Kaiser stellten, sondern auch Spanien und die Niederlande beherrschten, im Ausland Ängste vor einer Hegemonie des Herrscherhauses. So traten mehr und mehr benachbarte Staaten in den Krieg ein, um ihre eigenen Interessen aktiv zu schützen.

Für diese erste Phase des Dreißigjährigen Krieges fehlen deutsche schlachtfeldarchäologische Funde und Projekte bislang weitgehend.

Der Niedersächsisch-Dänische Krieg

Im Sommer 1628, als der große Konflikt gerade in sein elftes Jahr ging, lagen Truppen des katholischen Feldherrn Wallenstein vor Stralsund. Der aktuelle, 1625 begonnene Teilkonflikt des Dreißigjährigen Krieges wurde später als Niedersächsisch-Dänischer Krieg bekannt. In diesem agierte der dänische König

Das Massengrab von Wittstock (1636) während der Ausgrabung.

Christian IV. als Verteidiger des Protestantismus in Norddeutschland. Doch sein unter bedeutenden finanziellen Zuwendungen aus England, den Vereinigten Niederlanden sowie dem katholischen Frankreich geführter Feldzug schlug fehl. 1626 verlor er bei Lutter am Barenberge gegen Tilly und musste sich fluchtartig nach Norden zurückziehen.

Tilly und Wallenstein setzten den Truppen des unterlegenen Dänen 1627 bis nach Jütland hinauf nach und fielen dabei auch in die Herzogtümer Mecklenburg, Schleswig und Holstein ein. Wallenstein wurde für diese Erfolge vom Kaiser hoch geehrt, erhielt u. a. 1628 Mecklenburg als Lehen – anstelle einer Rückzahlung der astronomischen Schulden, die der Wiener Hof bei ihm für die Aufstellung und Versorgung des Heeres angehäuft hatte.

Dabei geriet auch die Hansestadt Stralsund in sein Blickfeld. In Verhandlungen wollte Wallenstein den Rat zur Anerkennung der kaiserlichen Autorität bewegen. Doch alle seine Versuche scheiterten, auch nachdem der Feldherr im Frühjahr 1628 begann, unter seinem Obristen von Arnim Truppen um die Stadt zusammenzuziehen. Die holte sich Hilfe bei den Königen Dänemarks und Schwedens. Mitte Mai begann die Belagerung, wohl knapp 2500 Söldnern und bewaffneten Bürgern standen etwa 8000 Mann von Arnims gegenüber. Unter Einsatz hinzukommender dänischer Hilfstruppen konnten erste Angriffe zurückgeschlagen werden, bevor Ende Juni Wallenstein selbst mit weiteren Truppen vor Ort eintraf. Zwar wurde auch um eine Kapitulation verhandelt, daneben jedoch immer wieder verbissen gekämpft.

Skelette von der Belagerung Stralsunds 1628

Im Jahr 2010 kamen während baubegleitender archäologischer Untersuchungen im Quartier Frankenhof der Frankenvorstadt Stralsunds Knochen zutage. Bei Ausgrabungen durch die Archäologinnen Renate Samariter und Marlies Konze zeigte sich, dass man hier nicht auf »normale« Bestattungen gestoßen war. Ganz im Gegenteil handelte es sich um einen der spektakulärsten neuzeitlichen Funde Deutschlands der letzten Jahre.

Statt in herkömmlichen Grabgruben fanden sich die Skelette zweier Männer in einem 7,5 m langen und 2 m breiten Abschnitt eines Grabens. Sie waren komplett erhalten und lagen bäuchlings sowie Schulter an Schulter, mit den Köpfen einander zugewandt. Die Füße steckten noch in Lederschuhen, daneben entdeckte man Knöpfe, Reste von Kleidung und Waffen: Musketen – zwei komplett und eine teilweise erhalten; Piken – mehrere Meter lange Holzstäbe mit Eisenspitzen; ein Morgenstern sowie insgesamt sieben Klingenwaffen. Ferner wurden eine Hacke, ein hölzerner Spaten sowie eine Anhäufung von Bleikugeln für Handfeuerwaffen geborgen. Zudem lagen überall im Befund zahlreiche weitere Geschosse verteilt. Offenbar waren die beiden Männer weder eines natürlichen Todes gestorben noch hatte man sie ordentlich bestattet.

Eine Fundbestimmung führte die Ausgräberinnen in die Zeit des Dreißigjährigen Krieges zurück. Anhand der Waffen und Bleigeschosse rekonstruierten sie ein mögliches Kampfszenario. Der Graben war vermutlich ein vorgelagerter Laufgraben der katholischen Belagerer. Und sicher stand er unter massivem Beschuss seitens der Stadt, was die zahlreichen Kugeln belegen.

Vielleicht waren die Toten Söldner aus Wallensteins Heer. Einer starb an einer Pistolenkugel, die bei der Ausgrabung noch in seinem Brustkorb steckte. Möglicherweise wurden sie von ausfallenden Stralsundern überrannt, getötet und anschließend augenscheinlich zufällig mitsamt den Waffen verschüttet. Doch all dies ist bisher nur begründete Vermutung. Detailliertere Aussagen zu den dramatischen Ereignissen des Jahres 1628 werden erst momentan laufende Untersuchungen zulassen.

Im Sommer 1628, als die beiden Männer starben, mit Erde bedeckt und vergessen wurden, interessierte sich niemand für sie. Die verbissenen, hin- und herwogenden Kämpfe um die Befestigungsanlagen ließen wohl keine Zeit, jeder war sich selbst der Nächste. Erst als Ende Juli starke Hilfstruppen für die Eingeschlossenen nahten, beendete Wallenstein die Belagerung Stralsunds und zog mit seinen Truppen ab.

Womit die Bürger der Stadt wohl zu rechnen gehabt hätten, wenn die Belagerung im Sinne Wallensteins erfolgreich verlaufen wäre, zeigt das Beispiel Magdeburg. Diese Stadt wurde am 20. Mai 1631, nach zweimonatiger Belagerung, von kaiserlich-katholischen Truppen unter dem Feldherrn Tilly gestürmt, ausgeraubt, in Brand gesetzt und vollständig zerstört. Während der mehrtägigen Plünderung, der so genannten Magdeburger Hochzeit, der wohl schlimmsten Verheerung des an solchen Grausamkeiten wahrlich nicht armen Dreißigjährigen Krieges, wurde der Großteil der protestantischen Stadtbevölkerung getötet. Schätzungen zur Opferzahl des Massakers gehen von mindestens 20 000 Toten aus. »Magdeburgisieren« wurde zum Synonym für vollständige Vernichtung. Erst im 19. Jh. erreichte die Stadt wieder langsam ihre alte Größe.

Schlachtaufstellung bei Lützen 1632, zeitgenössischer Schlachtplan. Mittig von links nach rechts verlaufen die »Schützengräben«.

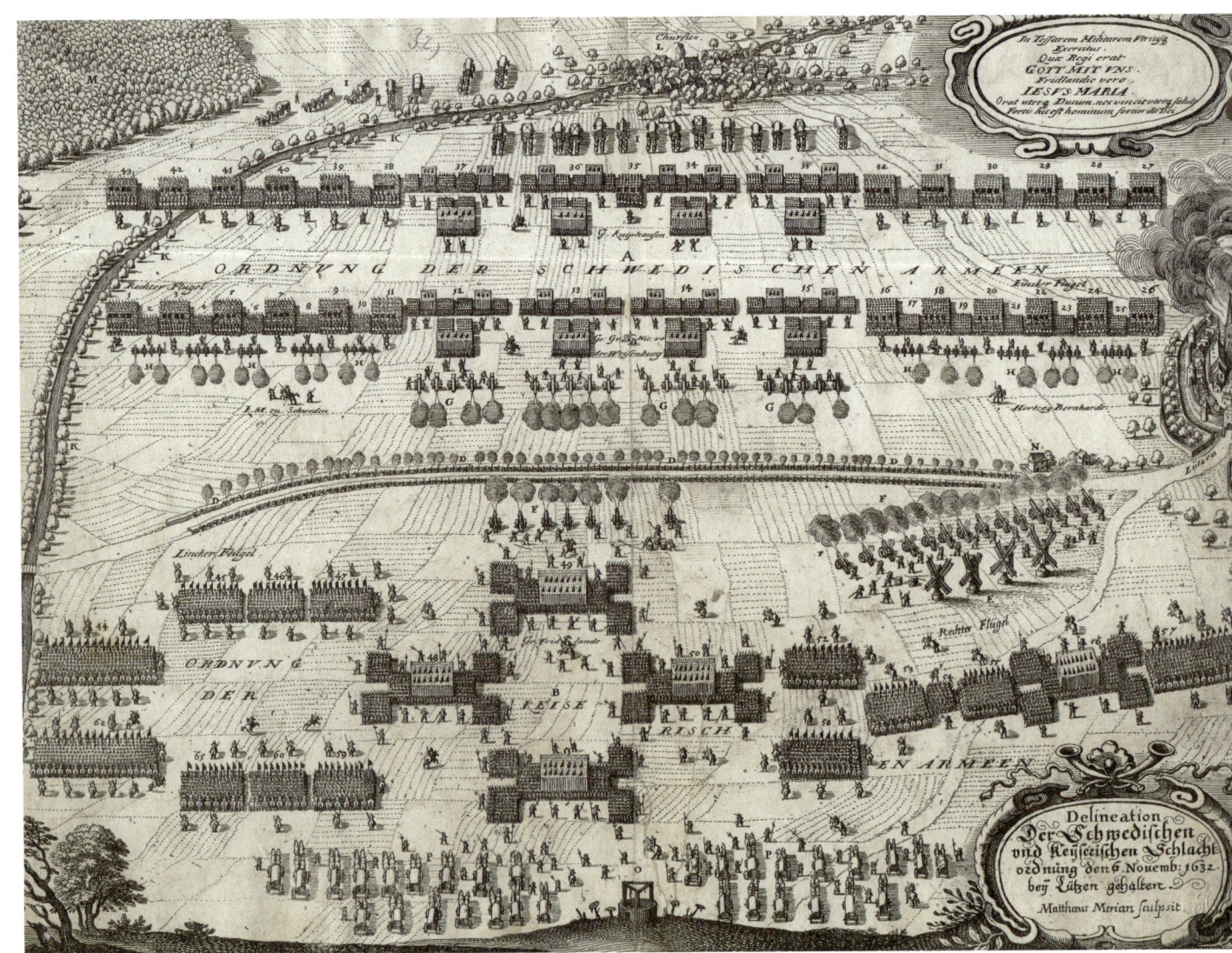

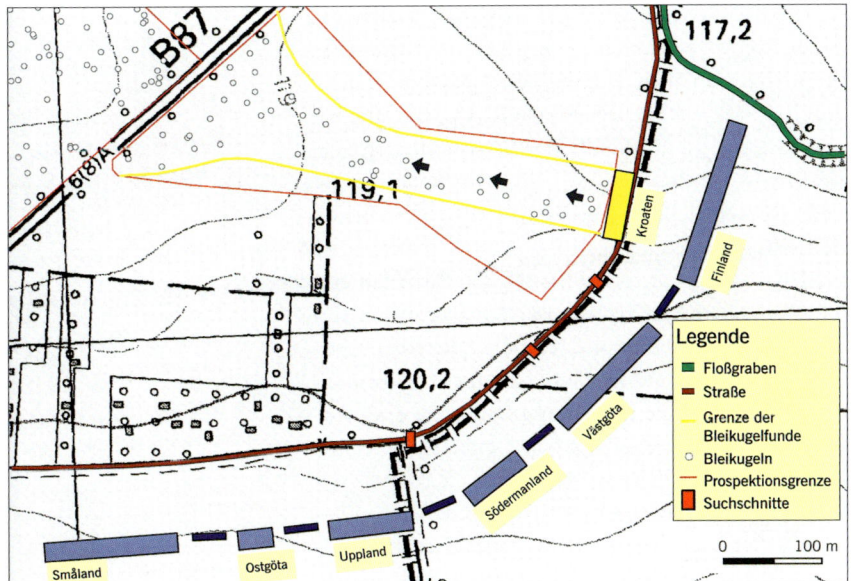

Lützen: Eine Spur von Bleikugeln (graue Punkte) spiegelt vermutlich das Rückzugsgefecht einer kaiserlichen Einheit wider. Prospektierte Flächen sind rot umrandet, schwedische Einheiten in Blau, Kaiserliche in Gelb dargestellt.

Stralsund überlebte: 1629 wurde mit dem Frieden von Lübeck der »Niedersächsisch-Dänische Krieg« beendet. Die protestantische Propaganda verbreitete später, Wallenstein hätte gesagt, er wolle die Stadt nehmen, selbst wenn sie mit Ketten am Himmel hinge. Auch wenn dies wohl nicht stimmt, seine Belagerung misslang, und Stralsunds Tore blieben dem böhmischen Feldherren verschlossen.

Der Schwedische Krieg

Zwar war mit dem Ende des Niedersächsisch-Dänischen Krieges 1629 auch das unterlegene Dänemark als aktiv kriegführende Partei aus dem Geschehen ausgeschieden. Doch Frieden kehrte trotzdem nicht ein. Stattdessen sah der schwedische König Gustav II. Adolf den richtigen Moment gekommen, eine Hegemonie im Ostseeraum zu errichten. Im Sommer 1630 begann der Schwedische Krieg (1630–1635). Gustav II. Adolf landete Truppen auf Usedom an, erzwang Bündnisse mit Pommern, Sachsen, Brandenburg und Mecklenburg.

Die protestantischen Zeitgenossen im Reichsgebiet sahen in dem König eine rettende Lichtgestalt – als die ihn die eigene Propaganda auch unermüdlich anpries. Seinen Feldzug finanzierte indes später unter der Hand auch das katholische Frankreich: Politik vor Religion, wieder einmal. In der ersten Schlacht bei Breitenfeld zerschlugen seine Truppen jedenfalls am 17. September 1631 jenes Heer Tillys, das knappe vier Monate zuvor Magdeburg eingeäschert hatte. Nun fielen die Schweden in das katholische Süddeutschland ein, vor allem nach Bayern, bedrohten Österreich. Auf schwedische Siege bei Rain am Lech und

Wiesloch folgte am 3. September 1632 ein Patt bei Nürnberg gegen Wallenstein. Daraufhin zog sich Gustav II. Adolf mit seinem dezimierten Heer nach Norden zurück, gefolgt von den Kaiserlichen. Zur Schlacht kam es dann erst wieder im Spätherbst, in Sachsen.

Lützen 1632 – Tod eines Königs

In den nebligen Morgenstunden des 16. November 1632 marschierten etwa 19 000 Protestanten, vor allem schwedische und sächsische Truppen unter Gustav II. Adolf sowie Bernhard von Sachsen-Weimar, südöstlich von Lützen auf. Ihre etwa 17 000 von Wallenstein kommandierten kaiserlichen Gegner bezogen nördlich der Straße nach Leipzig Stellung, bauten angeblich auch Straßengräben zur Verteidigung aus. Ihr rechter Flügel lehnte sich an das Dorf Lützen, die Front blickte nach Südosten. Weitere ca. 4500 Kaiserliche unter Marschall Pappenheim, davon 1500 Reiter, waren im Anmarsch begriffen.

Als sich die Sichtverhältnisse gegen elf Uhr besserten, begann der Angriff des schwedischen rechten auf den kaiserlichen linken Flügel. Ein folgender Gegenschlag durch die nun eingetroffene Kavallerie Pappenheims hatte zunächst Erfolg, doch als ihr Anführer schwer verwundet wurde, flohen seine Truppen.

Im weiteren Verlauf der Kämpfe brachten zunächst erneute schwedische Attacken den Gegner in Bedrängnis. Der wendete das Blatt zwar scheinbar wieder durch Gegenangriffe. Doch dann ergriff Schwedens König Gustav II. Adolf durch eine persönlich geführte Kavallerieattacke die Initiative. Als daraufhin Teile des kaiserlichen Heeres eigenmächtig begannen, sich zurückzuziehen, räumte Wallenstein das Feld. Das Dorf Lützen brannte ab, wie so viele Dörfer, in deren Nähe gekämpft wurde.

Die erbittert geführte Schlacht endete erst nach etwa sieben Stunden mit Einbruch der Dunkelheit. Schätzungen zufolge betrugen die Gesamtverluste etwa 7000 Mann. Einen eindeutigen Sieger gab es nicht. Zwar blieben die Schweden nominell überlegen, denn die Kaiserlichen zogen sich zurück, verloren viele Geschütze und ihren Marschall Pappenheim, der am Folgetag seinen Wunden erlag. Doch im Getümmel war auch Gustav II. Adolf erschossen worden. Wahrscheinlich wusste der Todesschütze wegen schlechter Sicht nicht einmal, auf wen genau er da gefeuert hatte. Die katholische Seite feierte entsprechend. Später wurde der Leichnam des Monarchen ausgeplündert aufgefunden, balsamiert und unter großem Aufsehen in die Heimat verbracht. Durch seinen Tod im Kampf wurde der »Löwe aus Mitternacht« praktisch zum

Märtyrer der religiösen Sache, man idealisierte ihn fortan als Vorkämpfer und Bewahrer des deutschen Protestantismus. Damit setzte ein verklärendes Gedenken ein, das die realen, primär machtpolitischen Hintergründe von Schwedens Eingriff in den großen Konflikt bis in die Gegenwart hinein außer Acht ließ.

Den Schwedischen Krieg führte Reichskanzler Oxenstierna in Vertretung der noch minderjährigen Thronfolgerin fort. Zwar fiel Wallenstein bald darauf nach eigenmächtigen politischen Handlungen am Kaiserhof in Ungnade und wurde am 25. Februar 1634 in Eger ermordet. Doch am 6. September des Jahres unterlagen die Schweden erstmals deutlich in der ersten Schlacht bei Nördlingen. Die deutschen Fürsten sagten sich nun von ihnen los und schlossen 1635 mit dem Kaiser den Prager Frieden. Anhaltende Ruhe brachte allerdings auch er nicht.

Lützen 2006

374 Jahre nach der Schlacht, im September 2006, begann der Archäologe André Schürger im Auftrag des Landesamtes für Denkmalpflege und Archäologie Sachsen-Anhalt mit Nachforschungen am historischen Ort. Bis ins Frühjahr 2011 untersuchten Schürger und seine mit Metallsuchgeräten ausgerüsteten Helfer bereits einige der etwa drei Millionen Quadratmeter, auf denen 1632 gekämpft wurde. Sie entdeckten mehr als 10 000 Metallobjekte, ca. 3000 stammen von der Schlacht.

Insbesondere den bleiernen Kugeln für Vorderlader-Handfeuerwaffen kommt Bedeutung zu, denn sie bilden mit etwa 2300 Exemplaren die größte und hinsichtlich einer Rekonstruktion des Kampfgeschehens auch die bedeutendste Fundgruppe. Hieb- und Stichwaffen, die im Dreißigjährigen Krieg vor allem von Pikenieren und Reiterei eingesetzt wurden, sind heute nämlich nicht mehr bzw. nur indirekt nachzuweisen, etwa über Funde entsprechender Ausrüstungsteile oder passende Verletzungsspuren an Knochen getöteter Kämpfer. Und die von der Artillerie verschossenen Kanonenkugeln sowie andere größere Projektile waren aufgrund ihrer Maße gut sichtbar und wurden deshalb meist direkt nach den Kämpfen eingesammelt und wiederverwertet. Bleiben also die kleinen Bleikugeln, die jeder Schütze in größerer Zahl mit sich führte und benutzte, und die aufgrund ihrer geringen Größe auch bedeutend bessere Chancen hatten, nach den Gefechten einer Aufsammlung zu entgehen.

Diese kleinen Bleikugeln sind es, auf denen Schürgers Untersuchungen im Wesentlichen fußen. Anhand ihrer Gewichte unterteilt er sie in Gruppen, die er verschiedenen Arten von Handfeuerwaffen zuweist. Denn Analysen erhaltener Originale und Informationen aus Schriftquellen belegen, dass die Innendurchmesser der Läufe von Musketen, Karabinern und Pistolen unterschiedlich groß waren. Dementsprechend wurden daraus auch verschieden große und schwere Bleikugeln verschossen. Zudem lassen sich einigen Truppengattungen charakteristische Waffenarten zuordnen, z. B. Musketen der Infanterie oder Karabiner und Pistolen der Kavallerie. So kann Schürger über Größen und Gewichte der Kugeln sowie ihre Verteilung im Gelände auf die Anwesenheit bestimmter Einheiten bzw. Kampfintensität und -verlauf rückschließen. Zwar sind die Untersuchungen bei Lützen aufgrund des eher statischen Charakters der Schlacht kompliziert, denn in einigen Arealen ereigneten sich mehrfach Angriffe und Gegenangriffe größerer Truppenmassen. Und oft lassen sich die Kugeln kaiserlicher und schwedischer Waffen nicht sauber trennen. Dennoch ist es bisher offenbar mehrfach gelungen, historisch überlieferte Aktivitäten bestimmter Einheiten zu lokalisieren.

Beispielsweise wurden im südlichen Vorfeld von Wallensteins linkem Flügel, innerhalb eines grob in Ost-West-Richtung verlaufenden und ungefähr 70 m breiten Streifens, zahlreiche gleichartige Bleikugeln gefunden. In den ebenfalls prospektierten, direkt nördlich und südlich anschließenden Flächen fanden sich dagegen keine Geschosse.

Aufgrund der vorliegenden Quellen vermutet Schürger, dass diese auffällige, vom schwedischen Aufmarschraum aus direkt in Richtung von Wallensteins Front verlaufende Konzentration von Kugeln das Rückzugsgefecht einer bestimmten Einheit widerspiegelt. Es war die kroatische Reiterei des kaiserlichen Generals Isolani, die am 16. November 1632 vor dem linken Flügel ihres Heeres aufmarschierte und von den angreifenden Schweden im Kampf verdrängt wurde.

Aber auch mittels konventioneller archäologischer Ausgrabungen wird nach Relikten der Schlacht gesucht. Vor allem eines hoffte man im Jahr 2007 nachweisen zu können: jene Schützengräben, die Wallenstein angeblich vor der Schlacht entlang der Straße nach Leipzig hatte ausheben lassen. Einige historische Darstellungen zeigen ein zu beiden Seiten des Weges ausgehobenes Doppelgrabensystem, stark mit Infanterie besetzt und für Kavallerie kaum zu überwinden. Für den Verlauf der Kämpfe wäre ein solch massives Hindernis sicher höchst bedeutend gewesen. Der archäologische Befund war allerdings ernüchternd: Es konnten Fahrspuren eines Hohlweges entdeckt werden, doch die südliche Begrenzung der Altstraße war durch moderne Bodeneingriffe gestört. Auf der nördlichen Seite des Weges wurde zwar ein wohl im 16. Jh. angelegter Graben nachgewiesen, Spuren von Schanzarbeiten fehlten hier aber ebenso wie Spuren der Schlacht von 1632. Zudem war dieser Straßengraben mit nur 0,3 m Tiefe und 0,6 m Breite weder als Deckung für Infanterie geeignet noch ein Hindernis für Pferde.

Angesichts dieser Ergebnisse sowie analysierter historischer Schlachtberichte vermutet Schürger, dass die Wallenstein'schen Gräben zumindest im untersuchten Bereich völlig anders aussahen und auch anders genutzt wurden als bislang vermutet – wenn sie überhaupt existierten. Sollte sich dies bestätigen, könnte hier ein Ansatz für eine grundlegende Neudeutung der Ereignisse von 1632 liegen. Möglicherweise bringen weitere Untersuchungen Klarheit, und vielleicht lässt sich dann auch die Frage beantworten, wo die Tausenden von Toten geblieben sind. Das Projekt jedenfalls wird noch bis 2014 weiterlaufen.

Der Schwedisch-Französische Krieg

Als 1635 zu Prag ein neuer Frieden geschlossen wurde, begann auch ein neuer Krieg. Denn zwar hatten in diesem Jahr der Kaiser und die protestantischen Reichsfürsten beschlossen, von nun an zusammen gegen die äußeren Feinde zu agieren, doch die waren – hauptsächlich in Person der Schweden – noch immer im Land. Ebenfalls 1635 verbündete sich zudem das katholische Frankreich im Vertrag von Wismar mit den Erben Gustavs II. Adolf und ging nun auch militärisch gegen den Machtzuwachs des habsburgischen Kaisers vor.

Spätestens in dieser letzten Phase des Dreißigjährigen Krieges hatte sich der Religionskonflikt von 1618 vollständig in ein zähes Ringen um die Hegemonie in Europa verwandelt. Mit dem Schwedisch-Französischen Krieg (1635–1648) begann nun die Agonie des großen Konflikts, kamen Tod und Verderben in noch gesteigerter Form.

Die Heere Ludwigs XIII., der einem für Frankreich unvorteilhaften Ende des Schreckens mit Waffengewalt entgegentrat, fielen in die Gebiete des Heiligen Römischen Reiches Deutscher Nation ein. 13 Jahre dauerten die folgenden Kämpfe an, ohne dass es eine Entscheidungsschlacht, einen klaren Sieger gab. Es war vor allem diese Phase, die das heute gängige Bild vom Dreißigjährigen Krieg geprägt hat. Söldnerhorden mit und ohne Herren durchzogen die Lande, plünderten und quälten, zerstörten und töteten, wie sie es seit inzwischen mehr als eineinhalb Jahrzehnten gewohnt waren. Weite Landstriche wurden endgültig verheert, immer wieder grassierende Seuchen taten ein Übriges.

Die Schlacht bei Wittstock 1636

Auch auf dem Schlachtfeld wurde weiter gestorben – am 4. Oktober 1636 nahe der Stadt Wittstock in der Prignitz. Der schwedische Feldmarschall Banér traf hier mit etwa 19 000 Schweden, Deutschen und Schotten auf ca. 22 000 kaiserlich-sächsische Truppen unter Feldmarschall von Hatzfeldt und Sachsens Kurfürst Johann Georg I. Letztere hatten auf einem Höhenzug bei Wittstock eine starke Stellung eingenommen, mit Front nach Süden und Südosten. Der aus südöstlicher Richtung anrückende Banér erkannte offenbar die Aus-

Das inmitten der Kiesgrube am Abhang des Weinberges gelegene Massengrab bei Wittstock während der Ausgrabung 2007.

sichtslosigkeit eines Frontalangriffes, denn er befahl einem Teil seines Heeres, die Kaiserlichen in weitem Bogen südlich zu umgehen und dann von Westen her zu attackieren. Während dieses zeitaufwendige Manöver ausgeführt wurde, griff Banér mit der Masse seiner Truppen den Gegner von Osten an. Die folgenden Kämpfe zogen sich ohne Entscheidung über mehrere Stunden hin. Erst als gegen Einbruch der Dunkelheit Banérs mit der Umgehung beauftragte Abteilungen den Feind überraschend im Rücken angriffen, bedeutete dies das Ende der Schlacht. Hatzfeldt und Johann Georg I. traten den Rückzug an, der im Chaos endete. Wohl 6000 Tote und Sterbende sowie zahlreiche Verwundete waren der Preis des Sieges.

Dass am Anfang der spektakulärsten archäologischen Projekte oft der Zufall steht, ist bekannt. Allerdings ist es durchaus nicht üblich, dass die Zufälligkeit der Ereignisse genutzt wird, um Wissenschaft und Forschung voranzubringen – wie bei den laufenden Untersuchungen des Schlachtfelds von Wittstock.

Im Frühjahr 2007 wurden in einer ca. 3 km südlich der Stadt am Scharfenberg gelegenen Kiesgrube menschliche Knochen entdeckt. Ein Bagger hatte ein Massengrab angeschnitten, offensichtlich mit Toten des 4. Oktober 1636. Von Juni bis August 2007 erfolgte die Ausgrabung durch die Archäologin Anja Grothe und die Anthropologin Bettina Jungklaus, die das Grab und seinen Inhalt in enger interdisziplinärer Zusammenarbeit detailliert dokumentierten.

Bald zeigte sich, dass das westliche Ende des Grabes zwar abgebaggert, dessen Großteil jedoch unberührt geblieben war. 88 Individuen konnten noch in ihrer ursprünglichen Lage geborgen werden. Und auch die vom Bagger verlagerten Knochen wurden eingesammelt, geordnet, neu zugewiesen. Schließlich stand fest: 125 Menschen waren in einer ursprünglich wohl 6 m × 3,5 m großen Grube bestattet worden. Vermutlich hatte man sie zuvor beraubt, denn abgesehen von zahlreichen tödlichen Bleikugeln kamen nur an einigen Skeletten wenige metallene Knöpfe, Ösen und Haken von Kleidung zutage.

Um weitergehende Erkenntnisse über die Toten zu erlangen und das Schlachtgeschehen detailliert rekonstruieren zu können, initiierte das Brandenburgische Landesamt für Denkmalpflege und Archäologische Landesmuseum ein umfangreiches Projekt. Wissenschaftler sammelten und analysierten alle verfügbaren historischen und archäologischen Quellen zu den Kämpfen, die Knochen vom Scharfenberg wurden eingehend anthropologisch untersucht.

Bettina Jungklaus hatte an den Gebeinen bereits zahlreiche Spuren auszehrender Lebensumstände und tödlicher Wunden erkannt. Auch Sterbealter und Geschlecht ließen sich bestimmen: Demnach stammten alle Skelette von Männern im Alter zwischen 17

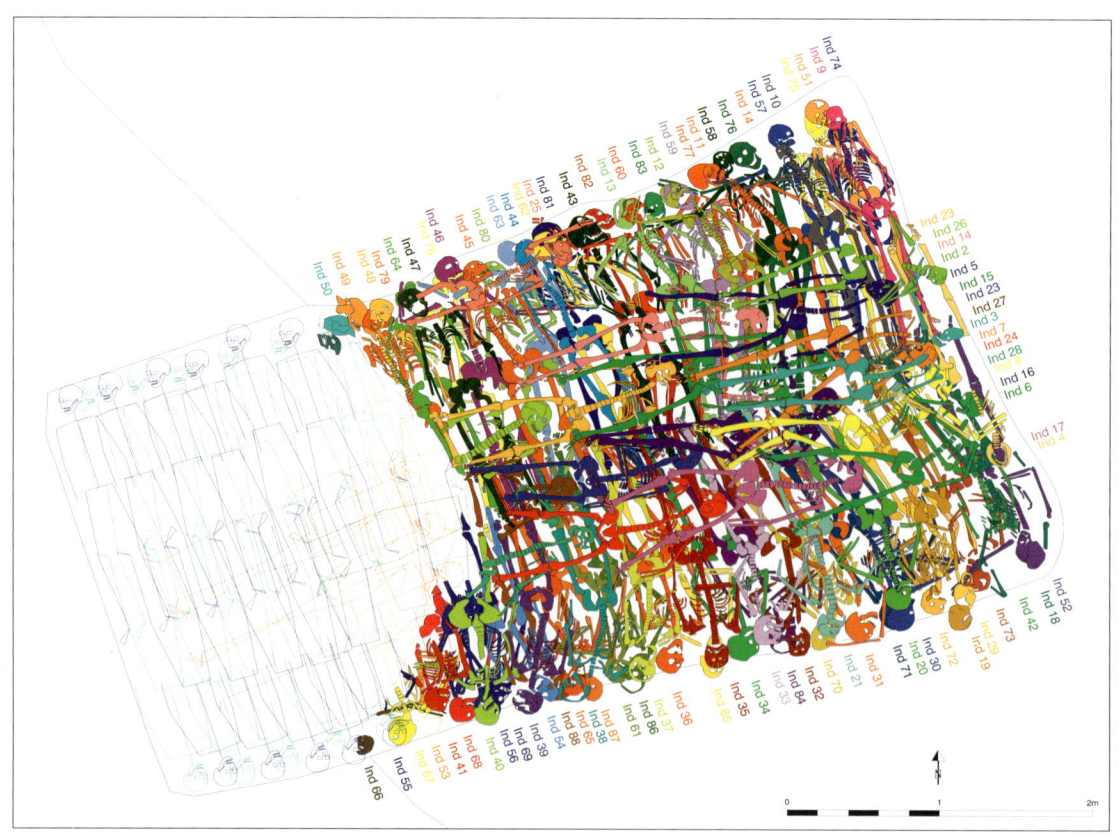

Übersichtsplan zum Massengrab von Wittstock – der abgebaggerte Westteil wurde rekonstruiert.

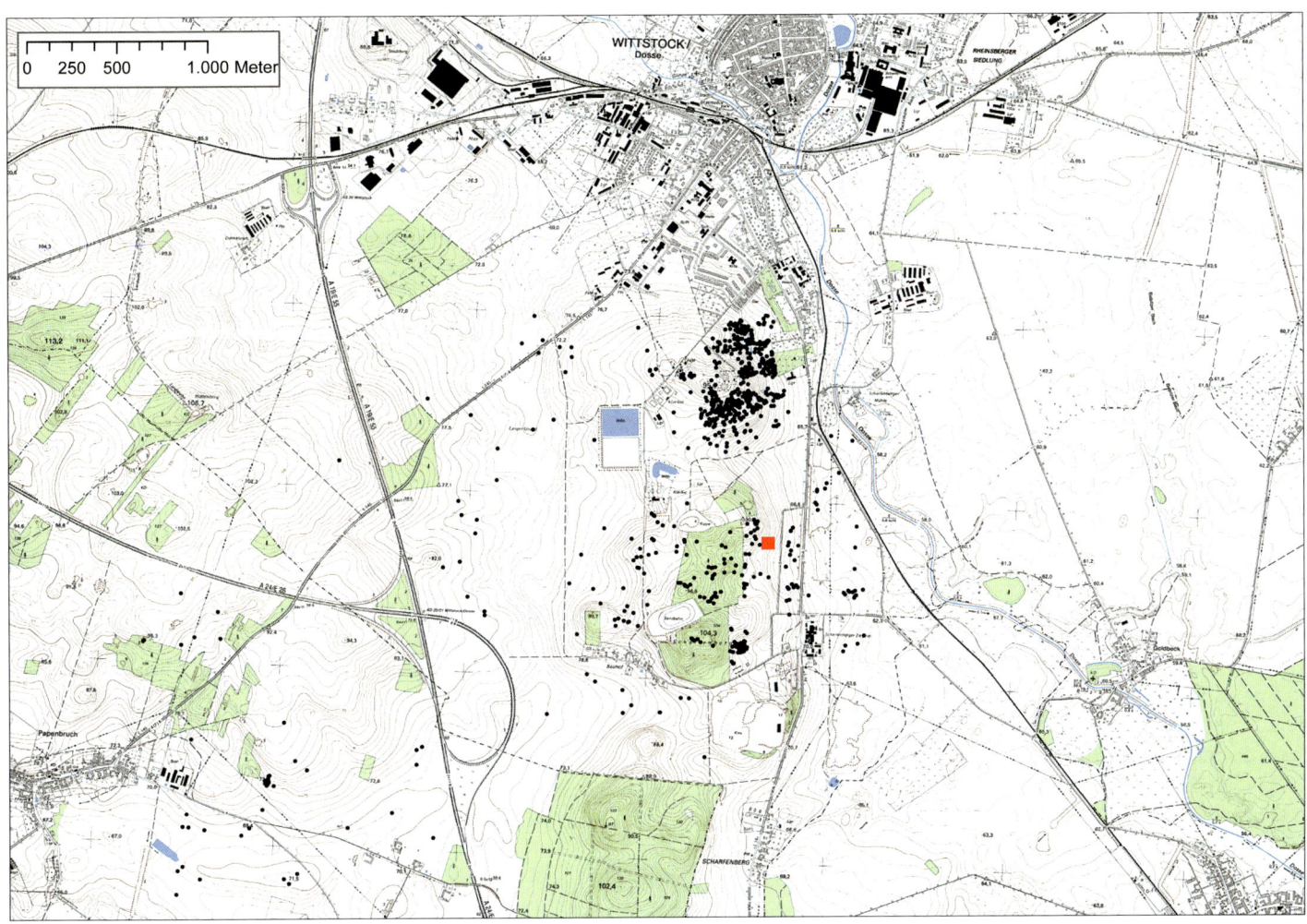

Fundstellen von Geschossen für Feuerwaffen auf dem Schlachtfeld bei Wittstock. Nur eine lagegenaue Kartierung ermöglicht es, zentrale Kampfbereiche abzugrenzen. Das rote Rechteck markiert die Lage des Massengrabes.

und 40, meist waren sie 25 bis 30 Jahre alt. Zähne und Knochen von 86 Individuen wurden beprobt, um aufgrund der im Zahnschmelz enthaltenen stabilen Strontium- und Sauerstoffisotope etwa die regionale Herkunft der Toten klären zu können. Das faszinierende Ergebnis: Angehörige vieler Völker wurden hier begraben, darunter Männer aus den verschiedensten Gegenden Mitteleuropas, aber auch Schotten, Schweden, Finnen und Balten.

Diese heterogene Zusammensetzung ist ein deutlicher Hinweis darauf, dass man in der Grube Gefallene beider Heere bestattet hat. Angelegt wurde sie wahrscheinlich von den siegreichen Schweden kurz nach der Schlacht. Vermutet hatten die Ausgräberinnen dies bereits zuvor, denn die Skelette lagen »in Reih' und Glied« und waren sorgfältig, regelrecht militärisch korrekt zur letzten Ruhe gebettet worden.

Angesichts der Fülle neuer Erkenntnisse wurde beschlossen, das Schlachtfeld auch auf anderem Wege archäologisch zu untersuchen. Hauptziel ist es nun, möglichst auf dem gesamten ehemaligen Kampfareal mithilfe von Metallsuchgeräten Relikte von 1636 aufzuspüren. So soll die Ausdehnung des Schlachtfeldes

erfasst werden, um die Angaben historischer Quellen überprüfen zu können. Zudem besteht die Hoffnung – wie z. B. in Lützen –, aufgrund der Geschosse für Handfeuerwaffen Rückschlüsse auf Intensität und Verlauf der Kämpfe in bestimmten Bereichen ziehen zu können. Dabei interessiert vor allem das Umfeld des Massengrabes. Bei den vom brandenburgischen Landesdenkmalamt organisierten Begehungen setzten sich neben Mitarbeitern auch freiwillige Sondengänger tatkräftig für das Gelingen des Projekts ein. Diese Zusammenarbeit ist für Brandenburg ein Novum, denn die gezielte Suche nach archäologischen Funden ist hier gesetzlich verboten. Erste Prospektionen mit Metallsuchgeräten begannen im Frühjahr 2009. Weitere umfangreiche Untersuchungen dauerten bis März 2011 an.

Auch wenn noch nicht alle Bereiche begangen werden konnten, fanden sich bis Anfang 2011 annähernd 2700 Metallobjekte, ungefähr 1700 lassen sich der Schlacht zuordnen. Knapp 900 Bleikugeln für Handfeuerwaffen stellen die größte Fundgruppe dar. Aber auch Artilleriegeschosse sind vorhanden, z. B. große Bleikugeln von mehr als 3 cm Durchmesser.

Bei einigen handelt es sich mit großer Wahrscheinlichkeit um Teile von Kartätschen – aus Geschützen auf kurze Distanz verfeuerte Ladungen, die aus mehreren Dutzend Geschossen bestehen konnten. Die Lagekartierung der gefundenen Kugeln zeigt bereits deutlich die räumliche Ausdehnung der Kämpfe.

Seit 2007 wird das Schlachtfeld zudem bei unterschiedlichen Witterungs- und Bewuchsverhältnissen von versierten Luftbildarchäologen beflogen und fotografisch erfasst. Dabei sollen die schriftlich überlieferten Schanzen der Kaiserlichen aufgespürt werden.

So ist zu erwarten, dass die gezielten Untersuchungen auf dem Schlachtfeld bei Wittstock ihren Teil zu einer Neuinterpretation des Schlachtgeschehens beitragen werden, das sich bisher allein anhand historischer Quellen noch nicht zweifelsfrei rekonstruieren ließ (www.1636.de).

Kurz nach der Schlacht, im Februar 1637, starb der deutsche Kaiser Ferdinand II. Sein Sohn und Nachfolger Ferdinand III. war eher an einem Frieden interessiert, litt jedoch unter dem Machtverfall seines Amtes. Ein schnelles Ende des Konfliktes war angesichts der Europa umspannenden politischen und militärischen Verwicklungen ohnehin nicht möglich. So fand der Krieg zunächst kein Ende. Bei Rheinfelden 1638 siegten die Schweden ebenso wie 1642 in der zweiten Schlacht bei Breitenfeld über die Kaiserlichen und Bayern. Dagegen mussten die mit ihnen verbündeten Franzosen 1643 bei Tuttlingen und 1644 bei Freiburg im Breisgau Rückschläge hinnehmen.

Alerheim 1645 – das Grauen des Krieges

1645, vermutlich Ende September: In Schwaben schicken vier Männer einen Brief an den Grafen Joachim Ernst zu Oettingen-Oettingen. Ihr Anliegen: Sie haben laut eigener Aussage »allerorten ermeltem Dorf und Flurch, eintausend, neunhundert, sechtzig und fünf todte Cörper begraben, [...]«.

Hinter diesen altertümlich klingenden, nüchternen Worten und Zahlen verbirgt sich Grauenerregendes. Die vier – Hanß Haan und Jörg Dehlinger »zu Balgheim«, Caspar Strobel sowie Sixt Vogel »von E[n]ßlingen« – haben aus blanker Not heraus eine Arbeit verrichtet, die wohl kaum ein Mensch freiwillig tun würde: Sie haben »auf der Wallstatt zu Alerheim« die Toten der Schlacht von Alerheim beerdigt. Und nun fordern sie jenen Lohn ein, den ihnen die Obrigkeit zuvor versprochen hatte, bislang aber schuldig bleibt.

Das Ereignis, um dessen Folgen es hier geht, fand am 3. August 1645 statt. An diesem Sommertag trafen bei dem kleinen Dorf Alerheim im Nördlinger Ries

etwa 15 000 kaiserlich-bayerische Truppen unter dem Freiherrn Franz von Mercy auf 17 000 Franzosen, Weimarer und Hessen des Herzogs von Enghien. Das folgende Gemetzel ging als Schlacht bei Alerheim oder auch zweite Schlacht bei Nördlingen in die Geschichtsschreibung ein. Der Schwedisch-Französische Krieg war mittlerweile in seinem elften Jahr. Zwar hatten Verhandlungen um einen Frieden bereits 1643 begonnen – in Frankreich saß seit diesem Jahr der fünfjährige Ludwig XIV. auf dem Thron –, doch die Feldherren schlugen weiter, durchzogen mit ihren Heeren plündernd, mordend und brandschatzend die Lande. Denn jede Seite wollte die eigene Position auf diplomatischem Parkett durch Siege auf dem Schlachtfeld verbessern. So setzte sich das Sterben fort.

Am Nachmittag des 3. August 1645 trafen wieder einmal Heere aufeinander. Bayern und Kaiserliche verschanzten sich um Alerheim. Franzosen, Hessen und Weimarer kamen von ihrem Lager bei der nahen Stadt Nördlingen. Ihr Feldherr, der Herzog von Enghien, nahm die Schlacht an. Seine Truppen eroberten zunächst gegen verbissenen bayerischen Widerstand das in Brand gesetzte Dorf. Hierbei wurde der kaiserlich-bayerische Oberkommandierende Freiherr von Mercy getötet. Die Situation kippte kurzzeitig, als Enghiens rechter Flügel durch einen starken bayerischen Kavallerieangriff überrannt wurde. Doch als Reaktion zerschlug er seinerseits den rechten Flügel des Gegners und bedrohte ihn in der Flanke. Bei einbrechender Dunkelheit zogen sich Bayern und Kaiserliche schließlich zurück. Tausende Tote und Verwundete bedeckten den Kampfplatz.

Als man im Frühjahr 2008 beim Bau einer Ethylen-Pipeline über das Schlachtfeld die oberste Erd-

Funde aus dem Heerlager im Wald von Gielow (Benz). Darunter zwei Steigbügel (hinten links und rechts), ein Radsporn (links vorne) sowie die Parierstange eines Dolches (rechts vorne). Mittig vermutlich Teil einer Trense.

Alerheim – Detail:
Schnalle zwischen menschlichen Knochen.

schicht abgetragen hatte, wurden die Ereignisse von 1645 plötzlich wieder erstaunlich lebendig. Auch hier waren es Menschenknochen, die zuerst ans Licht kamen. Bei der archäologischen Ausgrabung zeigte sich eine ca. 30 cm tiefe und 2,6 m × 2,3 m messende viereckige Grube, darin die meist ohne jede Ordnung durcheinander liegenden Gebeine von mindestens 70 Menschen. Kein einziges Skelett war vollständig.

Das übrige, im Vergleich mit anderen Massengräbern ungewöhnlich reiche Fundmaterial erlaubt es, den Befund zweifelsfrei der Schlacht von 1645 zuzuordnen. Es fanden sich Bleikugeln für Handfeuerwaffen, die teils noch zwischen den Knochen jener Personen steckten, denen sie einst den Tod gebracht hatten, Schnallen, Knöpfe, Perlen katholischer Rosenkränze. Besonders bedeutsam sind zwei französische Münzen, darunter ein goldener Louis d'or. Sie unterstützen die Vermutung, dass hier in erster Linie Kämpfer des Herzogs von Enghien verscharrt wurden. Denn das Grab liegt hinter jenem Bereich, wo der Überlieferung zufolge der aus französischen Truppen bestehende rechte Flügel seiner Armee aufgerieben wurde. Darüber hinaus ergaben anthropologische Analysen, neben Erkenntnissen zu Verwundungen, dass nicht nur erwachsene Männer getötet wurden. Einige jugendliche Individuen dienten vielleicht als Trommelbuben – doch ihr geringes Alter schützte auch sie nicht vor dem Tod.

Für die militärische Zugehörigkeit der im Massengrab verscharrten Menschen gibt es also zumindest begründete Vermutungen. Verglichen mit anderen

Schlachtfeldbestattungen der Zeit, z. B. in Wittstock, fällt jedoch auf, dass die Toten ungeordnet und unvollständig in den Boden gelangten. Hierfür hat die Archäologin Stefanie Berg-Hobohm eine Erklärung. Denn der bereits genannte Brief der vier Alerheimer Totengräber und andere, von Karlheinz Scheible edierte Korrespondenzen der Zeit belegen: Weder Sieger noch Besiegte kümmerten sich nach Ende der Kämpfe um die zu Tausenden auf dem Schlachtfeld umherliegenden Toten.

Die Körper verwesten schnell, fleischfressende Tiere und Insekten dürften ihren Teil dazu beigetragen haben, Leichen und Kadaver auseinanderzureißen und zu zerkleinern. In jedem Fall wurden die Zustände bald so unerträglich, dass die Obrigkeit auf Abhilfe drängte. Man fürchtete den Ausbruch von Seuchen, die »allgemeine Landesinfection«, warnte, dass die Menschen nicht vor Ort zu halten wären und die Felder nicht bestellt werden könnten. Es wurde um Freiwillige geworben, die die grausige Aufgabe übernehmen sollten. 250 Gulden wurden als Bezahlung ausgesetzt.

Was jene vier Männer schließlich bei ihrer Arbeit vorgefunden hatten, entsprach dem, was die Archäologen 2008 im Grab entdeckten. Die Totengräber schrieben, sie hätten »Gestanck und Geschmack eingenommen, auch viel abscheuliche Anblicke, dafür die menschliche Natur sich entsetzen sollte, angreiffen, ja stuckweiß zusammen colligiren [sammeln] und tragen müssen«. Mindestens sechs Wochen nach der Schlacht waren die Leichen stark verwest und zer-

Die Grabgrube von Alerheim während der Ausgrabung.

Ein schwedisches Feldlager von 1644 bei Latdorf

Neben Schlachtfeldern sind aus dem Dreißigjährigen Krieg auch Plätze bekannt, an denen einst Truppen während ihrer Feldzüge lagerten. Ihr Spektrum reicht von kleineren, kurz belegten Orten bis hin zu ausgedehnten, mit Befestigungsanlagen versehenen Feldlagern, die monatelang Tausende Menschen beherbergten und Ausmaße kleiner Städte annahmen.

Sichtbar werden solche Lagerplätze auf unterschiedliche Weise. Teils existieren noch schwach erkennbare Reste von Wällen und Gräben, teils finden sich Konzentrationen charakteristischer Metallobjekte. Wie etwa in der Benz bei Gielow in Mecklenburg-Vorpommern. Aber auch bei Ausgrabungen werden immer wieder zufällig Spuren von Lagern entdeckt, z. B. bei Sarstedt in Niedersachsen. Und auch bei der ca. 60 ha großen Grabung am Kalkteich 22 nahe Latdorf in Sachsen-Anhalt ließ sich 2006 und 2007 eine Reihe von Befunden dokumentieren, die auf ein Feldlager des Schwedisch-Französischen Krieges (1635–1648) zurückgehen.

Ab 6. September 1644 lagerte ein kaiserliches Heer bei der Stadt Bernburg westlich der Saale. Am 17. bezog dann eine schwedische Streitmacht auf der anderen Seite des Flusses Stellung. Die folgenden zwei Monate vergingen, ohne dass es zur Schlacht kam, am 11. November zogen die Kaiserlichen wieder ab, am 16. gefolgt von ihren Gegnern.

Das ca. 3 km x 3 km große, das Dorf Latdorf umfassende Lager der Schweden war an seiner Westseite durch die Saale geschützt, im Süden, Osten und Norden aber mit einem mehr als 7 km langen, durch 14 Bastionen verstärkten Graben bewehrt. Von diesen Befestigungen ist heute jedoch oberirdisch nichts erhalten.

Erst bei Ausgrabungen fanden sich eine Bastion sowie Teile des Grabens. Dessen Füllung enthielt die mehr oder minder vollständigen Skelette von sechs Pferden. Fehlende Knochen lassen vermuten, dass die Tiere hier erst entsorgt wurden, als der natürliche Zerfall bereits eingesetzt hatte. Im Lagerinneren kamen weitere Funde und Befunde zutage, darunter ein Fassbrunnen, eine Bleikugel, ein silberner Prager Groschen und ein Kupferkessel.

Von der Alltäglichkeit des Todes zeugen die in 17 Einzel- und zwei Dreifachbestattungen entdeckten sterblichen Überreste von insgesamt 23 Menschen. Sie fanden sich ohne klare Ordnung über die Grabungsflächen verteilt. Doch trotz zerstreuter Lage und uneinheitlicher Ausrichtung wird die Sorgfältigkeit der Beisetzungen deutlich: Die Toten waren sorgsam auf der Seite oder gestreckt liegend begraben worden. Auch ließ man ihnen teils persönlichen Besitz und Kleidung wie Knöpfe, Schnallen, ein Messer oder einen Kamm.

Neun Bestattete wurden nur 11 bis 17 Jahre alt. Die Todesursachen dieser jungen, meist männlichen Individuen bleiben unklar. Ihre Gräber allerdings werfen ein Licht auf die Zusammensetzung der Heere in dieser letzten Phase des Dreißigjährigen Krieges: Auch Menschen, die heute als minderjährig gelten würden, dienten als Kindersoldaten, zwangsweise oder »freiwillig« aus blanker Not.

Den Aspekt »Komfort« beleuchtet ein weiterer Befund. Die mit verbranntem Lehm und Holzkohle vermischte Füllung einer etwa 3 m x 3 m großen Grube enthielt neben Ziegelsteinen auch Reste mehrerer schwarz glasierter, verzierter Ofenkacheln aus dem ersten Drittel des 17. Jh. Den Ausgräbern zufolge handelt es sich wohl um den Rest eines Ofens, eventuell sogar eines kompletten Kachelofens.

Bernburgs Belagerung fand im Herbst und Winter statt. Aus diesem Grund vermuten die Ausgräber, dass die von schwedischen Soldaten wohl andernorts abgebauten, d. h. vermutlich geraubten Kacheln zum Bau einer neuen Wärmequelle genutzt wurden. Sicherlich diente diese Konstruktion dann dem Komfort der Offiziere. Einfache Söldner wärmten sich in Regen und Wind an offenen Feuern. Dass bei der Grabung nur wenige Kacheln vorhanden waren, liegt wohl daran, dass die Schweden beim Abzug auch den Ofen mitgenommen hatten. In einer weiteren Füllung fanden sich Reste mehrerer Bleifassungen von Glasfenstern. Vielleicht gossen schwedische Söldner Kugeln aus Material, das sie zuvor in der Umgebung gestohlen hatten.

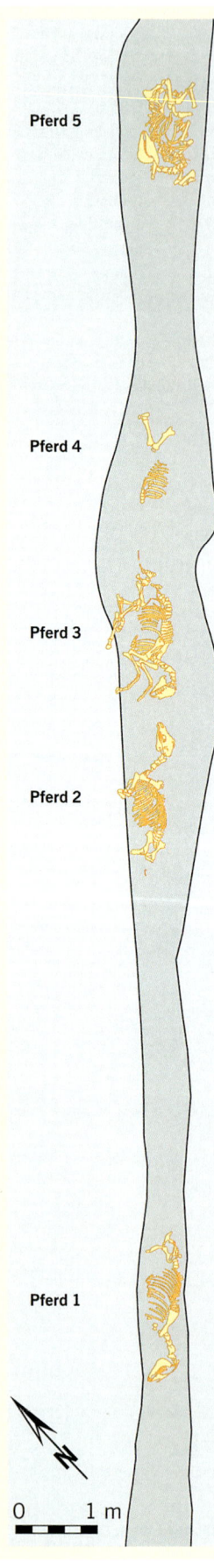

Pferd 5

Pferd 4

Pferd 3

Pferd 2

Pferd 1

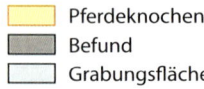

0   1 m

Pferdeknochen
Befund
Grabungsfläche

Einige Funde aus Alerheim: Links zwei Schnallen von Schwertgehänge oder Gürtel. Mittig acht Bleikugeln für Handfeuerwaffen, eine durch Aufprall auf ein hartes Objekt verformt. Rechts oben Kelle eines Löffels, rechts unten Perlen von katholischem Rosenkranz aus Gagat (versteinerte Kohle – großes Stück) und schwarzem Glas.

Im Alerheimer Massengrab gefundene französische Goldmünze (Louis d'or) Ludwigs XIII. von 1641. Durchmesser 2 cm.

fallen, wurden in Einzelteilen zusammengeklaubt und in hastig ausgehobene Gruben geworfen. Darum also lagen die Knochen wirr durcheinander, war kein einziges Skelett »komplett«. Und so erklärt sich auch die im Vergleich mit anderen Massengräbern große Zahl übriger Funde: Diese Toten wollte niemand mehr plündern.

Im August 1645 waren die siegreichen französischen Truppen und ihre Verbündeten aufgrund hoher eigener Verluste nicht in der Lage, den Triumph auszubauen. Im Endeffekt errangen sie einen Pyrrhussieg. Doch ermöglicht das Massengrab zusammen mit dem erhaltenen Briefwechsel um die Aufräumung des Kampfplatzes heute einen in dieser Form wohl einzigartigen Blick auf die schrecklichen Folgen des Krieges.

Und die Totengräber? Ob sie jemals die versprochene Bezahlung erhalten haben, wissen wir nicht. Dass sie die unverzichtbarste Aufgabe im Kontext der ganzen Schlacht von Alerheim erfüllten, dürfte ihnen jedenfalls kaum Lohn genug gewesen sein.

Auch nach Alerheim ging das Sterben weiter, obwohl in Münster und Osnabrück bereits länger als zwei Jahre über einen Frieden verhandelt wurde. Mehr als 100 Gesandtschaften tagten in beiden Städten – darunter neben Vertretern etwa der deutschen Fürsten auch die zahlreicher anderer europäischer

Staaten. Doch das letzte Gefecht des Dreißigjährigen Krieges auf deutschem Boden fand erst am 17. Mai 1648 statt – bei Zusmarshausen in Schwaben. Die hier erfolgte Niederlage der Kaiserlichen erhöhte den Druck auf Ferdinand III., endlich in den Frieden einzuwilligen. Was dieser nach weiteren Rückschlägen dann auch tat. Am 24. Oktober 1648 wurde schließlich der letzte jener langwierig ausgehandelten Friedensverträge unterzeichnet, die heute unter der Sammelbezeichnung »Westfälischer Friede« bekannt sind.

Seite 74:

Knöpfe aus Messing (im Vordergrund) und Eisen aus dem schwedischen Feldlager Latdorf.

Pferdeskelett aus Latdorf.

Latdorf: Graben mit fünf von insgesamt sechs Pferdeskeletten.

Zwischen Dreißigjährigem Krieg und Französischer Revolution

Auch in den etwa eineinhalb Jahrhunderten zwischen dem Ende des Dreißigjährigen Krieges (1618–1648) und dem Beginn der Revolutions- bzw. Koalitionskriege 1792 wurden auf dem Gebiet des heutigen Deutschlands bewaffnete Konflikte ausgetragen. Im Wesentlichen waren dies der Pfälzische Erbfolgekrieg (1688–1697), der Große Nordische Krieg (1700–1721), der Spanische Erbfolgekrieg (1701–1714), der Österreichische Erbfolgekrieg (1740–1748) sowie der Siebenjährige Krieg (1756–1763). Heute werden diese von absolutistischen Herrschern geführten Konflikte zusammenfassend auch als Kabinettskriege bezeichnet. Charakteristisch für sie war, dass sie mit stehenden Heeren geführt und dass deren Soldaten auch im Frieden nicht demobilisiert wurden. Anders etwa im Dreißigjährigen Krieg, als große Teile der Armeen aus kurzfristig angeworbenen Söldnern oder zwangsrekrutierten Kriegsgefangenen bestanden. Selbst große Schlachten wurden jetzt nur mit maximal mehreren Zehntausend Kämpfern pro Seite geführt. Demgegenüber konnten die Heere des 19. Jh. ohne Weiteres auf bis zu einige Hunderttausend Soldaten anwachsen. Schließlich waren in den Kabinettskriegen eingeschränkte Kriegsziele üblich, ebenso wechselnde Koalitionen, selbst zwischen zuvor verfeindeten Seiten. Doch auch in diesen »geregelten« Konflikten litt die Zivilbevölkerung unter Plünderungen, Rekrutierungen und Steuern.

Den materiellen Hinterlassenschaften der Kabinettskriege kommt in Deutschland seitens der Archäologie bislang kaum Aufmerksamkeit zu. Entsprechende Forschungen stellen immer noch Ausnahmen dar und sind meist Folge zufälliger Entdeckungen. So wurde etwa bei Malchin in Mecklenburg-Vorpommern anhand von Metallfunden ein vermutlich aus dem Jahr 1659 stammender Lagerplatz dokumentiert. Bei Wittislingen in Bayern erfolgten Untersuchungen zu einem befestigten kaiserlichen Feldlager von 1703. Vermutlich oder auch sicher aus dem Kontext von Schlachten bzw. Belagerungen stammende menschliche Überreste wurden ebenfalls immer wieder aufgefunden, z. B. zwei mutmaßliche Opfer einer der beiden Schlachten bei Höchstädt (1703 und 1704) zwischen Lutzingen und Deisenhofen (Bayern) oder zwei vielleicht in Zusammenhang mit der Schlacht

bei Minden (1759) getötete Individuen bei Petershagen-Lahde (Nordrhein-Westfalen). Weitere Bestattungen wohl des Siebenjährigen Krieges (1756–1763) sind von Bergen (Hessen) und Hildesheim (Niedersachsen) bekannt, wo man wahrscheinlich im Lazarett verstorbene französische Soldaten verscharrt hatte.

Im Ausland wurden mehrfach Gräber Gefallener entdeckt, etwa vom Gefecht bei Eisenbirn 1703 (Österreich), den Schlachten bei Poltawa 1709 (Ukraine) sowie Lobositz/Lovosice (1757) und Kolin/Kolín (1759) in der Tschechischen Republik, wo man zudem wiederholt Feldbefestigungen des 18. Jh. ausgegraben hat.

Interessant sind menschliche Überreste eines kriegerischen Ereignisses dieser Zeit, die Ende 2009 bei bauvorbereitenden Untersuchungen am Frankenhof in Stralsund (Mecklenburg-Vorpommern) geborgen wurden. Auf dem Fußboden eines bereits in alter Zeit abgerissenen, vermutlich aber schon während des Dreißigjährigen Krieges existierenden Gebäudes auf dem ehemaligen Frankenhornwerk kam eine dichte Masse von Knochen zutage. Im Verlauf der Ausgrabung zeigte sich, dass in einer nur etwa 4 m x 1,60 m messenden Grube mindestens 25 Menschen beige-

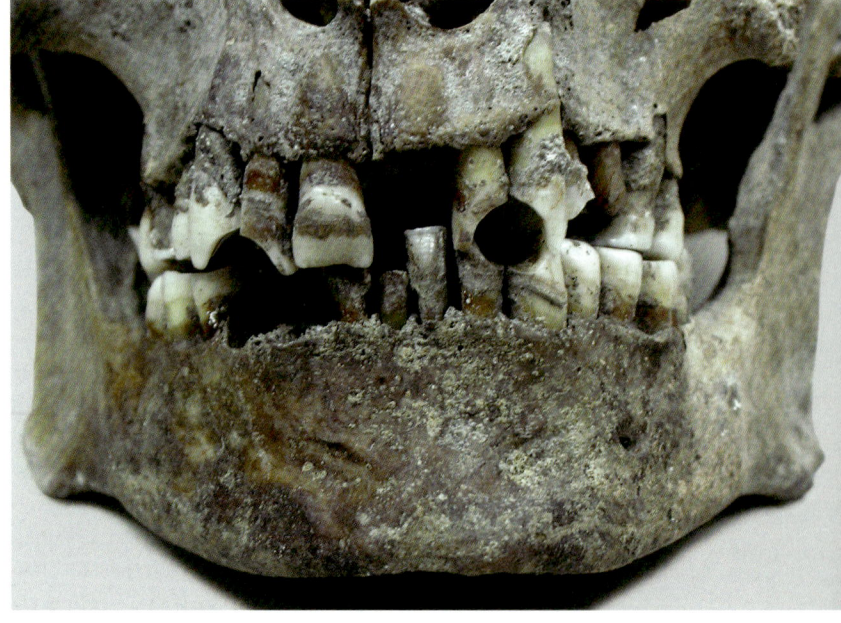

Gebiss eines der Toten von 1715. Die Löcher in den Zähnen – so genannte Pfeifenusuren – sind durch intensives Rauchen von Tonpfeifen entstanden.

Schlacht bei Chiari (Italien, 1701) zwischen kaiserlichen und französisch-spanischen Truppen. Typische zeitgenössische Darstellung eines solchen Ereignisses von Carington Bowles (1701–1702).

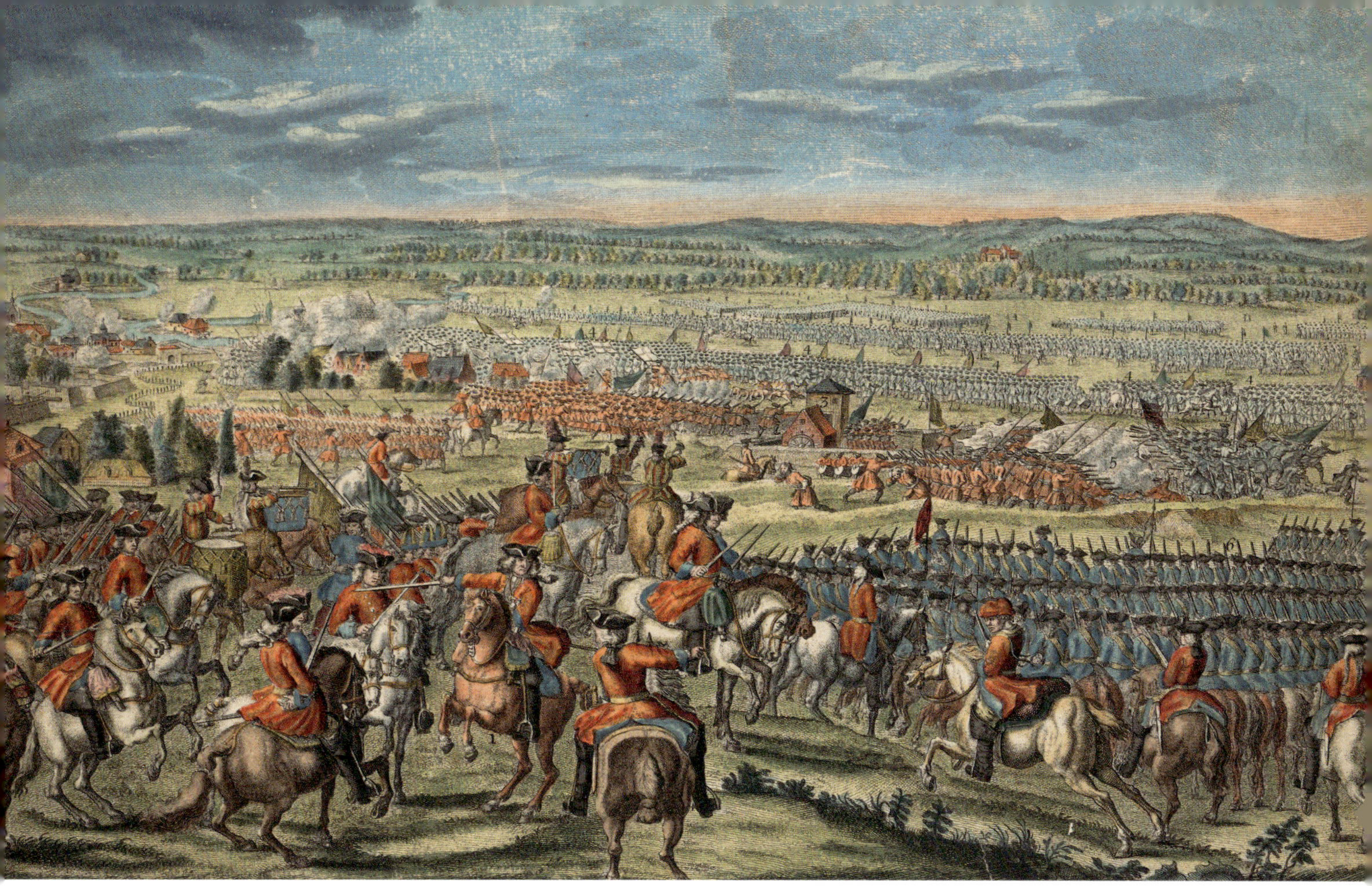

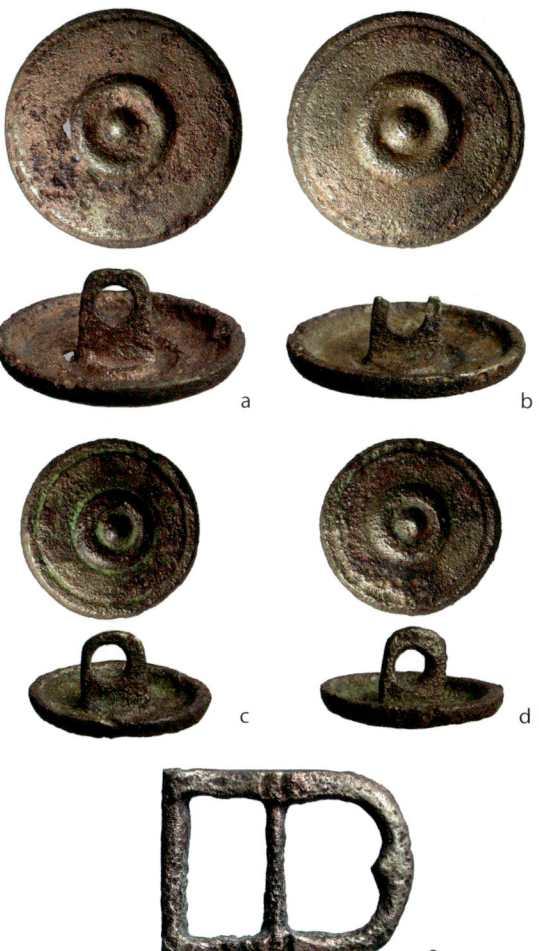

setzt worden waren. Die lediglich zum Teil komplett vorhandenen Skelette fanden sich ungeordnet und in mehreren Schichten übereinander. Teils lagen sie auf dem Bauch, mal blickten sie nach Osten, mal nach Westen, die Füße einiger Toter waren auf den Gesichtern anderer. Eine erste anthropologische Begutachtung ergab, dass es sich wohl ausschließlich um Männer handelte. Der Zustand ihrer Zähne war meist schlecht, wie Spuren von Karies und Zahnstein sowie abgekaute Oberflächen beweisen. Zudem wiesen die Gebisse zweier Skelette runde Löcher auf. Dabei handelt es sich um so genannte Pfeifenusuren, die durch den Gebrauch der vor allem vom 17. bis 19. Jh. üblichen Tonpfeifen entstehen konnten. Deren Stiele schliffen im Laufe der Zeit die Zähne ab, was bei starken Rauchern im Extremfall zu solchen Öffnungen führte. An mehreren Knochen waren darüber hinaus Spuren massiver Gewalteinwirkung erkennbar, etwa Schusswunden und Trümmerbrüche. Demnach sind zumindest einige der Menschen keines natürlichen Todes gestorben. Zu dieser Annahme passen auch die aus einem Schädel geborgene Bleikugel sowie das Bruchstück eines Bajonetts. Aufgrund dieser Befunde sowie angesichts zahlreicher aus dem Grab geborgener Knöpfe und einer Schnalle vermutet der Archäologe Jörg Ansorge, dass das Massengrab vom Frankenhof mit einer historisch überlieferten Belagerung der Festung Stralsund während des Großen Nordischen Krieges durch dänische, preußische so-

Knöpfe und Schnalle aus Buntmetall aus dem Massengrab von 1715.

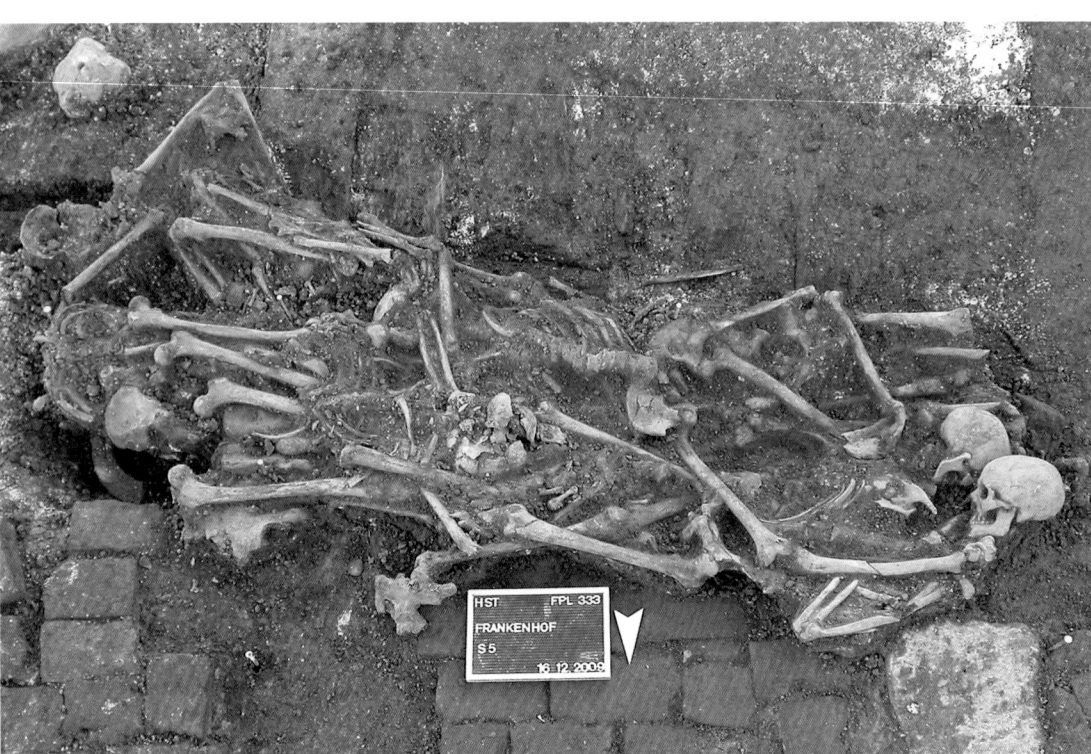

Stralsund: das freigelegte Massengrab von 1715.

wie sächsisch-polnische Truppen im Dezember 1715 in Zusammenhang steht. Somit wäre es eines der wenigen bislang archäologisch dokumentierten und publizierten Zeugnisse kriegerischer Ereignisse dieser Zeit in Deutschland.

Gezielte und mit modernen Methoden durchgeführte Untersuchungen von Schlachtfeldern der zweiten Hälfte des 17. und fast des gesamten 18. Jh. gibt es jedoch bislang kaum. Und das, obwohl immer wieder zufällig Relikte der genannten Konflikte entdeckt wurden und werden, etwa bei Bergen, Minden oder Höchstädt. Seit 2010 finden entsprechende Forschungen auf dem Schlachtfeld des Großen Nordischen Krieges bei Gadebusch (Wakenstädt) in Mecklenburg-Vorpommern statt, wo 1712 schwedische Truppen ein überlegenes Heer aus Dänen und Sachsen besiegten. Und auch das Schlachtfeld von Minden, auf dem 1759 im Siebenjährigen Krieg eine aus Briten, Hannoveranern und Soldaten weiterer deut-

scher Staaten bestehende Streitmacht über ein französisch-sächsisches Heer triumphierte, wird seit 2010 untersucht. In beiden Fällen dauern die Arbeiten noch an, und abschließende Resultate liegen noch nicht vor.

Ganz anders stellt sich die Situation im Ausland dar. So wird beispielsweise in Polen seit mehreren Jahren das Schlachtfeld des Siebenjährigen Krieges von 1759 bei Kunersdorf/Kunowice erforscht. Auch das schwedische Slagfältsteamet (»Schlachtfeldteam«) arbeitet etwa nahe Lund (1676) und Landskrona (1677) auf Plätzen dieser Zeit. Weitere aktuelle Projekte in Belgien (Oudenaarde 1708) und Spanien (Talamanca 1714) beschäftigen sich mit Relikten des Spanischen Erbfolgekrieges. Und in Großbritannien kommt u. a. den Untersuchungen des schottischen Schauplatzes der Schlacht bei Culloden (1746), des entscheidenden Ereignisses des Zweiten Jakobitenaufstands (1745–1746), höchste Aufmerksamkeit zu.

Die Napoleonischen Kriege

Napoleon – über kaum eine historische Persönlichkeit gingen und gehen die Meinungen so weit auseinander. Der Mann, der 1769 als Napoleone Buonaparte auf Korsika geboren wurde, Karriere erst auf dem Schlachtfeld und dann in der Politik machte, sich 1804 als Napoleon I. selbst zum Kaiser der Franzosen ernannte und schließlich die Welt erobern wollte – dieser Mann polarisiert bis heute.

Da ist zum einen Napoleon, Politiker und Militär, der auf diplomatischem Parkett wie auf dem Schlachtfeld die Errungenschaften der Französischen Revolution gegen die Angriffe der reaktionären Monarchien Europas verteidigte. Und deren Ideen – Freiheit, Gleichheit, Brüderlichkeit – u. a. mit dem Gesetzbuch Code civil (Code Napoleon) auch in zahlreichen anderen Staaten einführte.

Da ist zum anderen Napoleon, der unter Missachtung der hohen Ideale der Revolution, die er für beendet erklärte, Alleinherrscher wurde. Der brutal innere wie äußere politische Gegner bekämpfte, Weltherrschaftsphantasien entwickelte und für deren Durchsetzung den Tod unzähliger Menschen in Kauf nahm.

Napoleons Platz in den Geschichtsbüchern ist gesichert – nicht zuletzt aufgrund der vielen Kriege, die er geführt hat. Die Ambitionen des Kaisers hinterließen verbrannte Erde, kosteten Millionen das Leben, Soldaten wie Zivilisten. Sie haben Spuren hinterlassen – in der Erinnerung der Menschen wie auch im »archäologischen Gedächtnis« der Erde.

Kein Jahr seiner Alleinherrschaft verging ohne größere militärische Aktion, zu Lande und zu Wasser kämpften französische Truppen gegen Großbritannien, Preußen, Österreich, Spanien, Portugal und Russland. Die Kriege der 3., 4., 5. und 7. Koalition – auch Koalitionskriege genannt – umfassen annähernd Napoleons gesamte Regierungszeit seit seiner Kaiserkrönung 1804. Die Bezeichnungen dieser Konflikte gehen auf die jeweilige Koalition anderer Staaten zunächst gegen das revolutionäre, dann gegen das Kaiserreich Frankreich zurück. Heute ist der populäre Sammelbegriff »Napoleonische Kriege« gebräuch-

Völkerschlacht bei Leipzig, 16. bis 19. Oktober 1813: zeitgenössische Darstellung der Kämpfe bei der Erstürmung des Peterstores.

lich, aber auch »Antinapoleonische Kriege« wird verwendet.

Als sich Napoleon am 2. Dezember 1804 selbst zum Kaiser krönte, herrschte längst Krieg – ohne dass ihm dies allein anzulasten wäre. Denn die große Französische Revolution von 1789 war nicht überall auf Gegenliebe gestoßen. Europas Monarchen schlossen sich zusammen, um die gerade errungene Volksherrschaft zu beenden und die Monarchie der Bourbonen mit Waffengewalt wiederherzustellen. Doch ihre Versuche scheiterten, im Ersten Koalitionskrieg (1792–1797) ebenso wie im Zweiten (1799–1802), den Revolutionskriegen.

Aufgrund der Belastungen durch andauernden Krieg geriet die junge französische Republik allerdings in eine innere Krise. Die Menschen verloren ihr Vertrauen in die Regierung. Der junge General Napoleon Bonaparte bekam seine Chance. 1799 wurde er Erster Konsul, beendete den Zweiten Koalitionskrieg siegreich. Mit zunehmender Popularität wurde

ihm zunächst sein Amt auf Lebenszeit verliehen, 1804 erhielt er dann, auch auf eigenes Betreiben, die Kaiserwürde angetragen – und verlieh sie sich von eigener Hand. Spätestens jetzt wurden die ursprünglich gegen das revolutionäre Frankreich gerichteten Koalitions- bzw. Revolutionskriege der europäischen Monarchen in erster Linie gegen den Herrscher Napoleon geführt, wurden zu Napoleonischen bzw. antinapoleonischen Kriegen.

Doch der Kaiser siegte, 1805 gegen Österreich und Russland, 1806 und 1807 über Preußen und Russland und 1809 abermals über Österreich. Stetig bewegte sich Napoleon in diesen Jahren auf den Höhepunkt seiner Macht zu, kontrollierte halb Europa. Nur Großbritannien widersetzte sich erfolgreich, brachte ihm auf See und auf der Iberischen Halbinsel empfindliche Niederlagen bei.

1812 marschierte er schließlich mit der Grande Armée, die aus mehr als einer halben Million Mann bestand, in Russland ein und eroberte u.a. Moskau.

Tote Pferde bei Orsingen

Im Juni 2009 wurden bei Bauarbeiten nahe Orsingen (Baden-Württemberg) Knochen entdeckt. Bei der nachfolgenden archäologischen Untersuchung wurden aus einer 17 m langen, 1 bis 3 m breiten und maximal 1 m tiefen Sandrinne 36 Skelette geborgen. Sie stammen überwiegend von Pferden, teils eventuell auch von Maultieren. Die meist vollständigen Skelette lagen dicht gepackt, paarweise oder in Gruppen von acht bis 13 Tieren. Sichere Aussagen zu den Todesursachen lassen sich nicht treffen, auch wenn vereinzelte Hiebverletzungen eventuell damit zusammenhängen könnten.

Eine Bleikugel zwischen den Rippen eines Tieres erlaubt eine zeitliche Einordnung des Befundes. Mit 24,5 g und 16 mm Durchmesser entspricht sie dem seit 1792 gültigen Standard für französische Militärgeschosse. Dies und historische Berichte deuten den Bearbeitern zufolge darauf hin, dass die bei Orsingen verscharrten Tiere entweder 1799 oder 1800, während des Zweiten Koalitionskrieges, bei Kavalleriegefechten im Umfeld des Ortes zu Tode kamen. Andere Funde fehlen, abgesehen von wenigen Eisennägeln, die wohl beim Entfernen der Hufeisen zurückblieben.

Orsingen-Nenzingen, Camping-Resort, Ausgrabung 2009: zwei Skelette aus dem Pferdemassengrab. In der Flanke eines der Tiere wurde eine Musketenkugel aus Blei mit einem zur Zeit der Koalitionskriege um 1800 gängigen Kaliber gefunden.

Doch Russlands Volk und das Wetter erwiesen sich als übermächtige Gegner. Das Vielvölkerheer des Kaisers ging unter, Hunderttausende Deutsche, Italiener, Franzosen, Polen und Niederländer verbluteten auf den Schlachtfeldern oder erfroren im russischen Winter. Nur Reste erreichten Anfang 1813 französisch kontrolliertes Gebiet. Hier kamen auch Napoleons Weltherrschaftsträume zum Erliegen.

Es folgten die so genannten Freiheitskriege, in Preußen auch propagandistisch als »Befreiungskriege« bezeichnet. Deren Ziel war einerseits die Beendigung der französischen Hegemonie. Daneben ging es den europäischen Monarchen, vor allem Österreichs und Preußens, aber zugleich primär darum, alte Machtstrukturen wieder herzustellen und die von Napoleon auch in ihren Reichen eingeführten Ideen der Französischen Revolution auszumerzen. Am 17. März 1813 erklärte der preußische König Friedrich Wilhelm III. Frankreich den Krieg. Sein Heer kämpfte nun an Russlands Seite. Napoleon dagegen sammelte eine neue Grande Armée in Sachsen. Nach ersten Kämpfen im Frühjahrsfeldzug 1813 galt den Sommer über ein Waffenstillstand. Nun traten auch Österreich und Schweden der Koalition gegen den Kaiser bei. Großbritannien, dessen Truppen in Spanien kämpften, unterstützte seine Verbündeten mit Geld, Waffen und Ausrüstung.

Am 17. August begann der Herbstfeldzug – und damit jene Phase des Kriegsjahres 1813, die sich in Deutschland bisher am deutlichsten anhand archäologischer Untersuchungen nachvollziehen lässt.

Eine Spur durch Europa

Obwohl die Napoleonischen Kriege für mehr als ein Jahrzehnt Europa verwüsteten, interessierte sich die Archäologie lange Zeit kaum für diese Schlachtfelder. Natürlich kamen immer wieder Zufallsfunde zutage, etwa bei Bauarbeiten oder in der Landwirtschaft. Doch sie wurden meist, wenn überhaupt, nur flüchtig dokumentiert und noch seltener publiziert. Gezielte größere Forschungsprojekte fehlten, möglicherweise deshalb, weil für die Napoleonische Zeit im Vergleich mit älteren Epochen ein insgesamt umfangreicher Bestand an historischen Quellen existiert, z. B. Berichte von Augenzeugen, offizielle Darstellungen oder Abbildungen. Entsprechend groß ist auch die Fülle an Büchern, die in den letzten 200 Jahren zu den militärischen Ereignissen dieser Zeit verfasst wurden.

Erst seit Ende der 1990er-Jahre finden gezielte archäologische Schlachtfelduntersuchungen statt. Frühe Beispiele sind 1998 und 1999 durchgeführte Prospektionen mit Metallsuchgeräten auf dem italienischen Schlachtfeld vom 2. und 3. Mai 1815 bei Tolentino. Daneben wurde 1999 bei Studzionka (= Студзёнка, Weißrussland) jener Ort erforscht, wo vom 26. bis 29. November 1812 die Reste von Napoleons geschlagener Grande Armée unter ständigen russischen Angriffen den Fluss Beresina überschritten hatten. 2002 wurden dann in Polen Teile des Schlachtfelds bei Pułtusk (26. Dezember 1806) untersucht, in Finnland 2008 jenes bei Oravais (14. September 1808). In Deutschland erfolgten erstmalig 2006 entsprechende Arbeiten auf dem Schlachtfeld bei Großbeeren (23. August 1813), seit 2007 wird hier auch der Schauplatz des Gefechts bei Lauenburg (17. bis 19. August 1813) ausführlich dokumentiert. Ferner finden seit 2010 Prospektionen bei Hassenhausen (14. Oktober 1806) statt. Dort werden Teilbereiche des Schlachtfelds von 1806 bei Auerstedt archäologisch erforscht, weil eine Umgehungsstraße durch das historische Gelände gebaut werden soll.

Neben diesen Orten direkter militärischer Konfrontationen werden auch andere Relikte der Napoleonischen Zeit sowie der vorangehenden Revolutionskriege (Erster und Zweiter Koalitionskrieg) analysiert, z. B. Schanzen in Brandenburg, aber auch Lagerplätze wie jene am Ärmelkanal, wo Frankreich 1803 bis 1805 Truppen für eine nie erfolgte Invasion Großbritanniens gesammelt hatte, oder solche des Herbstfeldzuges 1813 in Schleswig-Holstein.

Recht zahlreich untersucht sind inzwischen Gräber – ob es nun sterbliche Überreste von im Kampf getöteten Menschen und Tieren oder jene von im Lazarett an Wunden oder Seuchen gestorbenen Personen sind. Entsprechende Befunde wurden in den vergangenen Jahrzehnten immer wieder meist zufällig aufgedeckt, u. a. in Znojmo und Jiríkovice (beide Tschechische Republik), Tolentino und Marengo (beide Italien), Tolosa (Spanien), Kitzen, Güldengossa, Leipzig, Orsingen sowie Bedburg-Königshoven. In Wilna (Vilnius, Litauen) kamen 2001 Bestattungen Tausender Soldaten der im russischen Winter 1812/13 untergegangenen Grande Armée zutage. Massengräber in Valencia (Spanien) bargen mehr als 170 Menschen, deren Skelette Spuren brutaler Gewalt aufwiesen.

Lauenburg – 17. August 1813

Einer der ersten Zusammenstöße des Herbstfeldzuges erfolgte am 17. August 1813 unmittelbar nach Ablauf des Waffenstillstands westlich von Lauenburg an der Elbe. Hier hatten zuvor antinapoleonische Truppen drei schwache Schanzen aus Erde aufgeworfen und drei kleine Kanonen in Stellung gebracht. Es wa-

»Freiwillige Jäger« – heroisierendes Gemälde des Militärmalers Robert von Haug von 1891. Abgebildet ist ein Gefecht zwischen preußischen Jägern (leichte Infanterie) und französischen Soldaten Napoleons in schwierigem Gelände. Vergleichbare Szenen dürften sich auch 1813 bei Lauenburg abgespielt haben.

ren etwa 2000 so genannte Lützower Jäger, Angehörige jener preußischen Freiwilligenformation, der auch der Dichter Theodor Körner angehörte. Unterstützt wurden sie von einem Regiment Kosaken. Dieser gemischte Verband gehörte zu dem ca. 25 000 Mann starken Korps Wallmoden-Gimborn, einer an der Elbe stehenden Teilstreitkraft der Nordarmee der gegen Napoleon Verbündeten. Ihr Auftrag war es, den Gegner so lange wie möglich aufzuhalten.

Marschall Davout, Napoleons Gouverneur von Hamburg, plante mit seinen etwa 30 000 Mann, vor allem Franzosen und Dänen, in Mecklenburg einzumarschieren. Als Teil von Napoleons Zangenbewegung sollte dies die bei Berlin stehende Masse der Nordarmee der Verbündeten im Rücken bedrohen, während der Hauptstoß der französischen Berlinarmee von Süden her erfolgen sollte.

Die Stellung der »Lützower« bei Lauenburg an der Elbe war ein neuralgischer Punkt in der Abwehrstrategie Wallmoden-Gimborns. Denn hier querten die Hauptverkehrswege Richtung Osten, nach Mecklenburg, den Stecknitz-Kanal. Diesen Übergang sollten die »Lützower« decken.

Am 17. August traten etwa 3000 Franzosen und Dänen Davouts von Hamburg kommend auf der Landstraße westlich vor Lauenburg aus dem Wald. In der von Hecken und Erdwällen durchzogenen Landschaft entspann sich ein verbissenes Gefecht. »Lützower« wie Franzosen nutzten die sich bietende Deckung, kämpften meist in kleinen Gruppen. Davouts Soldaten versuchten an diesem ersten Tag mehrfach, die Hauptstellung ihres Gegners, einen Graben, einzunehmen. Doch die »Lützower« schlu-

gen alle Attacken zurück, gingen teils sogar zum Gegenangriff über.

Am nächsten Tag, dem 18. August, wiederholte sich das Geschehen. Ein ständiges Hin und Her zwischen dem Wald, der französisch-dänischen Hauptstellung, und dem Graben der »Lützower«. Erst in den frühen Morgenstunden des 19. August gelang den Franzosen ein Sturmangriff auf die Schanzen und die Stadt Lauenburg – doch zu diesem Zeitpunkt waren die »Lützower« schon großteils im Schutz der Dunkelheit abgerückt, nur ihre Nachhut wurde überrannt.

Insgesamt wurden während der drei Kampftage wohl mehrere Hundert Soldaten getötet oder verwundet. Doch die »Lützower« hatten den Vormarsch Davouts fast drei Tage lang aufgehalten und damit ihren Auftrag erfüllt.

Lauenburg – 2008

Das Gefecht bei Lauenburg war eine kleinere Auseinandersetzung des Herbstfeldzugs 1813. Deshalb gibt es nur sehr wenige zeitgenössische Berichte, die teils erst erhebliche Zeit nach den Kämpfen aus der Erinnerung heraus verfasst wurden und sich zudem in einigen Punkten widersprechen. So geht daraus nicht eindeutig hervor, wo sich Hauptstellung – der Graben – und Schanzen der »Lützower« befanden. Auch andere Bereiche des Gefechtsfeldes lassen sich heute nicht mehr zweifelsfrei im Gelände lokalisieren.

Daher werden seit 2007 Teile des Kampfplatzes mit Metallsuchgeräten prospektiert, bislang mehrere

Aus Büchsen verschossene Bleikugeln, Durchmesser jeweils ca. 1,5 cm. Links Abdruck des Stoffgewebes des »Pflasters«, rechts massive Dellen der Ladestockspitze.

Französische Gewehrkugel von 1813. Sie wurde geladen und dann, wohl wegen einer Fehlzündung, mittels eines »Kugelzieher« genannten Ladestock-Aufsatzes (rechts unten) wieder aus dem Lauf entfernt. Die Kugel (Dm ca. 1,6 cm) zeigt einerseits eine charakteristische Delle vom Abkneifen des bei der Herstellung entstandenen Gusshalses, andererseits zwei vom Kugelzieher verursachte »Bohrlöcher«.

Aus Büchsen verschossene Bleikugeln, Durchmesser jeweils ca. 1,5 cm. Links Abdruck des Stoffgewebes des »Pflasters«, rechts massive Dellen der Ladestockspitze.

Französische Gewehrkugel von 1813. Sie wurde geladen und dann, wohl wegen einer Fehlzündung, mittels eines »Kugelzieher« genannten Ladestock-Aufsatzes (rechts unten) wieder aus dem Lauf entfernt. Die Kugel (Dm ca. 1,6 cm) zeigt einerseits eine charakteristische Delle vom Abkneifen des bei der Herstellung entstandenen Gusshalses, andererseits zwei vom Kugelzieher verursachte »Bohrlöcher«.

Flächen mit zusammen ca. 75 000 m². Etwa 500 Metallfunde kamen zutage, darunter einige Hundert unterschiedlich große Bleikugeln für Vorderladerhandfeuerwaffen, die größtenteils vom Gefecht 1813 stammen.

Bereits die Resultate der ersten umfangreicheren Begehungen im August 2008 vermitteln einen Eindruck von den Möglichkeiten, die dieser historische Kampfplatz der Archäologie bietet. Auf ca. 17 000 m² wurden insgesamt 94 Funde geborgen, darunter 66 Geschosse, die sich aufgrund bestimmter Merkmale den beteiligten Truppen zuordnen lassen.

Die erste Gruppe Bleikugeln besteht aus 29 Stücken, die zwischen 16 und 19 g wiegen. Es sind Geschosse für Büchsen – Vorderladergewehre mit im Laufinneren eingeschnittenen Rillen, den Zügen. In der Regel waren die Kugeln für diese Waffen zusätzlich von einem gefetteten Stück Stoff umgeben, dem Pflaster. Deshalb waren sie »zu groß« für den Lauf und mussten unter hohem Kraftaufwand hineingepresst werden. Das Pflaster drückte sich dabei in die über die ganze Länge des Laufs eingeschnittenen, sich leicht windenden Züge. Beim Abfeuern der Waffe folgte es dann samt Kugel deren Verlauf. Dies verpasste dem Geschoss einen Drall, was u. a. eine für die Zeit beachtliche Flugstabilität und Treffgenauigkeit bewirkte.

Ein Lehrbuch aus dem Jahr 1812 schreibt zum Ladevorgang: »Nun breitet man ein Pflaster, mit der geschmierten Seite nach unten gekehrt, über die Mündung, legt eine Kugel darauf und drückt sie vermittelst des Ladstocks, soweit es gehen kann, hinunter. Will sie nicht mehr rutschen, so fasst man den Ladstock zwischen den Daumen und Zeigefinger der rechten Hand und schnellt ihn so lange auf die Kugel, bis er stark zurückprallt und dadurch anzeigt, dass die Kugel fest auf dem Pulver sitzt.«

Oben eine typische unbenutzte französische Gewehrkugel (Dm ca. 1,6 cm). Sie ist annähernd rund, die flache Delle stammt vom Abkneifen des bei der Herstellung entstandenen Gusshalses. Darunter eine weitere, durch das Auftreffen auf ein hartes Objekt massiv verformte Bleikugel.

Während dieses kraftaufwendigen Prozesses hinterließ die Spitze des Ladestocks in der Regel eine Delle und auch einen Abdruck des Pflastergewebes im weichen Blei der Kugel. Eine geladene und verschossene Büchsenkugel ist daher recht eindeutig erkennbar. Da 1813 bei Lauenburg viele der »Lützower Jäger« mit Büchsen bewaffnet waren, stammen diese 29 Geschosse sehr sicher von ihnen.

Eine zweite Gruppe bilden 23 Kugeln mit Gewichten von 22,4 bis 24,8 g. Dies weist sie als Munition für französische Militärgewehre aus, denn die sollten der Norm nach etwa 24,5 g wiegen. Real dürften sie dabei aufgrund des Herstellungsprozesses – z.B. Abkneifen des Gusshalses – variablere Gewichte aufgewiesen haben und eher leichter gewesen sein. Gewehrkugeln zeigen normalerweise keine den Büchsenkugeln vergleichbare Spuren, höchstens einmal eine Delle vom Ladstock.

Zudem lassen sich innerhalb beider Gruppen unbenutzte und verfeuerte Kugeln unterscheiden. Während Erstere meist annähernd perfekt rund sind, tragen Letztere oft Spuren des Ladevorgangs – oder sie sind vom Aufprall deutlich verformt.

Die Verteilung der beiden Geschossgruppen ergibt weitere Informationen zum Kampfverlauf. Die betrachtete Fläche liegt in der südlichen Hälfte des historischen Kampfplatzes, nördlich der alten, bis heute genutzten Straße. Aus Zeitzeugenberichten geht hervor, dass sich im Bereich ihrer Osthälfte am 17. und 18. August 1813 ein Teil des linken Flügels der »Lützower« befand. Deren Hauptstellung – der erwähnte Graben –

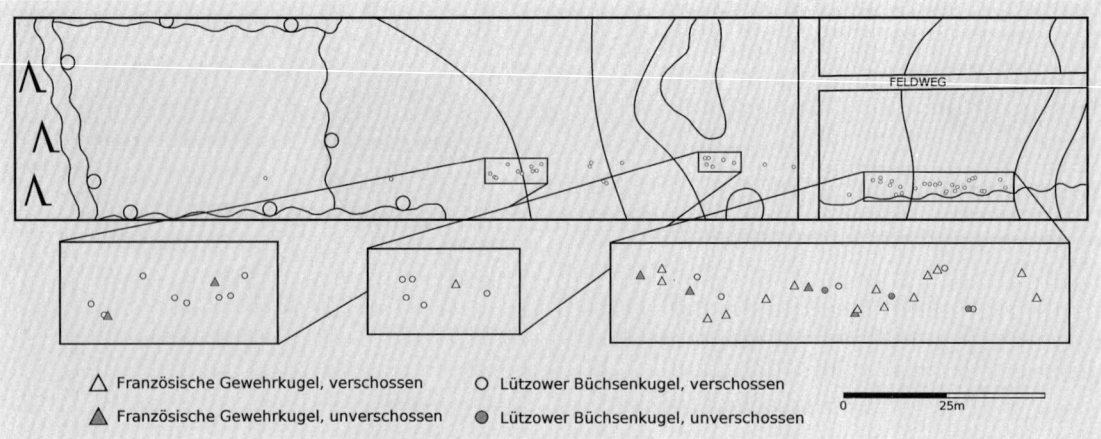

△ Französische Gewehrkugel, verschossen　　○ Lützower Büchsenkugel, verschossen

▲ Französische Gewehrkugel, unverschossen　　● Lützower Büchsenkugel, unverschossen

0　　　　25m

FELDWEG

Kartierung der 2008 geborgenen Bleikugeln, die sich französischen Truppen bzw. Lützowern zuordnen lassen. Untersucht wurde ein vom Wald im Westen, vor dem 1813 die Soldaten Marschall Davouts standen, bis kurz vor die vermutete Hauptstellung der Lützower im Osten reichender Streifen. Er liegt inmitten des historischen Kampfplatzes etwa 300 m nördlich der B5. Die dargestellte Landschaft (wellige Linien = Wallhecken, übrige = Höhenlinien) entspricht dem rekonstruierbaren Zustand Ende des 19. Jh. Karte genordet.

lag wohl direkt östlich der untersuchten Fläche. Den »Lützowern« gegenüber, am westlich an den Untersuchungsbereich angrenzenden Waldrand, standen dagegen die Truppen Marschall Davouts. Insgesamt sind drei Verteilungsschwerpunkte erkennbar.

Im Osten deuten zahlreiche verschossene und unbenutzte Kugeln beider Seiten heftige Kämpfe mit häufig wechselnden Stellungen an. Hier befand sich 1813 vermutlich das Vorfeld des von den »Lützowern« besetzten und mehrfach von den Franzosen attackierten Grabens.

In der Mitte häufen sich dagegen verschossene Büchsenkugeln. Es steht zu vermuten, dass die von Westen kommenden Franzosen während ihrer zahlreichen Angriffe auf den östlich gelegenen Graben hier in Reichweite der Vorposten der »Lützower« kamen, die dann auf sie feuerten.

Im Westen fanden sich ebenfalls großteils verschossene Büchsenkugeln, aber auch wenige unbenutzte französische Kugeln. Vielleicht wehrten die Franzosen hier einen der historisch belegten Vorstöße der »Lützower« gegen die feindliche Hauptstellung am Wald ab.

Großbeeren, 23. August 1813

Schwer wie das Blei der Kugeln lastete die Ungewissheit auf Preußens Zentrum, als am 18. August bei Lauenburg die »Lützower« gegen die Truppen des Marschalls Davout kämpften. Zwar stand die Nordarmee der Verbündeten mit gut 100 000 Preußen, Russen und Schweden bei Berlin, doch in der Stadt herrschte Unruhe.

Denn im Süden, in Sachsen, setzte sich Napoleons 70 000 Mann starke »Armée de Berlin«, die Berlinarmee, in Bewegung. Deren Name war Programm: Ihrem Befehlshaber, Marschall Oudinot, hatte der Kaiser befohlen, gegen die Hauptstadt vorzurücken,

sie zu erobern und so Preußen als Gegner auszuschalten.

Napoleons Marschall hatte seine Armee in drei Kolonnen aufgeteilt, die getrennt, aber parallel vorrückten. Am 23. August, nach mehreren Marschtagen und kleineren Gefechten, lag Berlin für Oudinots Truppen in greifbarer Nähe. Nur noch einen Tagesmarsch von der Stadt entfernt, traf an diesem Tag die mittlere Marschkolonne auf das an der Straße nach Norden liegende Dorf Großbeeren.

Was folgte, ist Geschichte – bei Großbeeren kämpften jeweils nur Teile der beiden Armeen gegeneinander. Die Entscheidung fiel dabei im Dorf sowie in dessen näherem Umfeld. Hier standen sich im Wesentlichen Oudinots etwa 20 000 Mann starkes, größtenteils aus Sachsen bestehendes VII. Korps und das preußische III. Korps der Nordarmee mit 30 000 Mann, darunter auch schwedische und russische Einheiten, gegenüber. Zunächst attackierten Napoleons Soldaten das Dorf und verdrängten preußische Vorposten. Doch anstatt weiter vorzurücken, schlugen sie ihre Lager auf. Vor allem auf und südlich der direkt westlich von Großbeeren gelegenen Windmühlenhöhe.

Offenbar wussten Napoleons sächsische Offiziere schlicht nicht, dass nur wenig entfernt in nördlicher Richtung das Gros der Nordarmee aufmarschiert war. Zuerst fuhren Preußen, Schweden und Russen ihre Artillerie auf. Ab etwa 17 Uhr eröffneten bis zu 76 Geschütze den Kampf. Die beim Kochen des Abendessens überraschten Sachsen beantworteten den Angriff schnell mit Kanonen und Haubitzen. Mehr als eine Stunde lang feuerten Verbündete und sächsisch-französische Truppen auf der Windmühlenhöhe aufeinander. Als der Widerstand von Oudinots Soldaten nachzulassen begann, gingen preußische Infanteriebataillone im Sturmangriff gegen die Sachsen vor und eroberten die Anhöhe. Schließlich, nach zähem Kampf, nahmen sie auch Großbeeren ein.

Sturm der Preußen auf die Windmühlenhöhe bei Großbeeren. Heroisierendes Gemälde des Militärmalers Anton Hoffmann, entstanden um 1900.

Oudinots sächsische Truppen zogen sich nach Süden zurück, wobei einige Einheiten aufgerieben wurden. Unterstützungsversuche anderer Teile von Napoleons Berlinarmee misslangen. Erst nach Einbruch der Dunkelheit endeten schließlich auch die letzten Geplänkel. Die französische Seite bezahlte ihren Vorstoß auf Preußens Hauptstadt mit mehr als 3000 Toten, Verwundeten und Gefangenen, die siegreichen Verbündeten verloren insgesamt etwa 1000 Mann. Berlin war vorerst gerettet.

Großbeeren, 2006

Seit den Kämpfen von 1813 hat sich das Schlachtfeld von Großbeeren massiv verändert. Große Teile wurden vor allem im 20. Jh. überbaut, auf anderen Flächen, den Rieselfeldern, versickerten die Berliner lange Zeit ihre Abwässer. Landwirtschaft und schließlich illegale Sondengängerei taten ihr Übriges.

Doch teilweise birgt der Boden noch heute Relikte der damaligen Ereignisse. Auf etwa 8000 m² Fläche kamen im September und Oktober 2006 bei einer Untersuchung des Geländes mit Metalldetektoren zahlreiche Funde zutage, darunter Geschosse von Handfeuerwaffen und Artillerie sowie Uniformteile, z. B. Knöpfe und Beschlagschuppen des Kinngurts eines Tschakos, einer militärischen Kopfbedeckung der Zeit.

Die Funde zeugen hauptsächlich von zwei entscheidenden Phasen der Schlacht. Da sind zum einen zwei Fragmente eiserner Granaten. Diese mit Schwarzpulver gefüllten Hohlkugeln wurden aus Haubitzen verschossen. Am Ziel explodierten sie und schleuderten ihre Splitter umher. Mit Sicherheit stammen die beiden gefundenen Stücke vom Beschuss der Windmühlenhöhe durch die Artillerie der Verbündeten zu Beginn der Schlacht. Mehrere bleierne Gewehrkugeln belegen den nachfolgenden Sturmangriff der preußischen Infanterie auf die Anhöhe. Einige unbenutzte Kugeln sind wohl von anstürmenden Soldaten verloren worden, als sie verwundet oder getötet wurden. Dafür verantwortlich waren u. a. zwei eiserne Kartätschenkugeln, die vermutlich noch wäh-

Zeitgenössische Darstellung des preußischen Sturmangriffs auf Großbeeren.

Der Kampf auf dem Kirchhof von Großbeeren zwischen stürmender preußischer und verteidigender sächsischer Infanterie. Heroisierendes Schlachtengemälde um 1900 des deutschen Militärmalers Carl Röchling.

rend des Rückzugs der napoleonischen Truppen von der Höhe durch sächsische oder französische Geschütze auf die anrückenden Preußen abgefeuert wurden.

Leipzig: die Völkerschlacht von 1813 und ihre Folgen

Großbeeren war der erste größere eindeutige Sieg der Verbündeten während des Herbstfeldzuges von 1813. Während die Franzosen ihn herunterspielten, wurde er in Preußen und anderen Staaten zum Symbol: Was die Briten in Spanien und Portugal und die Russen 1812 geschafft hatten, konnte auch anderen gelingen!

Nachdem der erste Vorstoß von Napoleons »Armée de Berlin« gegen Preußens Hauptstadt abgewehrt war, unterlagen französische Truppen auch am 26. August an der Katzbach Blüchers Schlesischer Armee. Dem klaren Sieg des Kaisers am 26. und 27. des Monats bei Dresden folgte dann schon wenige Tage später, am 29. und 30. August, eine weitere Niederlage bei Kulm. Napoleons zweiter Versuch, Berlin zu erobern, diesmal durch den Marschall Ney, von ihm »le brave des braves« – der Tapferste der Tapferen – genannt, scheiterte am 6. September bei Dennewitz grandios.

Zur größten Schlacht des Feldzugs, der Völkerschlacht, kam es Mitte Oktober bei Leipzig. Jene Soldaten, die hier entweder für die Befreiung Europas von Napoleon oder für den Erhalt seiner Macht ihr Blut vergießen sollten, stammten aus mehr als einem Dutzend verschiedener Völker. Bei den Verbündeten standen vor allem Preußen, Russen, Österreicher und

Schweden. Auf französischer Seite kämpften Niederländer und zahlreiche Angehörige abhängiger Staaten: Polen aus dem Herzogtum Warschau, Italiener sowie Soldaten der Rheinbundkontingente.

Beide Seiten setzten Zehntausende Pferde ein, insgesamt brachten über 2000 Geschütze Tod und Verderben. Alles in allem waren, inklusive später eintreffender Verstärkungen, sicher weit mehr als eine halbe Million Soldaten an den Kämpfen beteiligt. Napoleon bot etwa 200 000 Mann und um 700 Kanonen und Haubitzen auf. Die sich stetig verstärkenden Verbündeten dagegen verfügten am Ende über mehr als 350 000 Mann mit über 1400 Geschützen.

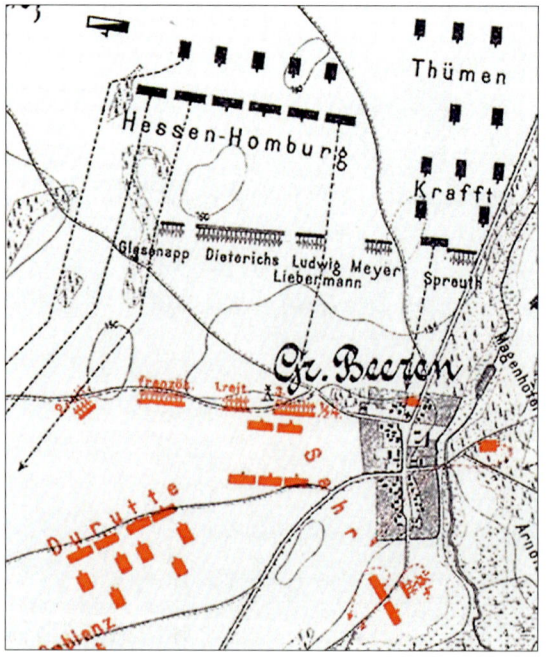

Schlacht bei Großbeeren: Kartenausschnitt mit Positionen der preußischen (schwarz) sowie der sächsischen (Sahr) und französischen (Durutte) Einheiten (rot) zu Beginn der Schlacht. Mittig links des Ortes die sächsisch-französische Artillerie auf der Windmühlenhöhe.

Nach einem ersten Reitergefecht bei Güldengossa am 14. Oktober begann die eigentliche Völkerschlacht am 16. Oktober mit schweren Kämpfen und wechselhaftem Kriegsglück. Drei Tage währte das Gemetzel, bis der Kaiser am 18. den Rückzug befahl. Der letzte Kampf, der Sturm der Verbündeten auf das noch von Napoleons Nachhut besetzte Leipzig begann am Morgen des 19. Oktober mit erbitterten Straßenkämpfen, und endete im Chaos, als die für den französischen Rückzug lebenswichtige, einzige intakte Brücke über den Elstermühlgraben zu früh gesprengt wurde. Napoleons »Grande Armée« hatte etwa 30 000 Gefangene sowie 38 000 Tote und Verwundete zu beklagen, auf Seiten der Verbündeten waren es wohl über 50 000 Tote und Verletzte.

Bis heute erinnern in und um Leipzig auf dem mehrere Dutzend Quadratkilometer umfassenden Schlachtfeld zahlreiche Denkmäler an die Ereignisse von 1813. Grabsteine, die einige der vielen Massengräber kennzeichnen, sind ebenso darunter wie 50 so genannte Apelsteine, die die Standorte von Einheiten während verschiedener Teilgefechte anzeigen. Der Leipziger Bürger und Schriftsteller Theodor Apel gab sie großteils von 1861 bis 1864 in Auftrag. Am Punkt der erbittertsten Auseinandersetzungen mahnt seit 1913 das 91 m hohe Völkerschlachtdenkmal. Doch neben diesen kaum zu übersehenden Zeugnissen einer Erinnerungskultur finden sich, etwa bei Bauarbeiten, immer wieder auch bislang verborgene Relikte der Schlacht, die auf unmittelbarere Weise die Ereignisse von 1813 ins Gedächtnis rufen.

Großbeeren: teilvergoldetes Blech mit »Adlerdarstellung« von einem schwedischen Uniformknopf von 1813.

Die toten Pferde von Güldengossa

Bereits am 14. Oktober, zwei Tage vor dem Beginn der eigentlichen Völkerschlacht, gerieten nördlich von Güldengossa, etwa 10 km südöstlich des Leipziger Stadtzentrums, starke Verbände Napoleons unter seinem Marschall Murat, dem berühmt-berüchtigten Reiterführer und König von Neapel, mit russischen und preußischen Einheiten aneinander. Aus deren eigentlich als Aufklärungsoperation geplantem Vorgehen entwickelte sich schnell der wohl größte Kavalleriekampf der Freiheitskriege, das »Reitergefecht bei Liebertwolkwitz«, das nach mehreren Stunden und unter deutlichen Verlusten auf beiden Seiten in einem Patt mündete. Neben Infanterie und Artillerie waren vor allem insgesamt mehr als 10 000 Kavalleristen zum Einsatz gekommen.

Im Vorfeld des Baus der Bundesautobahn 38 wurden 2004 und 2005 ausgedehnte Flächen bei Güldengossa archäologisch untersucht. Dabei fanden sich auch Relikte der Völkerschlacht, etwa Geschosse für Artillerie und Handfeuerwaffen sowie Metallknöpfe. Nur in einem Fall wurden menschliche Überreste geborgen, was nach Ansicht der Ausgräberin vermutlich darauf zurückzuführen ist, dass die meisten Toten nach der Schlacht in Massengräbern an einem anderen Ort beerdigt wurden.

Besonders eindrucksvoll sind die ganz oder teilweise erhaltenen Skelette von insgesamt 28 Pferden. Denn sie zeugen nicht nur von den erbitterten Auseinandersetzungen, sondern erlauben darüber hinaus

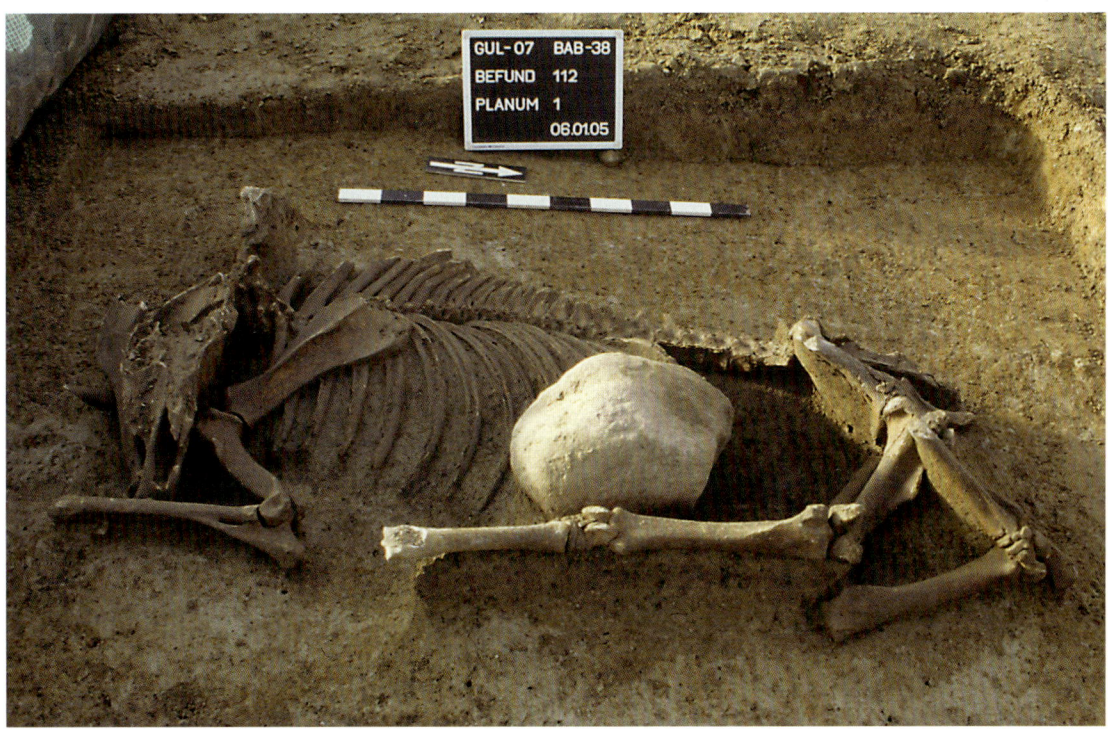

Eines der Pferdeskelette von Güldengossa während der Ausgrabung.

Der Tote vom Barkenkamp

2007 kam bei der archäologischen Voruntersuchung im Neubaugebiet »Am Barkenkamp« bei Ratzeburg (Schleswig-Holstein) eine rechteckige Grabgrube zutage. Darin lag das vollständige Skelett eines ca. 1,75 m großen Mannes, der zum Zeitpunkt seines Todes nicht älter als 30 Jahre alt war. Die Anthropologin Christiane Buhl konstatierte später, dass er trotz eher schmächtiger Statur in körperlich guter Verfassung war. Entlang seiner Wirbelsäule barg der Archäologe Eicke Siegloff die Reste von sechs Bleikugeln – sonst nichts. »Barki«, so taufte ihn die Lokalpresse, wurde also offenbar erschossen. Aber wann und warum? Und vor allem: Wer war der Mann?

In den lokalen Archiven findet sich keine Nachricht über einen vor Ratzeburgs Toren Erschossenen. Dem Ausgräber zufolge war der hier verscharrte Mann aber vermutlich weder das Opfer eines Kampfes noch einer zivilen Hinrichtung oder eines Verbrechens. Dagegen spricht allein die große Zahl an Geschossen. Sie deutet auf eine militärische Exekution hin, an der mehrere Personen mit Handfeuerwaffen beteiligt waren. Erschießungen durch ein so genanntes Peloton – mehrere Soldaten – waren seit Beginn der Neuzeit in Europa eine übliche Strafform des Militärs.

Zudem liefern Kugeln weitere entscheidende Hinweise. Zwar sind die Geschosse aus der Bestattung so stark verformt und korrodiert, dass ihre Herkunft nicht mehr sicher zu bestimmen ist. Aber im direkten Umfeld des Grabes wurden komplette Kugeln geborgen, die in Größe und Gewicht französischen Militärgeschossen der Zeit um 1800 entsprechen. Dies passt zu dem Umstand, dass Ratzeburg von 1803 bis 1813 von Frankreich

Zeitgenössische Abbildung einer militärischen Exekution durch Truppen Napoleons.

besetztes Gebiet war. Allein während des Herbstfeldzuges 1813 lagerten Zehntausende Soldaten monatelang im weiteren Umfeld des Fundortes. Somit sprechen die Indizien dafür, dass der Tote ein Angehöriger von Napoleons Truppen war, den man hinrichtete.

Die Liste an Vergehen, für die Militärs seinerzeit mit dem Leben bezahlen mussten, ist nicht allzu kurz. So stand die Todesstrafe etwa auf Desertion, Plündern und Gewaltverbrechen. Ob der Tote ein Soldat war, bleibt zwar Vermutung, könnte aber auch erklären, dass die

Das Skelett vom Barkenkamp während der Ausgrabung.

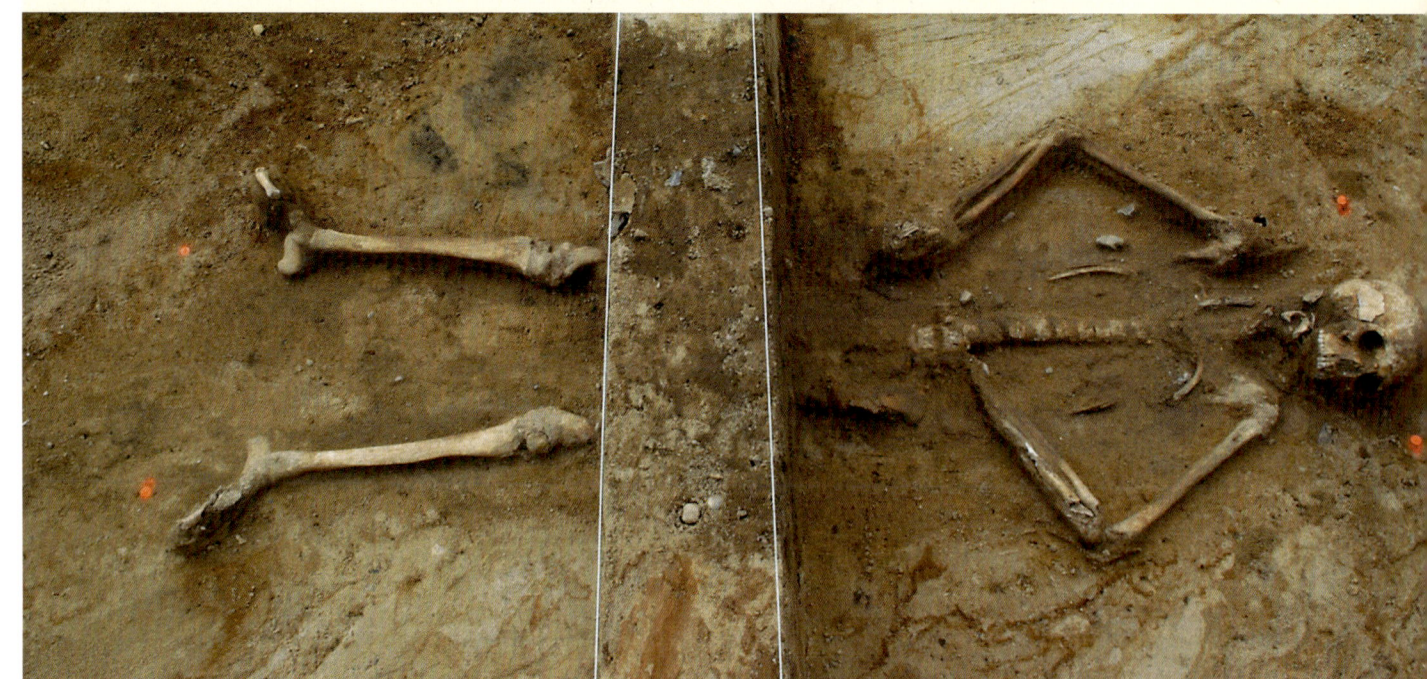

Obrigkeit in Ratzeburg sein Ende nicht in den Unterlagen verzeichnete – weil sie keine Nachricht von der Hinrichtung eines Ortsfremden erhalten hat.

Vielleicht war »Barki« also ein ergriffener Fahnenflüchtiger, Dieb oder Gewalttäter. Dann könnte es ihm ergangen sein wie einem sächsischen Husaren namens Leidenfrost, der kurz vor Beginn des napoleonischen Russlandfeldzugs im April 1812 wegen Desertion hingerichtet werden sollte:

»Die zur Exekution kommandierten Truppen an Infanterie und Kavallerie hatten […] vor dem Orte im freien Felde einen großen Kreis formiert, in den der Verurteilte, bekleidet mit einem grauleinwandnen Hemde und dergleichen Mütze, geführt wurde, […]. […] Hierauf führte man den Todeskandidaten an den Platz, wo das Urteil vollzogen werden sollte, nämlich zur Stelle, wo sein Grab bereits gegraben und der in aller Eile zusammengezimmerte Sarg daneben gestellt worden war. Er wurde nun bedeutet, auf der ausgeworfenen Erde niederzuknieen,

so daß er das Grab, das seinen Leichnam aufnehmen sollte, im Rücken hatte.«

Bekannt ist allerdings ebenso, dass das französische Militär während der Kämpfe 1813 – zu Beginn der Freiheitskriege – auch im Norden des heutigen Deutschlands mehrfach Zivilisten unter dem Verdacht der Spionage oder als Aufrührer hinrichtete.

Husar Leidenfrost jedenfalls hatte »Glück im Unglück«. Er wurde Im wahrhaft letzten Moment zu langjähriger Festungshaft begnadigt. Der namenlose Mann vom Barkenkamp dagegen teilte das Schicksal eines westfälischen Jägers (d. h. eines Soldaten der leichten Infanterie), der einige Monate später in Russland wegen Diebstahls zum Tode verurteilt wurde:

»Ein Major der Gendarmerie las das Urtheil vor, es wurden ihm die Augen verbunden, in wenigen Augenblicken knallten die Büchsen und der Jäger sank leblos zu Boden. Man scharrte den Todten sogleich auf der Stelle, wo er gefallen war, wie ein wildes Thier ein, […].«

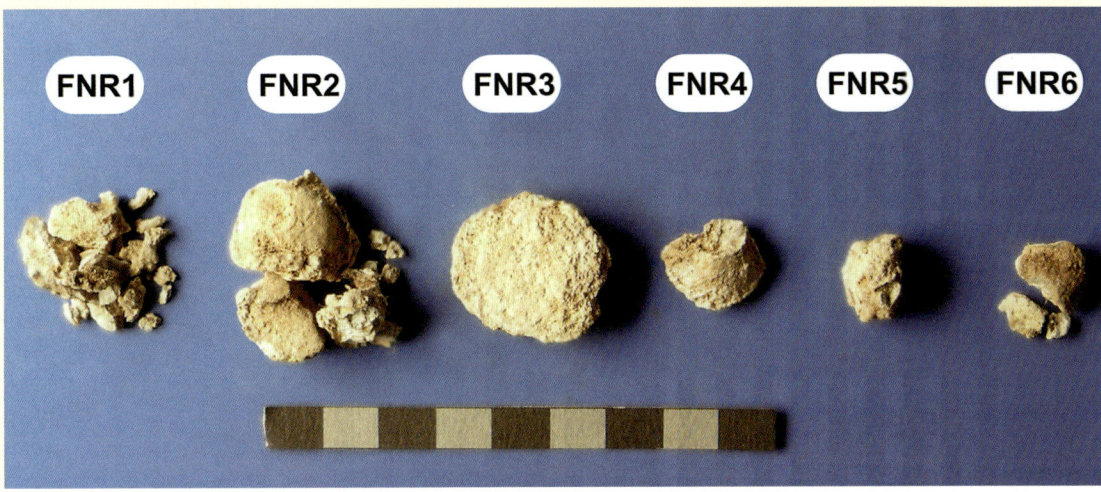

Zwischen den Knochen des Skeletts geborgene Bleikugeln bzw. Reste davon.

einen direkten Blick auf das Geschehen nach dem Ende der Kämpfe.

Mit großer Wahrscheinlichkeit starben die Tiere während des Gefechts am 14. Oktober 1813. Für einen gewaltsamen Tod sprechen laut der Archäologin Vera Hubensack einige teils zwischen den Knochen liegende Geschosse von Kanonen, darunter z. B. eine eiserne Kartätschenkugel.

Einen Eindruck vom untersuchten Gelände nach Ende des Reitergefechts vermitteln die Erinnerungen der Auguste Vater (1797–1876) aus dem etwa 7 km von Güldengossa entfernten Dorf Seifertshain, die als junges Mädchen die Ereignisse von 1813 miterlebt hatte. Sie schilderte den Zustand des Schauplatzes anderer Kämpfe der Völkerschlacht zwischen ihrem Heimatort und dem benachbarten Liebertwolkwitz, fast drei Wochen, nachdem alles vorüber war: »Pferde und Menschen lagen noch überall in größter Menge herum und hemmten oft geradezu den Weg mit

den schaudervollsten Anblicken. Der Kolmberg war wie übersät von toten Pferden und dunkelte grauenhaft herüber.«

Die von der Obrigkeit bestellten Totengräber waren mit der Menge an Kadavern schlicht überfordert. Zudem konzentrierte man sich bei der Beseitigung der Leichen auf die Stadt Leipzig, um den Ausbruch von Seuchen wenigstens in diesem Ballungsraum eindämmen zu können. So verscharrte man auch die Pferdekadaver bei Güldengossa überwiegend einzeln in flachen Gruben, nur wenig unterhalb des Ackerbodens – augenscheinlich dort, wo sie fielen, mit geringstmöglichem Aufwand. Da beinahe allen Skeletten die Hufe fehlten, vermutet die Ausgräberin, dass diese abgeschlagen wurden, um die Eisen wiederverwerten zu können. Denn auch auf dem Schlachtfeld in und um Leipzig wurde alles eingesammelt, was noch irgendwie nützlich erschien.

Die Massengräber vom Georgenhaus –
Zeugnisse der Katastrophe nach der Schlacht

Obwohl die Kämpfe um Leipzig am 19. Oktober 1813 nach vier Tagen endeten, ging das Sterben unter den Zehntausenden Verwundeten ungehindert weiter. Mehr als 500 000 Mann waren in die Völkerschlacht gezogen – einige Zehntausend dürften direkt im Kampf getötet worden oder noch auf dem Schlachtfeld ihren Verletzungen erlegen sein. Insgesamt gab es wohl 90 000 Tote und Verwundete.

Anschließend siechten unzählige Verwundete unversorgt auf dem Schlachtfeld dahin, versteckt in Scheunen, im Gestrüpp, dort, wo sie während der vier Kampftage eben ein wenig Schutz gefunden hatten.

Nach der Schlacht forderten Seuchen ihren Tribut. Auch Unverwundete traf nun das »Lazarettfieber«, eine Sammelbezeichnung für Krankheiten, die aufgrund mangelhafter Hygiene immer wieder die damaligen Hospitäler heimsuchten. In Leipzig begann dieses Elend schon lange vor der Schlacht. Denn die Stadt war Lazarettstandort und musste wie viele größere Städte Tausende von kranken und verwundeten napoleonischen Soldaten versorgen. Die strömten 1813, im ersten Jahr der Freiheitskriege, nach jedem Gefecht reichlich heran. Wenigstens 15 000 wurden vor der Völkerschlacht insgesamt versorgt – von einer Stadt mit gerade einmal 33 000 Einwohnern. Beginnend mit dem Reitergefecht bei Liebertwolkwitz

am 14. Oktober geriet die Lage in den Hospitälern dann schnell außer Kontrolle.

Wohl bis zu 38 000 Verwundete drängten sich in der ersten Woche nach der Völkerschlacht in und um Leipzig. Das städtische Lazarettkomitee reagierte mit der Einrichtung von Notunterkünften in öffentlichen Gebäuden, Gasthäusern und Kirchen. Doch es mangelte an allem – an Ärzten und Pflegern ebenso wie an medizinischem Material und Nahrungsmitteln. An Hygiene sowieso, geschätzt ein Drittel der Verwundeten starb an diesen Orten.

Eines der ca. 40 Notlazarette richtete man im so genannten Georgenhaus ein. Dieser im ersten Drittel

Blick auf die rechteckige Grube eines der Massengräber vom Georgenhaus. Zu sehen sind einige Bestattungen der unteren Lagen mit Resten von Särgen.

Ein Lagerplatz bei Ratzeburg

Gegen Ende des Herbstfeldzuges 1813, nach ihrem Rückzug aus Mecklenburg, biwakierten Marschall Davouts Truppen über zwei Monate im Osten des heutigen Schleswig-Holsteins, entlang einer Linie zwischen Travemünde im Norden und Lauenburg im Süden. Davouts Hauptmacht lagerte dabei um Ratzeburg. Aus Sicht der Schlachtfeldarchäologie sind solche längerfristig belegten Lagerplätze interessant, da hier Metallteile von Waffen und Ausrüstung sowie Munition in größeren Mengen verloren gingen. Hier geborgene Objekte, vor allem Bleikugeln für Handfeuerwaffen, ermöglichen es, auch Funde von gleichzeitigen Kampfplätzen zu identifizieren, denn dort sind die Relikte der verfeindeten Parteien meist miteinander vermischt und schwer zu trennen.

Abgebildet sind Funde von französischen Lagerplätzen des Herbstfeldzuges 1813 in Schleswig-Holstein. Links oben ein Teil einer Gürtelschließe, darunter zwei Schnallen von Patronentaschen oder Rucksäcken. Dann zwei mit Nummern von Einheiten versehene Knöpfe: oben ein mit Silberblech überzogenes Stück des 15. Leichten Infanterieregiments, unten ein Buntmetall-

knopf des 44. Linieninfanterieregiments. Mittig unten drei Flintensteine – Teile des Zündmechanismus von Steinschlossgewehren. Darüber drei Bleikugeln, zwei davon mittels »Kugelzieher« wieder entladen, eine mit einem Kreuz »markiert«. Rechts oben das Seitenblech einer Handfeuerwaffe.

Funde aus einem französischen Lager bei Ratzeburg von 1813. Zwei Uniformknöpfe mit Regimentsnummern, Schnallen wohl von Patronentasche oder Rucksack, Teil einer Gürtelschnalle, Teile und Munition von Handfeuerwaffen: drei Bleikugeln, ein Seitenblech sowie drei »Flintensteine« vom Zündmechanismus (Steinschloss).

Zwei Mann in einem Grab: Doppelbestattung von 1813 bei Kitzen

Adlerknopf der französischen Kaisergarde aus der Doppelbestattung von Kitzen.

Weitere Zeugnisse der Kämpfe von 1813 wurden 1998 nahe des Dorfes Kitzen in Sachsen beim Bau der JAGAL-Gaspipeline entdeckt. In einer Grabgrube außerhalb der lokalen Friedhöfe lagen nebeneinander die Skelette zweier Männer. Ihre Arme waren auf der Brust verschränkt, ihr Köpfe ruhten an den Füßen des jeweils anderen. Zwischen den Knochen fanden sich zwei Bleikugeln, eine Gürtelschnalle sowie zahlreiche, meist unverzierte Metallknöpfe. Auf einem jedoch war ein Adler unter einer Krone zu erkennen, der mit seinen Krallen ein wohl aus Flammen und Blitzen bestehendes Bündel greift. Den Rand ziert ein umlaufendes Schnurmuster. Anders als die übrigen Funde lässt sich dieser Knopf zweifelsfrei Napoleons Truppen zuordnen. Entsprechende Stücke

Die Doppelbestattung während der Ausgrabung.

trugen die Soldaten seiner Kaisergarde, der Garde Impériale, an ihren Uniformen.

Ein direkter Zusammenhang des Grabfundes mit der Völkerschlacht von 1813 dürfte aufgrund der großen Entfernung zu Leipzig wohl eher auszuschließen sein. Dagegen ereigneten sich im selben Jahr zwei größere militärische Aktionen im unmittelbaren Umfeld des Ortes. Am 2. Mai, während des Frühjahrsfeldzuges, unterlagen in der Schlacht beim nahegelegenen Großgörschen preußische und russische Truppen einem Heer unter persönlichem Kommando Napoleons. Am 17. Juni, kurz nach Beginn des über den Sommer 1813 gültigen Waffenstillstandes, zerschlugen französisch-württembergische Verbände hier im so genannten Überfall bei Kitzen Verbände des Lützowschen Freikorps.

Daraus ergeben sich für die Identität der beiden Skelette mehrere Möglichkeiten, wobei sich jedoch eine relativ sicher ausschließen lässt: Ein französischer Soldat wird der Tote mit dem Adlerknopf kaum gewesen sein. Denn wäre hier ein Angehöriger der Kaisergarde bestattet worden, so müssten alle Knöpfe dasselbe Motiv zeigen. Und andere Einheiten von Napoleons Heer hatten üblicherweise ebenfalls charakteristisch verzierte Kleidungsverschlüsse. Dasselbe gilt für den zweiten Verstorbenen.

Eher könnte der Knopf eine private Trophäe gewesen sein, etwa die eines russischen Soldaten, der vielleicht eine oder mehrere der verlustreichen Schlachten des Jahres 1812 überlebte, als Napoleon mit seiner Grande Armée in Russland einfiel. Vielleicht war er aber auch das Erinnerungsstück eines »Lützowers«. Oder es handelt sich schlicht um ein Ersatzstück für einen abhanden gekommenen Knopf. Sicher belegen lassen sich diese Vermutungen heute nicht mehr. Klar ist nur eines: Napoleons Adler brachte diesem Menschen kein Glück – wie ungezählten anderen auch.

des 18. Jh. errichtete Gebäudekomplex umfasste das Zucht- und Waisenhaus St. Georg, in dessen Gelände ein Arbeitshaus für Freiwillige hineinreichte. Am 28. Oktober 1813 wurde zunächst das Arbeitshaus mit Verwundeten und Kranken belegt, am nächsten Tag dann der Rest der Gebäude von den Insassen geräumt und das russische Hauptlazarett eingerichtet.

Leipzig, Georgenhaus 1993

Das Georgenhaus existiert heute längst nicht mehr. 1871 wurde es abgerissen, ein Nachfolgebau fiel dem

Zweiten Weltkrieg zum Opfer. Im Spätherbst 1993 sollte auf dem teils brachliegenden Gelände wieder gebaut werden. Bei vorbereitenden Ausgrabungen stießen die Archäologen auf Knochen: In drei Gruben waren Skelette von mindestens 96 Menschen auf engstem Raum in bis zu sieben Schichten übereinander verscharrt. Nur in den unteren Lagen fanden sich Reste von Särgen.

Umfangreichen anthropologisch-paläopathologischen Untersuchungen zufolge entspricht die Zusammensetzung der Toten nach Alter und Geschlecht nicht jener eines »natürlichen« Bestattungsplatzes: 68 Männer, drei Frauen und 18 Kinder lassen sich iden-

tifizieren. Die meisten Männer starben im Alter zwischen 21 und 40 Jahren. Des Weiteren zeigen mehrere Knochen Verletzungsspuren. Deshalb vermuten Ausgräber und Anthropologen, dass die bestatteten Menschen 1813 nach der Völkerschlacht zu Tode gekommen waren. Doch es sind nicht nur Soldaten, die hier liegen. Bei den Kindern und den »ordentlich« in Särgen bestatteten Erwachsenen der unteren Schichten handelt es sich wohl um verstorbene Insassen des Georgenhauses, die aufgrund der Kämpfe oder des folgenden Chaos' nicht mehr, wie sonst üblich, zum Ort Friedhof gebracht werden konnten. So wurde vor Ort ein Notbegräbnis eingerichtet.

Als das Georgenhaus dann ab dem 29. Oktober russisches Lazarett wurde, benutzte man die augenscheinlich noch offen liegenden Grabgruben weiter, um sich der nun in größerer Zahl anfallenden Leichen verstorbener Soldaten zu entledigen. Darauf deutet neben Alter und Geschlecht der weiter oben liegenden Toten auch hin, dass hier keine Särge mehr vorhanden sind. Es fehlten wohl Zeit und Material.

Stattdessen streute man Kalk auf die Leichen, um deren Zersetzung zu beschleunigen. Wie in einem solchen Kontext aus der Not heraus verfahren wurde, erlebte auch Auguste Vater mit eigenen Augen: »Schrecklich waren die von den Totengräbern zusammengeschleppten Haufen der Toten anzusehen

und ihre Art, sie schichtenweise in große Gruben zu verscharren.« Auf einem Krankenlager, wie im Georgenhaus, kam der Tod zwar langsamer als im Kampf, doch er kam häufig: Tausende Soldaten und Zivilisten starben in den Wochen und Monaten nach der Schlacht. Das letzte der Lazarette von 1813 wurde erst Anfang 1816 aufgelöst.

Epilog

Nach der Völkerschlacht dauerte es noch fast ein halbes Jahr, bis Napoleon abdankte und die Freiheitskriege zum ersten Mal endeten. Doch schon 1815 kehrte er aus seinem Exil auf der Mittelmeerinsel Elba wieder zurück – vom französischen Volk begeistert empfangen. Hundert Tage dauerte Napoleons zweite Herrschaft. Erst am 18. Juni unterlag er bei Waterloo im heutigen Belgien endgültig einem Koalitionsheer aus Preußen, Briten, Hannoveranern, Niederländern und Braunschweigern und wurde bis zu seinem Ende auf das Eiland St. Helena im Südatlantik verbannt.

Wie auch immer man Napoleon, diese widersprüchliche Ausnahmepersönlichkeit der Weltgeschichte, nun historisch oder menschlich bewerten mag – sein Tun und Wirken hat sich im archäologischen Gedächtnis des Bodens erhalten.

Die größte Schlacht nördlich der Elbe

Am 24. Juli 1850 begann bei dem etwa 7 km nordwestlich von Schleswig gelegenen Dorf Idstedt eine Schlacht, die zur größten nördlich der Elbe seit Menschengedenken werden sollte. 26 000 Soldaten der Schleswig-Holsteinischen Armee unter Generalleutnant Karl Wilhelm von Willisen trafen auf 36 000 Mann des dänischen Generalmajors Gerhard Christopher von Krogh. Vom Morgen bis in den Abend hinein dauerte die Schlacht, ohne dass eine Entscheidung fiel.

Schon gegen 3 Uhr am Folgetag nahmen die Dänen den Kampf wieder auf. Das Schlachtfeld war teils in dichten Nebel gehüllt, und es fiel Regen. Erst im weiteren Verlauf des Morgens klärte sich der Himmel auf. Gekämpft wurde gleichzeitig an mehreren Orten. Auf ihrem linken Flügel wurden die Schleswig-Holsteiner ebenso langsam zurückgedrängt wie im Zentrum an

der Chaussee zwischen Helligbek und Idstedt-Krug und, nach Anfangserfolgen, auf dem rechten Flügel bei Oberstolk. Auch nahmen dänische Truppen in harten Kämpfen das Dorf Idstedt ein. Doch obwohl die schleswig-holsteinische Armee trotz allem eine starke Position zwischen Idstedt-Krug und Langsee besetzt hielt, gab Willisen am frühen Nachmittag die Schlacht verloren und befahl den Rückzug. Seine Truppen hatten knapp über 2800 Verwundete, Tote und Vermisste zu beklagen, die Dänen ca. 3800.

Mehr als zwei Jahre zuvor hatte der Schleswig-Holsteinische Krieg (1848–1851) begonnen. Auslöser dieses sowohl dänisch-deutschen Konflikts als auch Bürgerkrieges war die Frage, ob und, falls ja, wie die überwiegend deutsch besiedelten Herzogtümer Schleswig, Holstein und Lauenburg Teil des dänischen Gesamtstaates bleiben sollten. Dabei trat

Schlacht bei Idstedt: Zeitgenössische Darstellung aus Sicht der schleswig-holsteinischen Armee.

die pro-deutsche Seite für eine Loslösung und den Anschluss an den Deutschen Bund ein. Bundestruppen, zu denen eine preußische sowie eine großteils aus Hannoveranern bestehende mobile Division des X. Bundeskorps zählten, griffen zunächst auch auf Seiten der Schleswig-Holsteiner in die Kämpfe ein, während Großbritannien und Russland auf diplomatischer Ebene die dänischen Interessen verteidigten. Nach verbissenen Kämpfen und diplomatischen Verhandlungen schloss 1849 zunächst Preußen einen Waffenstillstand. Ein Jahr später, am 10. Juli 1850, endete mit dem Frieden von Berlin der Krieg zwischen dem Deutschen Bund und Dänemark. Danach kämpften die ihre Unabhängigkeit fordernden Schleswig-Holsteiner allein weiter. Nur zwei Wochen später trafen die Heere bei Idstedt aufeinander.

Seit mehr als 10 Jahren untersucht Jochim Weise das historische Schlachtfeld mit einem Metallsuchgerät. Er zählt zu den etwa 100 speziell ausgebildeten Personen, denen das Archäologische Landesamt Schleswig-Holstein die Nutzung dieses Hilfsmittels zu Forschungszwecken genehmigt hat. Bisher analysierte Weise drei Bereiche des Schlachtfeldes besonders intensiv. Trotz Zerstörungen des Geländes durch Kiesabbau und Plünderungen durch illegale Sondengängerei konnte er mehr als 3000 Relikte der Kämpfe von 1850 bergen.

Folgenreiche Entwicklungen

Die Schlacht bei Idstedt fand in einer waffentechnischen Umbruchphase statt. Denn zwischen 1815 und 1914 wurden zahlreiche Erfindungen gemacht, die auch für die Schlachtfeldarchäologie Folgen hatten. Eine bedeutende Entwicklung war das 1844 vorgestellte Dorngewehr mit Spitzgeschoss des französischen Offiziers Louis Étienne de Thouvenin, das System Thouvenin. In den 1850er-Jahren folgte das System Minié bzw. in Preußen das Zündnadelgewehr. Der aus archäologischer Sicht entscheidende Punkt dieser und anderer Innovationen ist die jeweilige Munition. Zuvor wurden überwiegend Bleikugeln verfeuert, die heute oft nur schwer zuzuordnen und zu analysieren sind. Nun hatte jede Armee eigene, charakteristische Geschosse, die zudem klar in unbenutzte und verschossene Stücke aufgeteilt werden können. Weitere Analysemöglichkeiten eröffnen Metallzündhütchen für Perkussionsschlösser (seit den 1830er-Jahren) und Metallpatronen (in den 1870er-Jahren) sowie »neue« Granaten der Artillerie. Bei Letzterer vollzog sich eine den Handfeuerwaffen vergleichbare Entwicklung: Neue Geschosstypen ersetzten Vollkugel und »alte« Granate. Entsprechend ver-

bessern sich im Verlauf des 19. Jh. die Möglichkeiten, Kämpfe archäologisch rekonstruieren zu können.

Bei Idstedt, am 24. und 25. Juli 1850, nutzten zwar beide Armeen noch »alte« Gewehre mit glatten Läufen sowie treffgenauere, aber kompliziert zu ladende Büchsen, die jeweils einfache Bleikugeln verschossen. Allerdings waren diese Waffen bereits auf die moderne Perkussionszündung (mit Zündhütchen) aptiert (geändert) worden.

Daneben verfügten Teile der Schleswig-Holsteiner und Dänen bereits über Waffen des Systems Thouvenin. Hier war in die Schwanzschraube, die den Lauf an seinem hinteren Ende verschloss, ein in dessen Inneres hineinragender Dorn eingeschraubt. Um ihn sammelte sich das beim Laden zuerst in den Lauf gefüllte Pulver. Nun folgte das bleierne Spitzgeschoss. Da dies den »gezogenen« Lauf nicht ausfüllte, konnte es meist problemlos mittels Ladestock zur Dornspitze heruntergeschoben und anhand mehrerer Stöße auf diese gerammt werden. Hierbei drückte sich die Spitze in das weiche Blei, wodurch das Geschoss gestaucht und in die Züge gepresst wurde. Durch deren Führung erhielt es nun beim Abfeuern der Waffe einen Drall, der die Treffgenauigkeit deutlich verbesserte. Das System Thouvenin revolutionierte die Waffentechnik, denn es kombinierte die Vorteile von gezogenen Läufen und Spitzgeschossen mit einfacher Bedienung.

Weise barg bei Idstedt die für eine archäologische Rekonstruktion der Kampfhandlungen sehr gut geeigneten Spitzgeschosse in großer Zahl. Da sich schleswig-holsteinische und dänische Stücke deutlich unterscheiden und verschossene zweifelsfrei von unbenutzten Stücken zu trennen sind, machen Kartierungen ihrer Fundorte verschiedene Aspekte nachvollziehbar. So zeigen z. B. unbenutzte Geschosse Positionen von Einheiten während der Kämpfe, denn Munition ging

Idstedt, Karte mit Fundorten verschossener und unbenutzter Geschosse beider Seiten und schleswig-holsteinischer Zündhütchen; A: heutige Landstraße; B alte Chaussee.

○ S.-H. Kugel unverschossen
△ S.-H. Spitzgeschoss unverschossen
◠ S.-H. Spitzgeschoss verschossen
☐ S.-H. Zündhütchen
● Dän. Kugel verschossen
▲ Dän. Spitzgeschoss verschossen

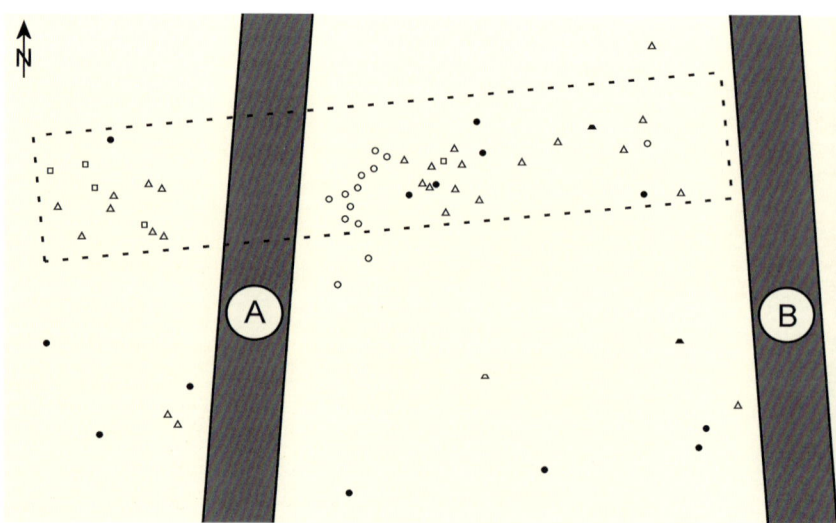

Drei Kämpfe um Missunde:
1848, 1850 und 1864

Die meisten Schlachtfelder sahen nur ein einziges Mal kriegerische Ereignisse. Wenige Orte wurden jedoch, meist aufgrund ihrer strategisch günstigen Lage, immer wieder Schauplatz von Kämpfen. Wie das alte Fährdorf Missunde in Schleswig-Holstein.

Seine für Handel und Kommunikation bedeutende Position an der engsten Stelle der Schlei, eines Meeresarms der Ostsee, zog stets die Aufmerksamkeit von Kriegern und Militärs auf sich. Im Mittelalter war Missunde mehrfach Austragungsort bewaffneter Auseinandersetzungen. Im Dreißigjährigen Krieg sowie im Großen Nordischen Krieg überquerten hier Truppen die Schlei.

Nach einer längeren Friedenszeit rückte der mit Schanzen befestigte Ort dann im Schleswig-Holsteinischen Krieg (1848–1851) wieder in das Blickfeld der Strategen. Erste Kämpfe ereigneten sich am 23. April 1848, als schleswig-holsteinische Truppen dänisches Militär zum Rückzug zwangen. Ein weiteres Gefecht fand am 12. September 1850 statt, als wiederum Verbände der Schleswig-Holsteiner hier stehende Dänen angriffen – diesmal erfolglos.

Das dritte Gefecht bei Missunde ereignete sich im Deutsch-Dänischen Krieg von 1864. Zuvor hatte sich der seit 1848 akute Konflikt um die Einbindung der Herzogtümer Schleswig, Holstein und Lauenburg in den dänischen Gesamtstaat erneut zugespitzt. Am 1. Februar 1864 überschritten Bundestruppen Preußens und Österreichs die Eider. Bereits einen Tag später attackierten preußische Verbände dänische Stellungen bei Missunde. Allerdings gelang es ihnen nicht, die tief gestaffelten und hartnäckig verteidigten Schanzen zu erobern.

Kleine Teilbereiche des Kampfplatzes bei Missunde wurden seit 2002 von Jochim Weise und weiteren zertifizierten Personen mit Metallsuchgeräten auf Relikte der Kämpfe von 1848, 1850 und 1864 hin untersucht. Bei den bisherigen Arbeiten sollte die Fundüberlieferung in verschiedenen Arealen des Kampfplatzes geklärt werden. So fanden sich etwa 70 Überbleibsel des Gefechts vom 2. Februar 1864, in erster Linie dänische und preußische Geschosse.

Allerdings erbrachten bereits diese ersten, stark eingeschränkten Prospektionen interessante Details zu den Kämpfen 1864: Anhand der Fundorte von Geschossen konnte der aus Berichten bekannte Umstand nachvollzogen werden, dass die Preußen versucht hatten, die dänischen Befestigungswerke östlich zu umgehen und sie von Norden her im Rücken aufzurollen – was misslang.

Weitere umfangreichere Untersuchungen auf Grundlage der bisher gewonnenen Informationen sind für die zweite Jahreshälfte 2011 geplant. Dabei gilt es, bestimmte historisch überlieferte Phasen der drei Gefechte um Missunde anhand von Funden zu erfassen und zu rekonstruieren.

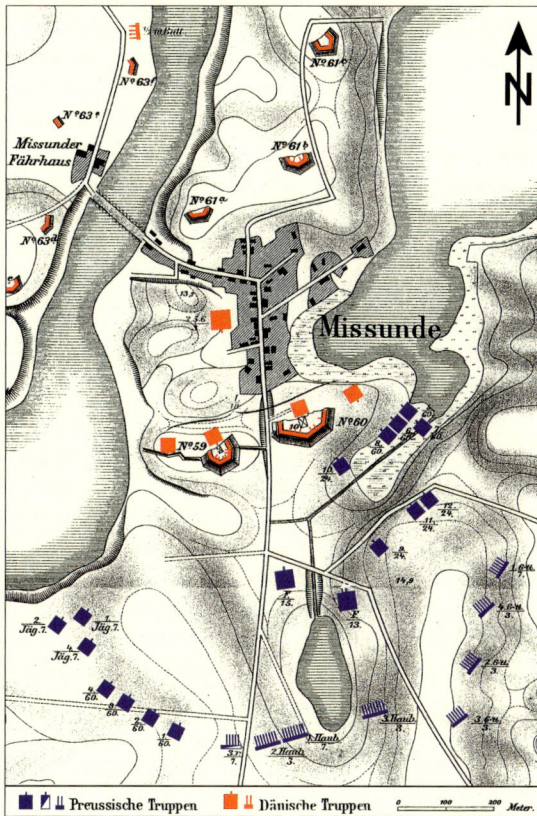

Ausschnitt aus dem Plan zum Gefecht bei Missunde am 2. Februar 1864. Dargestellt ist die Lage gegen 4.30 Uhr.

nicht »einfach so« verloren. Zu Boden fiel sie wohl in erster Linie beim Nachladen in der Hektik des Kampfes, wenn Soldaten verwundet wurden oder beim Ausplündern Gefallener. Dagegen weisen Zündhütchen generell auf Standorte von Truppen hin.

Auf dieser theoretischen Grundlage konnte Weise bisher mehrfach ehemalige Positionen von Einheiten wiederentdecken und Episoden der Schlacht über archäologische Funde rekonstruieren.

Besonders deutliche Hinweise fand er auf drei heute landwirtschaftlich genutzten Feldern mit insgesamt ca. 200 m × 130 m Ausdehnung. Diese Flächen liegen etwa 1 km westlich von Idstedt, links und rechts der zwischen Idstedt-Holzkrug und Helligbek verlaufenden Flensburger Straße.

Aus Schlachtberichten ist bekannt, dass im weiteren Bereich dieser Flächen am 24. und 25. April die Avantgarde (Vorhut) der schleswig-holsteinischen

Armee stand. Allerdings ist unklar, in welcher Intensität auf den besagten Feldern gekämpft wurde bzw. ob hier überhaupt länger anhaltende Gefechte stattfanden.

Um diese Frage zu klären, wurden die Felder von 2004 bis 2006 mit Metallsuchgeräten auf Kampfrelikte hin untersucht. Insgesamt kamen mehr als 200 Objekte zutage, die definitiv von der Schlacht stammen, darunter verschiedene Geschosse für Handfeuerwaffen, Zündhütchen, Granatfragmente und unscheinbare Metallröhrchen. Letztere sind Geschützzünder und stellen Indikatoren für ehemalige Artilleriestandorte dar.

Eine Kartierung nur der Geschosse für Handfeuerwaffen und der Zündhütchen ergab Überraschendes: Die schleswig-holsteinischen Kugeln und Spitzgeschosse waren fast sämtlich unbenutzt und konzentrierten sich mit den schleswig-holsteinischen Zündhütchen in einem von der heutigen Straße geschnittenen Streifen. Dagegen waren die dänischen Kugeln und Spitzgeschosse sämtlich verfeuert und zeigten keine solch klare Anhäufung. Auffällig war bei diesen jedoch, dass sie großteils südlich der genannten Konzentration auftraten.

Weiterhin war festzustellen, dass sich besagte Konzentration der Funde schleswig-holsteinischer Herkunft im rechten Winkel an die alte, heute verschwundene Chaussee anlehnte, entlang derer 1850 gekämpft wurde. Anhand dieser Indizien vermutet Weise, dass auf den drei Feldern am 25. Juli 1850 eine Einheit der schleswig-holsteinischen Armee stand. Ihre Aufstellung orientierte sich dabei an der Chaussee, denn auf dieser griffen die Dänen von Norden her an.

Während des folgenden Kampfes trafen einige dänische Kugeln ihre Ziele, dabei fielen etwa unbenutzte schleswig-holsteinische Spitzgeschosse und Zündhütchen zu Boden. Manch dänisches Geschoss ging jedoch auch zu hoch und schlug südlich, im Rücken der Schleswig-Holsteiner, ein.

So konnte Weise eine in dieser Klarheit historisch nicht überlieferte Episode rekonstruieren. Allerdings ist das Gelände östlich der untersuchten Flächen durch Kiesabbau zerstört, sodass die Ausdehnung der Fundkonzentration nach Osten nicht mehr festgestellt werden kann.

Aus militärischer Sicht war die Schlacht bei Idstedt das bedeutendste Ereignis des Schleswig-Holsteinischen Krieges – obwohl sie weder eindeutige Sieger noch Verlierer sah. Im Januar 1851 wurden die Feindseligkeiten auf Druck des Deutschen Bundes beendet. Sein offizielles Ende fand der Krieg mit dem Londoner Protokoll vom 8. Mai 1852.

Zwischen Waterloo und Sarajevo

Nach 1815 hatte in den deutschen Monarchien mehr als 30 Jahre lang Friede geherrscht. Beendet wurde er erst 1848 durch jene Revolutionen, die bürgerliche Freiheiten einforderten und sich gegen die seit dem Wiener Kongress tonangebenden restaurativen Kräfte richteten. Teils entwickelten sich bürgerkriegsähnliche Auseinandersetzungen wie in Baden, Sachsen und der Pfalz, teils regelrechte Kriege – wie in Schleswig-Holstein 1848 bis 1851. Nach der gewaltsamen Beendigung der revolutionären Phase durch die Obrigkeiten folgte für das Gebiet des heutigen Deutschlands ein ruhigerer Abschnitt, der erst 1864 mit dem Deutsch-Dänischen Krieg endete. Dieser war der erste von drei Konflikten – dazu zählen noch der Deutsche Krieg (1866) sowie der Deutsch-Französische Krieg (1870–1871) –, die später den Namen »Einigungskriege« erhielten, da an ihrem Ende 1871 die Formierung des preußisch dominierten Deutschen Kaiserreichs stand. In der Folge konzentrierten sich dessen kriegerische Aktivitäten bis 1914 auf außereuropäische Gegenden – primär die »Kolonien«. Gewaltsam und ohne Rücksicht auf Zivilisten niedergeschlagen wurden u. a. der »Maji-Maji-Aufstand« (1905–1907) in Deutsch-Ostafrika sowie der Aufstand der Herero und Nama in Deutsch-Südwestafrika (1904–1908), dessen Bekämpfung in einen Völkermord mündete. Schlachtfelder der Kriege zwischen 1815 und 1914 waren in Europa wie in Deutschland bisher nur selten Gegenstand archäologischer Untersuchungen. Im Wesentlichen sind aus Schleswig-Holstein die bereits vorgestellten Arbeiten bei Idstedt (1850) und Missunde (1848, 1850, 1864) zu nennen.

Als ebenso spärlich erweist sich die Situation im europäischen Umland. In der Tschechischen Republik wurden Massengräber sowie Einzelbestattungen preußischer und österreichischer Soldaten aus dem Deutschen Krieg (1866) sowie Feldbefestigungen aus der Schlacht bei Königgrätz (1866) erforscht. Ferner wurde das Schlachtfeld bei Balaklawa (Ukraine, 1854) aus dem Krimkrieg (1853–1856) untersucht. Damit erschöpfen sich aber auch hier im Wesentlichen die zugänglich publizierten europäischen Beispiele.

In den USA wurden und werden Schlachtfelder und andere militärische Orte des 19. Jh. dagegen intensiv erforscht. Auf einem Kampfplatz dieser Zeit begann die »moderne Schlachtfeldarchäologie« – am Little Bighorn River (Kapitel 1). Besonderes Interesse kommt dabei dem Amerikanischen Bürgerkrieg (1861–1865) zu. Daneben werden aber auch Schauplätze der Indianerkriege sowie anderer Konflikte untersucht.

Dänisches Spitzgeschoss aus dem Krieg von 1848 bis 1851, Durchmesser ca. 1,6 cm.

Die Kriege des 20. Jahrhunderts

Die bereits im 19. Jh. zahlreich und detailliert vorhandenen historischen Quellen sind ab dem 20. Jh. oft im Übermaß verfügbar: offizielle Darstellungen, Zeitzeugenberichte, Fotografien und Filme. Dabei kann die Archäologie jedoch selbst für dicht dokumentierte Ereignisse von Nutzen sein, denn häufig zeigt sich dabei, dass weniger Fakten bekannt waren als gedacht oder dass sich Quellen widersprechen. Zudem bricht die historische Überlieferung immer wieder teilweise oder auch ganz weg, wie etwa für Kämpfe in Deutschland 1945.

Veränderungen in Kriegsführung und Waffentechnik wirken sich auch auf die Archäologie aus. Metallteile von Munition und Ausrüstung lassen sich immer besser bestimmten Streitkräften zuordnen. Hinzu kommen halb- und vollautomatische Schuss-

waffen in großem Umfang, Artillerie in bisher ungesehenem Ausmaß sowie Heere, deren Größe alles bisher Dagewesene überstieg. Dadurch vervielfachte sich der Materialanfall, vor allem dort, wo längere Zeit gekämpft wurde, und entsprechend einfacher lassen sich kriegerische Auseinandersetzungen nachweisen.

Doch gerade der Umstand, dass nun riesige Gebiete zu »Schlachtfeldern« wurden, dass manche Dörfer, Wälder und Äcker wieder und wieder die Besitzer wechselten, macht eine »herkömmliche« Schlachtfeldarchäologie praktisch unmöglich. Hier sind teilweise andere Herangehensweisen notwendig als bei Kampfplätzen früherer Zeiten. Eine archäologische Rekonstruktion etwa der Grabenkämpfe des Ersten Weltkriegs mag in der von unzähligen Granateinschlägen zerpflügten Landschaft am ehesten noch

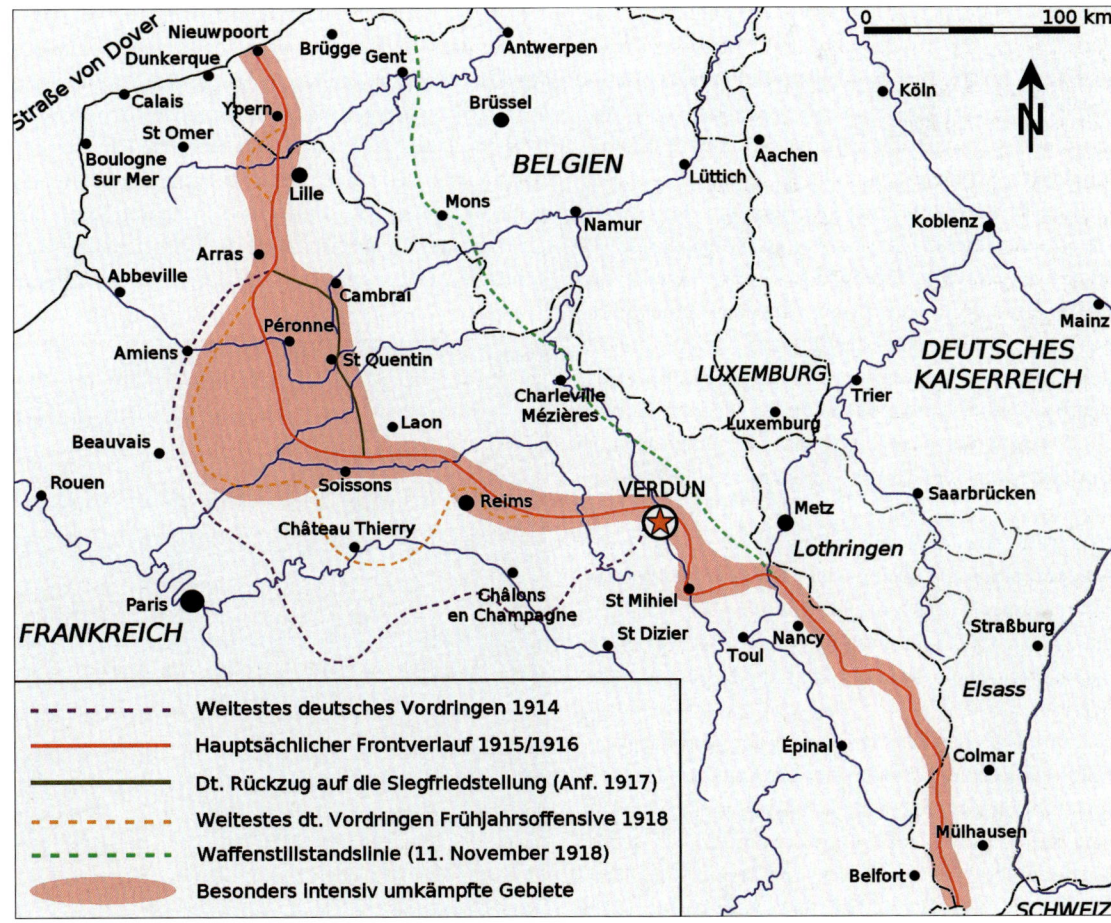

Erster Weltkrieg: die Westfront 1914 bis 1918.

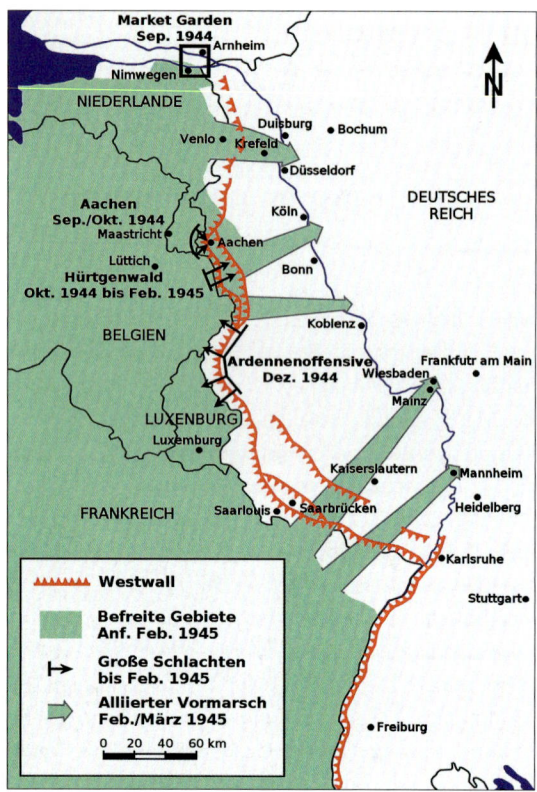

gefallenen Australiern und Briten. Bis 2010 konnten DNA-Tests die Identität von 75 Toten klären.

Eine weitere Besonderheit bei Untersuchungen von Schlachtfeldern dieser Zeit ist die permanente Gefährdung durch Kampfmittel, wie z. B. aktive, mit Kampfgas, Phosphor oder giftigem Sprengstoff gefüllte Munition bzw. mit Metallsuchgeräten nicht zu findende Glas- und Holzminen. Diese machen Forschungen bisweilen lebensgefährlich, sodass sich die Schlachtfeldarchäologie bei Kriegen der Moderne einigen neuen Herausforderungen stellen muss.

Schlachtfelder des Ersten Weltkriegs

Da die Schlachtfelder von 1914 bis 1918 nicht auf dem Gebiet des heutigen Deutschlands liegen, beschränken sich archäologische Untersuchungen hier zwangsläufig auf andere »Militäranlagen« der Zeit, z. B. bei Emmerich (Nordrhein-Westfalen). Dort wurden 1915/16 im Eltener Wald Betonbunker mit vorgelagerten, charakteristisch rechteckig verlaufenden Deckungsgräben errichtet, die direkt an der Grenze zu den neutralen Niederlanden lagen. Eine Dokumentation dieser aufgrund der Bestimmungen des Versailler Vertrags 1920/21 zerstörten Anlagen erfolgte 2009/10 unter Leitung von Wolfgang Wegener.

»Schlachtfeldarchäologie« des Ersten Weltkriegs wird heute hauptsächlich in Frankreich und Belgien betrieben, wo die Westfront verlief. Neben lokalen Wissenschaftlern sind u. a. auch britische Forscher sowie deutsche Gruppen aktiv. In erster Linie werden feste Stellungen, Systeme von Schützengräben und Bunkern dokumentiert sowie menschliche Überreste geborgen. Dabei zeigte sich bislang mehrfach, dass

über eine Analyse der Feldbefestigungssysteme gelingen. Daneben stellt die Größe der Schlachtfelder von 1914 bis 1918 bzw. 1939 bis 1945 die Bodendenkmalpflege vor Probleme. Plötzlich sind nun auch zahlreiche Bauten verschiedener Art vorhanden, darunter sowohl »feste«, vor allem Bunker, als auch Feldstellungen wie Schützengräben und Ähnliches.

Stets präsent auf Kriegsschauplätzen dieser Zeit sind menschliche Überreste – als Folge der stark angestiegenen Opferzahlen, die aus dem Einsatz von Millionenheeren und immer länger andauernden Auseinandersetzungen resultierten. Insbesondere dort, wo lange gekämpft wurde, birgt die Erde bis heute Gebeine – und gibt sie immer wieder frei. Wie bei Verdun, wo das »Beinhaus von Douaumont« Knochen von über 130 000 unbekannten Franzosen und Deutschen bewahrt. In Deutschland werden Kriegstote vor allem durch Mitarbeiter des auch im Ausland aktiven Volksbundes Deutsche Kriegsgräberfürsorge e. V. gesucht und geborgen. Oft ist noch eine Identifizierung möglich, sodass Angehörige Gewissheit über das Schicksal ihrer Verwandten bekommen.

Ein mögliches Betätigungsfeld der Weltkriegsarchäologie liegt in der professionellen Suche nach und Ausgrabung von Gefallenen. Beispielsweise wurden von 2007 bis 2009 bei Fromelles (Frankreich) sechs Massengräber »wiederentdeckt« und ergraben. Darin lagen die Überreste von 250 am 19. und 20. Juli 1916

Erster Weltkrieg, Westfront:
von zahllosen Granatein-
schlägen verwüstete Krater-
landschaft.

Kriegsgefangenenlager
des Ersten und Zweiten Weltkriegs

Etwa 8 Millionen Kriegsgefangene mussten im Ersten Weltkrieg unter oft menschenunwürdigen Bedingungen in Lagern leben und arbeiten, für den Zweiten Weltkrieg gehen Schätzungen von Zigmillionen aus.

Zwischen 1914 und 1918 existierten in Deutschland etwa 175 solcher Stätten, auf die ca. 2,5 Millionen Gefangene verteilt waren. Bisher sind mehrfach entsprechende Orte untersucht worden, z.B. bei Quedlinburg (Sachsen-Anhalt), wo 2004 ein Lager teilweise ausgegraben wurde, in dem über 17000 Russen, Franzosen und Briten untergebracht waren. Neben archäologischen Befunden wie Reste von Gebäuden, Gräben und Zäunen kamen auch zahlreiche Gegenstände zutage, die den Alltag der Gefangenen widerspiegeln. In Gladbeck (Nordrhein-Westfalen) fanden sich bei einer Gebäuderenovierung 2002 etwa 34000 »Lagermünzen« – einst internes Zahlungsmittel für die 1915 bis 1918 im Bergbau eingesetzten Kriegsgefangenen.

Untersuchungen deutscher Lager des Zweiten Weltkriegs für alliierte Gefangene erfolgten bislang hauptsächlich im Rheinland sowie in Brandenburg. Dabei konnten ebenfalls Gebäudestrukturen entdeckt werden, aber auch persönliche Gegenstände, die teils über Ritzungen von Namen mit Individuen in Verbindung zu bringen sind, so etwa im Zwangsarbeiterlager »Iktebach«, Jülich-Süd, in dem außer nichtdeutschen Zivilisten auch z.B. sowjetische und italienische Soldaten ausgebeutet wurden.

Aus der Endphase des Zweiten Weltkriegs und der Zeit unmittelbar danach stammen wiederum alliierte Lager für deutsche Militärs. Archäologisch erforscht wurde ein solches bei Mönchengladbach-Wickrathberg. Dieser von der US-Armee eingerichtete Komplex war 1945 mit bis zu 150000 Personen belegt. Unter den Funden interessieren vor allem über ein Dutzend Erkennungsmarken, die darüber Aufschluss geben, welchen Einheiten die hier Internierten angehörten. In einigen Fällen konnten die Schicksale ihrer Träger nachvollzogen werden.

Unter den entsprechenden archäologischen Untersuchungen im Ausland sind hauptsächlich österreichische Arbeiten zum Schicksal der auf deutscher Seite kämpfenden Kosaken in Osttirol sowie slowenische Ausgrabungen von Massengräbern der »Bleiburger Massaker« zu erwähnen.

Quedlinburg: Tintenfässer und Schreibgeräte.

Quedlinburg: Bierflaschen lokaler Brauereien sowie Verschlüsse.

Zwangsarbeiterlager Jülich-Süd: aus Aluminiumlöffel gearbeitete inoffizielle »Erkennungsmarke« eines sowjetischen Kriegsgefangenen mit kyrillischen Schriftzeichen und Daten.

das Wissen zu den scheinbar gut dokumentierten Kämpfen oft erhebliche Lücken aufweist. Darüber hinaus ermöglichen Studien zur materiellen Kultur der Front neue Einblicke in den Alltag und die Mentalität jener Menschen, die hier lebten, kämpften und starben.

Seit 1985 beschäftigen sich die Mitglieder des Deutschen Erinnerungskomitees Argonnerwald e. V. mit einer besonders geschichtsträchtigen Region. Sie erforschen und erhalten Spuren jener Kämpfe, die 1914 bis 1918 in den Wäldern der Argonnen und bei Verdun stattfanden. Vom 21. Februar bis 20. Dezember 1916 ohne klaren Sieger auf Kosten von über 700 000 Toten, Vermissten und Verwundeten ausgetragen, war und ist die Schlacht von Verdun Symbol für den Wahnsinn des Krieges. Relikte jener Tage wie der übrigen Kriegszeit haben sich bis heute in großer Zahl erhalten: ausgedehnte unterirdische Tunnel- und Bunkersysteme, Schützengräben, Unterstände, Lagerplätze, Friedhöfe und Denkmale. Diese oft vergessenen oder nur noch wenig bekannten Sachzeugen werden in enger Zusammenarbeit mit den zuständigen Behörden und Institutionen lokalisiert, dokumentiert, untersucht – auch durch Grabungen – sowie teilweise restauriert und einer interessierten Öffentlichkeit zugänglich gemacht. Hauptziel der Arbeit ist es, die Schrecken des Krieges zu dokumentieren und damit zur Völkerverständigung beizutragen.

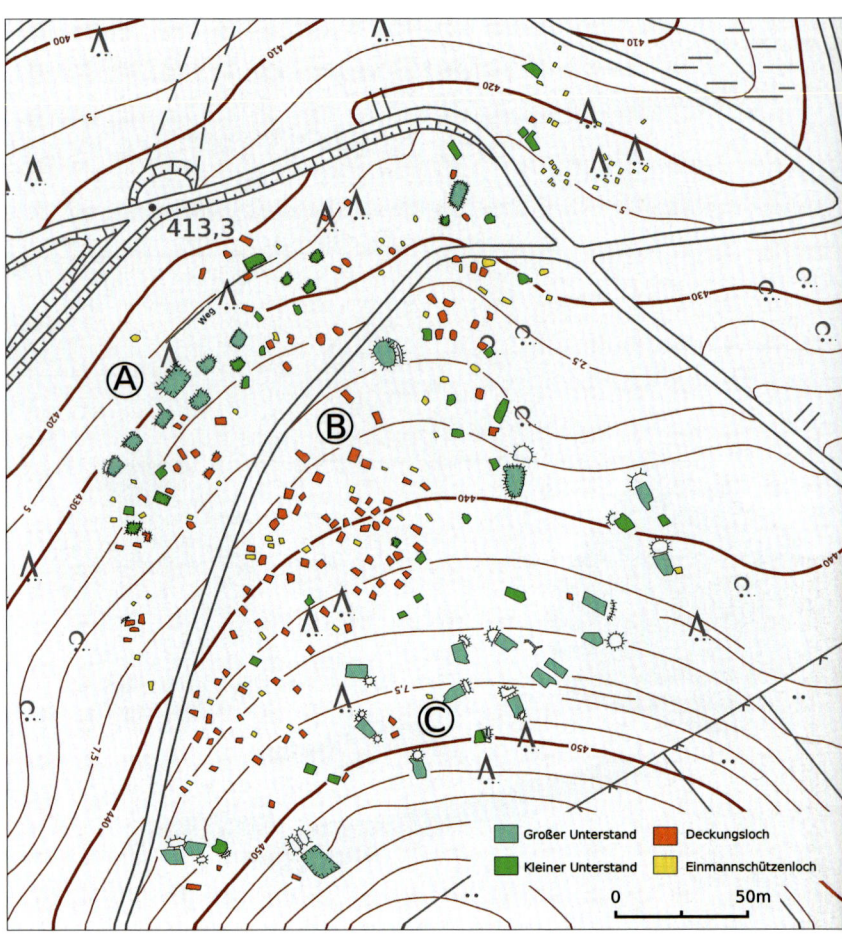

Hürtgenwald-Germeter: Aufmessung US-amerikanischer Feldstellungen von 1944.

Archäologie
des nationalsozialistischen Terrors

Eine archäologische Auseinandersetzung mit den umfangreichen Überresten von Konzentrations- und Arbeitslagern erfolgt verstärkt seit Ende der 1980er-Jahre. So wurden inzwischen die Konzentrationslager Hamburg-Neuengamme, Bergen-Belsen, Dachau und Buchenwald zum Teil umfassend archäologisch untersucht und die Reste von Bauten, etwa Fundamente von Häftlingsbaracken und Wachttürmen der SS, Spuren von Lagerzäunen oder Erschießungsstätten ebenso wie menschliche Überreste und Abfallgruben, in denen der persönliche Besitz Ermordeter verscharrt wurde, dokumentiert.

Zu den archäologischen Spuren des nationalsozialistischen Terrors gehören aber auch viele unscheinbare Funde wie die spärlichen Zeugnisse der »Euthanasie«-Morde an über 100 000 behinderten und psychisch kranken Menschen.

Auch ein vergleichsweise kleiner Befund in Stade (Niedersachsen) zählt dazu. Als 1945 das Kriegsende immer näher rückte, vernichteten offizielle Stellen vielerorts in Deutschland hastig belastende Unterlagen. So auch hier, wo im April, kurz vor Einmarsch der Briten, in einer Grube im Hinterhof der NSDAP-Kreisleitung Akten verbrannt und anschließend vergraben wurden. Neben Propagandamaterial fanden sich bei der Ausgrabung 1989 Reste der lokalen NSDAP-Mitgliederkartei und, besonders bedeutsam, Schriftstücke zur Aufstellung des lokalen Volkssturms sowie Reste eines »Feldurteils«.

Weitere Hinterlassenschaften sind auch jene elf, einst als »entartete Kunst« diffamierten Skulpturen der Klassischen Moderne, die 2010 bei Ausgrabungen vor dem Berliner Roten Rathaus aus dem Bombenschutt eines 1944 zerstörten Gebäudes wieder ans Licht kamen.

Die genannten, archäologisch dokumentierten Funde und Befunde tragen entscheidend dazu bei, all diese Aspekte des »Dritten Reiches« zu visualisieren und materiell zu belegen. Ein bedeutender Schritt war die 2005 in Berlin gezeigte Ausstellung »Archäologie des Grauens«. An zahlreichen Orten in Deutschland informieren Gedenkstätten und Museen heute auch mittels archäologischer Ergebnisse über das Geschehene.

Ein Beispiel für den Versuch, historische Ereignisse über Streuungen von Schlachtrelikten zu lokalisieren und zu rekonstruieren, ist die Suche nach dem vergessenen Schauplatz jener Kämpfe, die dem US-amerikanischen Soldaten Alvin C. York 1918 die »Medal of Honor« einbrachten. Allerdings zeigen sich hier auch mögliche methodische Probleme und Grenzen des Ansatzes, denn zwei Gruppen nehmen jeweils für sich in Anspruch, den »wahren« Ort gefunden zu haben.

Weitere Untersuchungen zum Ersten Weltkrieg und anderen Konflikten der Zeit beschäftigen sich mit Kämpfen in den Alpen, der nordafrikanischen Wüste oder des Finnischen Bürgerkrieges (1918).

Schlachtfelder des Zweiten Weltkriegs

Im Gegensatz zum Ersten fand der Zweite Weltkrieg in seiner Endphase am Boden auch auf heute deutschem Gebiet statt. Somit ist hier eine archäologische Auseinandersetzung mit Schlachtfeldern der Zeit möglich. Gezielte Untersuchungen wurden bislang jedoch nur in wenigen Fällen durchgeführt. Häufiger kommen entsprechende Funde bei Grabungen mit anderen Zielsetzungen zutage.

In Brandenburg sind es vor allem Relikte der sowjetischen Großoffensive vom 16. April bis 2. Mai 1945, die heute als »Schlacht um Berlin« bekannt ist, etwa auf den Seelower Höhen, die vom 16. bis 19. April Schauplatz schwerer Kämpfe waren. Hier wurden der sowjetische Befehlsstand »Shukow-Bunker« sowie

Laufgräben und Unterstände dokumentiert. Auch bei Ausgrabungen im Niederlausitzer Braunkohlenrevier wurden zahlreiche Spuren entdeckt, z. B. in Klein Görigk, wo zwischen 2004 und 2006 neben Waffen, Munition und Ausrüstung auch 26 deutsche und drei sowjetische Tote geborgen wurden. Sie starben am 21. und 22. April 1945 bei einem Ausbruch deutscher Truppen aus dem »Kessel von Spremberg«. Diese Funde ermöglichten es teilweise, die historische Überlieferung zu den Kämpfen zu korrigieren und zu ergänzen.

Untersuchungen in Nordrhein-Westfalen beschäftigen sich in erster Linie mit Zeugnissen der Kämpfe zwischen westalliierten und deutschen Truppen im Herbst und Winter 1944/45. Dabei wurden etwa im Jahr 2007 zahlreiche, während der schweren Kämpfe im Hürtgenwald (6. Oktober 1944 bis 10. Februar 1945) angelegte US-Unterstände und Schützenlöcher dokumentiert. Bei Derkum fand sich der Rest einer deutschen 2 cm-Flugabwehrkanone, die wohl Anfang März 1945 im Kampf am Boden eingesetzt und dabei zerstört wurde. Dass oft auch kleine Funde Einblicke erlauben, zeigt ein bei Elsdorf entdecktes silbernes Luntenfeuerzeug. Aus guten Gründen wird vermutet, dass es verloren ging, als Ende Februar/Anfang März 1945 amerikanische Truppen vor Ort waren.

Luftschlachten und Bunkerstellungen

Über Deutschland fand »Luftkrieg« vor allem von 1942 bis 1945 statt. Diese neue Art der Kriegsführung

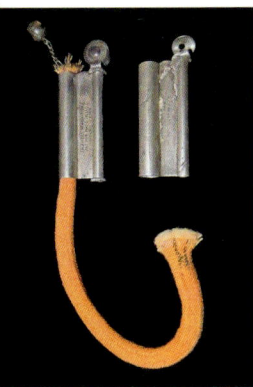

Elsdorf: silbernes Luntenfeuerzeug (rechts), vermutlich im März 1945 von einem US-amerikanischen Soldaten verloren. Links: komplettes Vergleichsstück.

Deutsche Erkennungsmarken aus dem US-amerikanischen Lager für deutsche Kriegsgefangene von 1945 bei Mönchengladbach-Wickrathberg.

am bzw. vom Himmel war 1914 aufgekommen. Dabei wurden zunächst auch Zeppeline, später fast ausschließlich Flugzeuge eingesetzt: für Aufklärung, Angriffe auf Militärs und Zivilisten oder zur Abwehr. Spuren des Luftkrieges am und im Boden sind vielfältig: Wracks abgestürzter Flieger, davon verursachte Zerstörungen, Gebäude und Infrastruktur wie Flugplätze, Bunker und Flugabwehreinrichtungen, aber auch in der Luft oder vom Boden aus abgeworfene und/oder abgefeuerte Munition.

Während sich die Denkmalpflege schon länger der baulichen Überreste annimmt, findet eine Auseinandersetzung z. B. mit Absturzstellen erst seit Kurzem statt. Deren Suche und Erforschung wurde lange Zeit nur privat betrieben. Da aber neben seriösen Gruppen auch hier Raubgräber aktiv sind, finden zunehmend offizielle Untersuchungen statt. Dabei zeigt sich, dass neben der Bergung von Gefallenen auch weitere Erkenntnisse möglich sind, etwa zum Verlauf eines Absturzes.

Zu den sichtbarsten Zeugnissen des Zweiten Weltkrieges zählen Bunker, die sich bis heute sowohl in Wohngebieten als auch auf Schlachtfeldern finden. Zwischen den Kriegen wurden in mehreren Staaten Europas große Verteidigungswerke errichtet. Die Nationalsozialisten ließen solche vor allem von 1938 bis 1940 im Westen anlegen: Eine mehr als 600 km lange, von der schweizerischen bis zur niederländischen Grenze reichende Kette aus über 18 000 Einzelstellungen, Bunkern und Sperranlagen, die bis heute als »Westwall« bekannt ist. Im Osten schloss sich die Luftverteidigungszone West mit 60 Batterien von Flugabwehrkanonen an. Nach einer Wiederbesetzung der zwischenzeitlich aufgegebenen Stellungen fanden im Bereich des Westwalls 1944 und 1945 zahlreiche Kämpfe zwischen Westalliierten und deutschen Truppen statt. Nach Kriegsende wurden große Teile der Befestigungen entfernt. Seit Anfang 2000 werden die verbliebenen Abschnitte jedoch zunehmend als Kulturdenkmale wahrgenommen und entsprechend geschützt bzw. dokumentiert und archäologisch untersucht. Besonders in Nordrhein-Westfalen sind durch Wolfgang Wegener in den vergangenen ca. 20 Jahren umfangreiche Arbeiten erfolgt.

Unter den zahlreichen Forschungen außerhalb Deutschlands sind vor allem Dokumentationen von Feldstellungen der Ardennenoffensive (Belgien und Luxemburg, Dezember 1944 bis Januar 1945) sowie Analysen von Relikten und Bauten der Kämpfe um die Pazifikinsel Saipan (Marianen, Juni 1944) zwischen Japanern und US-Amerikanern zu nennen.

Blankenheim (Nordrhein-Westfalen): die beim Aufprall eines 1945 abgestürzten US-Jagdbombers in den Boden gebohrte Bordkanone. Das obere Ende lag 1,40 m unter der Oberfläche.

Literatur

Schlachtfeldarchäologie

J. Carman/P. Carman, Bloody Meadows. Investigating Landscapes of Battle (Stroud 2006).

L. F. Ferguson, An Archaeological-Historical Analysis of Fort Watson. December 1780–April 1781. In: S. South (Hrsg.), Research Strategies in Historical Archeology (New York 1977), 41–71.

R. Forrer, Ein römisches Schlachtfeld bei Strassburg-Königshofen. Cahiers d'archéologie et d'histoire d'Alsace 1920, 1158–1174.

R. A. Fox, Archaeology, History, and Custer's last Battle. The Little Big Horn re-examined (Norman 1993).

C. R. Geier/L. E. Babits/D. D. Scott/D. G. Orr (Hrsg.), The Historical Archaeology of Military Sites. Method and Topic (College Station 2010).

H. R. Goette/T. M. Weber, Marathon. Siedlungskammer und Schlachtfeld – Sommerfrische und olympische Wettkampfstätte. Zaberns Bildbände zur Archäologie. Sonderbände der Antiken Welt (Mainz 2004).

W. Jobst (Hrsg.), »Archäologie der Schlachtfelder – Militaria aus Zerstörungshorizonten«. Akten der 14. Internationalen Roman Military Equipment Conference (ROMEC) in Wien 27.–31 903. Carnuntum-Jahrbuch 2005 (Wien 2005).

M. Junkelmann, Zeugen der Schlacht. In: J. Erichsen/K. Heinemann (Hrsg.), Die Schlacht von Höchstädt = The battle of Blenheim. Brennpunkt Europas 1704 (Ostfildern 2004), 227.

M. Junkelmann, Das greulichste Spectaculum. Die Schlacht von Höchstädt 1704 (Augsburg 2004).

H. Meller (Hrsg.), Schlachtfeldarchäologie = Battlefield archaeology. 1. Mitteldeutscher Archäologentag vom 09. bis 11. Oktober 2008 in Halle (Saale). Tagungen des Landesmuseums für Vorgeschichte Halle, 2 (Halle 2009).

D. Mey, Das Schlachtfeld vor Troja. Eine Untersuchung (Berlin/Leipzig 1926).

M. Reddé/S. von Schnurbein, Alésia et la bataille du Teutoburg. Un parallèle critique des sources. Kolloquium Paris 18. und 19. April 2005. Beihefte der Francia, 66 (Ostfildern 2008).

A. Rost, Alesia, Kalkriese, Little Big Horn. Das neue Forschungsgebiet der Schlachtfeldarchäologie. In: Varusschlacht im Osnabrücker Land (Hrsg.), Varusschlacht (Mainz 2009), 100–117.

D. D. Scott, Battlefield Archaeology. Some New Insights into Custer's Last Stand. In: H. Meller (Hrsg.), Schlachtfeldarchäologie = Battlefield archaeology. I. Mitteldeutscher Archäologentag vom 09. bis 11. Oktober 2008 in Halle (Saale). Tagungen des Landesmuseums für Vorgeschichte Halle, 2 (Halle 2009), 253–257.

D. Scott/L. Babits/C. Haecker (Hrsg.), Fields of Conflict. Battlefield Archaeology from the Roman Empire to the Korean War (Westport/London 2007).

D. D. Scott/A. P. McFeaters, The Archaeology of Historic Battlefields. A History and Theoretical Development in Conflict Archaeology. Journal of Archaeological Research 19 (2011), 103–132.

S. Wilbers-Rost, Die Ausgrabungen auf dem »Oberesch« in Kalkriese. Deponierungen von Menschen- und Tierknochen auf dem Schlachtfeld. In: W. Schlüter (Hrsg.), Rom, Germanien und die Ausgrabungen von Kalkriese. Kongress Osnabrück 2.–5 996. Osnabrücker Forschungen zu Altertum und Antike-Rezeption, 1 (Osnabrück 1999), 61–89.

Eine kurze Archäologie und Geschichte vom Krieg

B. Bulitta/E. Ebel/M. Eggers/M. Springer/H. Steuer, Kriegswesen. Reallexikon der germanischen Altertumskunde 17 (2001), 333–373.

S. Burmeister, Aufstieg germanischer Kriegsherren. Germanisches Kriegswesen und römische Militärpolitik. In: Varusschlacht im Osnabrücker Land GmbH (Hrsg.), 2000 Jahre Varusschlacht. Konflikt (Stuttgart 2009), 392–402.

C. P. G. von Clausewitz, Vom Kriege (Hamburg 2008).

V. G. Childe, War in Prehistoric Societies. Sociological Review 33 (1941), 129–156.

J. Christensen, Warfare in the European Neolithic. Acta Archaeologica 75 (2004), 129–156.

M. Djuric/M. Z. Rakocevic/M. Roksandic/K. Segu, Interpersonal Violence at Lepenski Vir. American Journal of Physical Anthropology 129 (2006), 339–348.

G. Elwert, Gewaltmärkte. Beobachtungen zur Zweckrationalität der Gewalt. In: T. von Throtha (Hrsg.), Soziologie der Gewalt. Kölner Zeitschrift für Soziologie und Sozialpsychologie, Sonderheft 37 (1997), 86–101.

B. Engelhardt, Ein schnurkeramisches Kindergrab aus Straubing-Alburg, Niederbayern. Das Archäologische Jahr in Bayern 1981 (1981), 74–75.

B. Engelhardt, Das Chamer Erdwerk von Hadersbach. Das Archäologische Jahr in Bayern 1986 (1986), 44–47.

F. Falkenstein, Gewalt und Krieg in der Bronzezeit Mitteleuropas. Berichte der bayerischen Bodendenkmalpflege 47/48 (2006/07), 2007, 33–52.

R. B. Ferguson, Violence and war in Prehistory. In: D. Frayer/D. Martin (Hrsg.), Troubeled Times. Violence and Warfare in the Past (Amsterdam 1997), 321–355.

D. Frayer/D. Martin (Hrsg.), Troubeled Times. Violence and Warfare in the Past (Amsterdam 1997).

K. Heckenhahn/H. Meller/A. Muhl, Tatort Eulau (Stuttgart 2010).

D. Husemann, Als der Mensch den Krieg erfand (Ostfildern 2005).

X. P. Jensen/L. Jørgensen/U. Lund Hansen, Das germanische Heer. Krieger, Soldaten und Offiziere. In: L. Gebauer Thomsen/L. Jørgensen/B. Storgaard (Red.), Sieg und Triumpf. Der Norden im Schatten des Römischen Reiches (Kopenhagen 2003), 310–328.

J. Keegan, A History Of Warfare (Pimlico 1994).

L. H. Keeley, War before Civilization (Oxford 1996).

H. G. König/J. Wahl, Anthropologisch-traumatische Untersuchung der menschlichen Skelettreste aus dem bandkeramischen Massengrab bei Talheim, Kreis Heilbronn. In: J. Eckert (Hrsg.), Archäologische Perspektiven: Analysen und Interpretationen im Wandel; Festschrift für Jens Lüning zum 65. Geburtstag. Internationale Archäologie, Studia honoraria 20 (2003), 561–573.

M. Kunst, Seit wann gibt es Krieg? In: S. Burmeister/H. Derks/J. von Richthofen (Hrsg.), Zweiundvierzig. Festschrift für Michael Gebühr zum 65. Geburtstag. Internationale Archäologie, Studia honoraria 25 (2007), 123–138.

S. Monks/R. Osgood/J. Toms (Hrsg.), Bronze age Warefare (Sutton 2010).

H. Münkler, Die neuen Kriege (Reinbek bei Hamburg 2002).

B. S. Ottaway, Eine befestigte Siedlung der jungsteinzeitlichen Chamer Gruppe auf dem Galgenberg bei Kopfham, Gemeinde Ergolding, Landkreis Landshut, Niederbayern. Das Archäologische Jahr in Bayern 1982 (1982), 34–37.

K. F. Otterbein, How War Began (Texas A & M University Press 2004).

H. Peter-Röcher, Krieg und Gewalt: Zu den Kopfdepositionen in der Großen Ofnet und der Diskussion um kriegerische Konflikte in prähistorischer Zeit. Prähistorische Zeitschrift 77 (2002), 1–28.

J. Piek/Th. Terberger (Hrsg.), Frühe Spuren der Gewalt – Schädelverletzungen und Wundversorgung an prähistorischen Menschenresten aus interdisziplinärer Sicht. Workshop Rostock-Warnemünde, 28.–30. November 2003. Beiträge zur Ur- und Frühgeschichte Mecklenburg-Vorpommerns 41 (2006).

C. Reichel, Beyond the Garden Eden – Competition and Early Warfare in Northern Sria (4500–3500 B.C.).

In: H. Meller (Hrsg.), Schlachtfeldarchäologie. Battlefield Archaeology. 1. Mitteldeutscher Archäologentag vom 09. bis 11. Oktober 2008 in Halle (Saale). Tagungen des Landesmuseums für Vorgeschichte Halle 2 (2009), 17–30.

P. J. Schjødt, Krieg, Staat und Gesellschaft. In: L. Gebauer Thomsen/L. Jørgensen/B. Storgaard (Red.), Sieg und Triumpf. Der Norden im Schatten des Römischen Reiches (Kopenhagen 2003), 90–101.

M. Springer, Schlacht. Reallexikon der germanischen Altertumskunde 27 (2004), 117–122.

E. Strickmann, Clausewitz im Zeitalter der neuen Kriege: Der Krieg in Ruanda 1990–1994 im Spiegel der wunderlichen Dreifaltigkeit (Glienicke/Berlin 2008).

B. Verbeek, Die Wurzeln der Kriege. Zur Evolution ethnischer und religiöser Konflikte (Stuttgart 2005).

B. S. Ottaway, Eine befestigte Siedlung der jungsteinzeitlichen Chamer Gruppe auf dem Galgenberg bei Kopfham, Gemeinde Ergolding, Landkreis Landshut, Niederbayern. Das Archäologische Jahr in Bayern 1982 (1982), 34–37.

Die Toten aus dem Tollensetal: ein Schlachtfeld der Bronzezeit?

E. Cosack, Latènezeitliche Fundhorizonte auf den Höhen der »Niedersächsischen Mittelgebirge« und deren Interpretation vor dem historischen Hintergrund ihrer Zeit. Jahrbuch des Römisch-Germanischen Zentralmuseums 54 (2007), 297–394.

F. Falkenstein, Gewalt und Krieg in der Bronzezeit Mitteleuropas. Berichte der bayerischen Bodendenkmalpflege 47/48 (2006/07), 2007, 33–52.

Chr. Jantzen/D. Jantzen/Th. Terberger, Der Fundplatz Weltzin, Lkr. Demmin – Ein Zeugnis bronzezeitlicher Konflikte? In: J. Piek/Th. Terberger (Hrsg.), Traumatologische und pathologische Veränderungen an prähistorischen und historischen Skelettresten – Diagnose, Ursachen und Kontext. Archäologie und Geschichte im Ostseeraum 3 (2006), 89–97.

S. Monks/R. Osgood/J. Toms (Hrsg.), Bronze age Warefare (Sutton 2010).

H. Steuer, Wassenaar. Reallexikon der Germanischen Altertumskunde 35 (2007), 624–626.

M. Westphal, Kultparaden der Bronzezeit. In: Archäologie in Deutschland 4/2004 (2004), 62–64.

Kalkriese und die Varusschlacht

R. Aßkamp, Aufmarsch an der Lippe. Römische Militärlager im rechtsrheinischen Germanien. In: Lippisches Landesmuseum (Hrsg.), 2000 Jahre Varusschlacht – Mythos (Stuttgart 2009), 172–179.

F. Berger, Die römischen Fundmünzen. Text und Tafeln. Römisch-germanische Forschungen 55 (Mainz 1996).

T. Clunn, Auf der Suche nach den verlorenen Legionen (Bramsche 2003).

S. Burmeister, Die Varusschlacht als Ereignis – Ereignis für wen? IBAES X Das Ereignis, o. J., 51–59.

B. Grosskopf/E. Tolksdorf-Lienemann/H.-P. Uerpmann/M. Uerpmann/S. Wilbers-Rost (Hrsg.), Interdisziplinäre Untersuchungen auf dem Oberesch in Kalkriese – archäologische Befunde und naturwissenschaftliche Begleituntersuchungen. Römisch-germanische Forschungen 65 (2007).

G. Moosbauer, Die Varusschlacht (München 2009).

J. Harnecker, Katalog der römischen Funde vom Oberesch: die Schnitte 1 bis 22. Römisch-germanische Forschungen 66 (Mainz 2008).

R.-P. Märtin, Die Varusschlacht (Frankfurt a. M. 2008).

Chr. Reichmann, Archäologische Spuren der sogenannten Bataverschlacht vom November 69 n. Chr. und von Kämpfen des 3. Jahrhunderts n. Chr. im Umfeld des Kastells Gelduba (Krefeld-Gellep). In: W. Schlüter/R. Wiegels (Hrsg.), Rom, Germanien und die Ausgrabungen von Kalkriese (Osnabrück 1999), 97–115.

Chr. Reichmann, Kriegsgräber. In: R. Pirling/M. Siepen (Hrsg.), die Funde aus den römischen Gräbern von Krefeld-Gellep. Germanische Denkmäler der Völkerwanderungszeit. Serie B. Die fränkischen Altertümer des Rheinlandes 20 (2006), 497–512.

Chr. Reichmann, Die Bataverschlacht. In: G. Uelsberg (Hrsg.), Krieg und Frieden. Kelten – Römer – Germanen (Darmstadt 2007), 313–315.

Chr. Reichmann, Die Schlacht bei Gelduba (Krefeld-Gellep) im Herbst 69 n. Chr. In: H. Meller (Hrsg.), Schlachtfeldarchäologie. Battlefield Archaeology. 1. Mitteldeutscher Archäologentag vom 09. bis 11. Oktober 2008 in Halle (Saale). Tagungen des Landesmuseums für Vorgeschichte Halle 2 (2009), 99–107.

A. Rost, Schlachtfelder in der archäologischen Überlieferung – die Fallstudie Kalkriese. In: Archäologie in Deutschland 1/2009 (2009), 34–37.

B. P. M. Rudnick, Die römischen Töpfereien von Haltern. Bodenaltertümer Westfalens 36 (Mainz 2001).

W. Schlüter (Hrsg.), Rom, Germanien und die Ausgrabungen von Kalkriese. Internationaler Kongress der Universität Osnabrück und des Landschaftsverbandes Osnabrücker Land e.V. vom 2. bis 5. September 1996. Osnabrücker Forschungen zu Altertum und Antike-Rezeption; 1 Kulturregion Osnabrück 10 (1996).

W. Schlüter, Römer im Osnabrücker Land. Die Ausgrabungen in Kalkriese (die archäologischen Untersuchungen in der Kalkrieser-Niewedder Senke). Schriftenreihe Kulturregion Osnabrück des Landschaftsverbandes Osnabrück e.V. 4 (Bramsche 1991).

Varusschlacht im Osnabrücker Land GmbH (Hrsg.), Varusschlacht im Osnabrücker Land. Museum und Park Kalkriese (Mainz 2009).

Varusschlacht im Osnabrücker Land GmbH (Hrsg.), 2000 Jahre Varusschlacht. Konflikt (Stuttgart 2009).

R. Wiegels (Hrsg.), Die Varusschlacht: Wendepunkt der Geschichte? (Stuttgart 2007).

R. Wolters, Die Schlacht im Teutoburger Wald. Arminius, Varus und das römische Germanien (München 2008).

W. Zarnier, Der Alpenfeldzug 15 v. Chr. und die Eroberung Vindelikiens. Bayerische Vorgeschichtsblätter 64 (1999), 99–132.

Römer am Harz

M. Geschwinde/P. Lönne, Das Schlachtfeld am Harzhorn: Neue archäologische Untersuchungen 2009 und 2010. Berichte zur Denkmalpflege in Niedersachsen 1 (2011).

M. Geschwinde/H. Haßmann/P. Lönne/M. Meyer/G. Moosbauer, Roms vergessener Feldzug. Das neu entdeckte Schlachtfeld am Harzhorn in Niedersachsen. In: Varusschlacht im Osnabrücker Land GmbH (Hrsg.), 2000 Jahre Varusschlacht. Konflikt (Stuttgart 2009), 228–232.

J. Herrmann, Griechische und lateinische Quellen zur Frühgeschichte Mitteleuropas bis zur Mitte des 1. Jahrtausends u.Z. Teil 3: Von Tacitus bis Ausonius (2. bis 4. Jh. u.Z.). Griechische und lateinische Schriftquellen zur Frühgeschichte Mitteleuropas bis zur Mitte des 1. Jahrtausend u.Z 37,3 (Berlin 1991).

Die ungeschriebenen Kriege

Blankenfeldt/Lau/Matešić/Rau, Neue Forschungen in Thorsberg und Nydam. In: Varusschlacht im Osnabrücker Land GmbH (Hrsg.), 2000 Jahre Varusschlacht. Konflikt (Stuttgart 2009), 148–161.

C. Engelhardt, Thorsbjerg Mosefund. Sønderjydske Mosefund 1 (København 1863).

T. Fischer, Bemerkungen zum sogenannten Gesichtshelm aus Thorsberg. In: A. Abegg-Wigg/A. Rau (Hrsg.), Aktuelle Forschungen zu Kriegsbeuteopfern und Fürstengräbern im Barbaricum. Internationales Kolloquium unterstützt durch Carlsbergfonde Schleswig 15.–18. Juni 2006. Schriften des Archäologischen Landesmuseums Ergänzungsreihe 4 (2008), 105–123.

L. Gebauer Thomsen/L. Jørgensen/B. Storgaard (Red.), Sieg und Triumpf. Der Norden im Schatten des Römischen Reiches (Kopenhagen 2003).

M. Gebühr, Nydam und Thorsberg – Opferplätze der Eisenzeit. Begleitheft zur Ausstellung (Schleswig 2000).

J. Ilkjær, Illerup Ådal. Ein archäologischer Zauberspiegel (Højbjerg 2002).

K. Raddatz, Der Thorsberger Moorfund. Gürtelteile und Körperschmuck. Offa-Bücher 13 (Neumünster 1957).

K. Raddatz, Der Thorsberger Moorfund. Katalog. Teile von Waffen und Pferdegeschirr, sonstige Funde stücke aus Metall und Glas, Ton- und Holzgefäße, Steingeräte. Offa-Bücher 65 (Neumünster 1987).

K. Raddatz, Der Thorsberger Moorfund. Gürtelteile und Körperschmuck. Katalog. Offa 44 (1987), 117–152.

Speyer Historisches Museum der Pfalz (Hrsg.), Geraubt und im Rhein versunken. Der Barbarenschatz (Stuttgart 2006).

Vom Frühmittelalter zur Neuzeit

G. de Albuquerque Leinenbach/V. Mályusz/I. Schröder, Anthropologische Befunde zur Schlacht bei Hemmingstedt. Archäologische Nachrichten aus Schleswig-Holstein 11 (2000), 58–83.

A. Alzualde/N. Izagirre/S. Alonso/A. Alonso/C. Albarrán/A. Azkarate/C. de la Rúa, Insights Into the »Isolation« of the Basques. mtDNA Lineages from the Historical Site of Aldaieta (6th–7th Centuries AD). American Journal of Physical Anthropology 130 (2006), 394–404.

R. Ambs/P. Schröter/B. Ziegaus, Spuren der Bauernschlacht von Leipheim. Landkreis Günzburg, Schwaben. Das archäologische Jahr in Bayern 1994, 176–180.

V. Arnold, Zur Lage der Dithmarscher Schanze bei der Schlacht von Hemmingstedt. In: S. Göttsch/ W. Könenkamp/K. D. Sievers (Hrsg.), Geschichte und Museum. Festschrift für Nis Rudolf Nissen zum 70. Geburtstag. Kieler Blätter zur Volkskunde, 27 (Kiel 1995), 59–69.

P. Bennike, Rebellion, Combat and Massacre. A Medieval Mass Grave at Sandbjerg near Næstved in Denmark. In: T. Otto/H. Thrane/H. Vandkilde (Hrsg.), Warfare and Society. Archaeological and Social Anthropological Perspectives (Aarhus 2006), 305–318.

H.-W. Böhme, Der Friedhof von Aldaieta in Kantabrien. Zeugnis für ein fränkisches Schlachtfeld des 6. Jahrhunderts? In: Acta praehistorica et archaeologica 34 (2002), 135–150.

M. Boruta, Badania archeologiczne pól bitewnych pod Grunwaldem i Legnicą. Z Otchłani Wieków 62 (2007), 22–33.

C. Cooper, Forensisch-anthropologische und traumatologische Untersuchungen an den menschlichen Skeletten aus der spätmittelalterlichen Schlacht von Dornach (1499 n. Chr.). Dissertation, Universität Mainz (2010).

E. Cosack, Der altsächsische »Heidenkirchhof« bei Sarstedt, Ldkr. Hildesheim, und die Schlacht am Süntel 782. Unter Mitarbeit von V. König, D. Zippel, C. G. Kullig und H. Nagel. Mit Beiträgen von M. Springer sowie H. Thiele-Messow und E. May. Studien zur Sachsenforschung 16 (Oldenburg 2007).

E. Cunha/A. M. Silva, War Lesions from the Famous Portuguese Medieval Battle of Aljubarrota. International Journal of Osteoarchaeology 7 (1997), 595–599.

Г. Джингов, Опит за археологическо проучване на бойното поле от 1444 г. край Варна = G. Dzingov, Un essai de recherche archéologique du champ de bataille de 1444 près de la ville de Varna. In: Национален Военноисторически Музей = Musee National d'Histoire Militaire (Hrsg.), Варна 1444. Сборник от изследвания и документи в чест на 525-та годишнина от битката край гр. Варна = Varna 1444. Recueil des recherches et de documents dédié au 525-me anniversaire de la bataille de Varna (Sofia 1969), 284–312.

S. Ekdahl, Die Schlacht bei Tannenberg 1410. Quellenkritische Untersuchungen. Band 1, Einführung und Quellenlage. Berliner historische Studien, Einzelstudien 8,1 (Berlin 1982).

W. Filipowiak, Cedynia 972. Le champ de bataille à la lumière de l'analyse isotope C14. Fasciculi Archaeologiae Historicae 2 (1988), 11–14.

M. Głosek/B. Łuczak, Bitwa pod Lubiszewem (17 Kwietna 1577 r.) w świetle badań archeologicznych. Studia i Materiały do Historii Wojskowości 25 (1983), 81–100.

R. Hall, The Viking Dig. The Excavations at York (London 1984).

C. Jones, The Forgotten Battle of 1066: Fulford (Stroud 2006).

A. Kjellström, A Sixteenth-Century Warrior Grave from Uppsala, Sweden. The Battle of Good Friday. International Journal of Osteoarchaeology 15 (2005), 23–50.

B. Knarrström, Battlefield Research in Scania, South Sweden. Epic Battles and Small Scale Skirmishes in the Scope of Battlefield Archaeology. In: H. Meller (Hrsg.), Schlachtfeldarchäologie = Battlefield archaeology. 1. Mitteldeutscher Archäologentag vom 09. bis 11. Oktober 2008 in Halle (Saale). Tagungen des Landesmuseums für Vorgeschichte Halle, 2 (Halle 2009), 187–198.

A. Kola/G. Wilke, Brücken vor 1000 Jahren. Unterwasserarchäologie bei der polnischen Herrscherpfalz Ostrów Lednicki (Toruń 2000).

W. Lammers, Die Schlacht bei Hemmingstedt. Freies Bauerntum und Fürstenmacht im Nordseeraum. Eine Studie zur Sozial-, Verfassungs- und Wehrgeschichte des Spätmittelalters (Heide 1987).

M. Lingström, Fjäle myr 1361. Arkeologiska undersökningar av slagfältet från dagarna före slaget vid Visby ringmur. Fornvännen 104 (2009), 33–44.

T. Lüdecke, Der Wikingerüberfall auf Stade im Jahr 994. Historisches Ereignis und archäologischer Befund. Mitteilungen der Deutschen Gesellschaft für Archäologie des Mittelalters und der Neuzeit 16 (2005), 32–38.

U. Masemann, Archäologische Forschungen in Meldorf und auf dem Hemmingstedter Schlachtfeld. Archäologische Nachrichten aus Schleswig-Holstein 8 (1997), 139–158.

D. J. P. Mason, Chester AD 400–1066. From Roman Fortress to English Town (Stroud 2007).

A. Nowakowski, Badania na pobojowisku z Wojny Trzynastolectniej pod wsią Świecino powiat Puck. Pomorania Antiqua 2 (1968), 315–319.

A. do Paço, Em torno de Aljubarrota. I-O problema dos ossos dos combatentes da batalha. Anais 12 (1962), 113–163.

A. do Paço, The Battle of Aljubarrota. Antiquity 37 (1963), 264–269.

L. Papp, Újabb kutatások a mohácsi csatatéren = Neuere Ausgrabungen auf dem Schlachtfeld von Mohács. Janus Pannonius Múzeum Évkönyve (1962), 199–220.

Z. Rajewski, Muzealny pokaz pól bitewnych = A Memorial Display of Historical Battle Fields. Wiadomości archeologiczne 30 (1964), 96–101.

A. Rehorst, Ungewöhnliche Funde im Kriegsgefangenenlager Rheinberg. Archäologie im Rheinland 2003, 200–201.

J. Steinbichler (Hrsg.), Die Schlacht bei Mühldorf, 28. September 1322. Ursachen – Ablauf – Folgen (Mühldorf am Inn 1993).

T. Schneider, Mehrfachbestattungen von Männern in der Merowingerzeit. Zeitschrift für die Archäologie des Mittelalters 36 (2008), 1–32.

M. Schulze-Dörrlamm, Die Ungarneinfälle des 10. Jahrhunderts im Spiegel archäologischer Funde. In: J. Henning (Hrsg.), Europa im 10. Jahrhundert. Archäologie einer Aufbruchszeit. Internationale Tagung in Vorbereitung der Ausstellung »Otto der Große, Magdeburg und Europa« 2000 (Mainz 2008), 109–122.

D. Score, Mass Execution Burial of Viking Raiders. Medieval archaeology 54 (2010), 402–404.

D. Scott/L. Babits/C. Haecker (Hrsg.), Fields of Conflict. Battlefield Archaeology from the Roman Empire to the Korean War (Westport/London 2007).

S. Siedlak, Badania archeologiczne w 720 rocznicę bitwy pod Legnicą. Z Otchłani Wieków 27 (1961), 203–209.

T. Sutherland, Archaeological Evidence of Medieval Conflict. Case Studies from Towton, Yorkshire, England (1461) and Agincourt, Pas de Calais, France (1415). In: H. Meller (Hrsg.), Schlachtfeldarchäologie = Battlefield archaeology. 1. Mitteldeutscher Archäologentag vom 09. bis 11. Oktober 2008 in Halle (Saale). Tagungen des Landesmuseums für Vorgeschichte Halle, 2 (Halle 2009), 109–263.

A. Willemsen, Wikinger am Rhein 800–1000. Mit Beiträgen von R. Simek und R. de Bruin. Katalog zu Ausstellung im Rheinischen Landesmuseum Bonn (Stuttgart 2004).

Z. K. Zoffmann, Az 1526-os Mohácsi csata 1976-ban feltárt Tömegsírjainak embertani vizsgálata = Anthropologische Untersuchung der Skelettreste aus den im Jahre 1976 freigelegten Massengräbern der Schlacht bei Mohács 1526 (Budapest 1982).

Der Dreißigjährige Krieg

J. Ansorge, Bestattungen mit Tabakspfeifen aus der Zeit des Dreißigjährigen Krieges in Vorpommern. Knasterkopf 19 (2007), 11–15.

S. Berg-Hobohm, Ein anderer Blick auf die Schlacht von Alerheim. Massengrab aus dem Dreißigjährigen Krieg entdeckt. Denkmalpflege Informationen 140 (2008), 21–22.

S. Berg-Hobohm/F. Loré, Lineares Großprojekt Nato-Pipeline Aalen-Leipheim. Das archäologische Jahr in Bayern 2006, 175–178.

G. Bruce, Fishergate, York. Mass graves of the English Civil War? Post-Medieval Archaeology 43 (2009), 353–355.

C. Casselmann/M. Straßburger, »Das haben wir eingenommen, …«. Der »Tilly-Fund« und Spuren der Belagerungen Heidelbergs im 17. Jahrhundert. Denkmalpflege in Baden-Württemberg 40 (2011,2), 74–78.

E. Cosack, Spuren eines Heerlagers vor den Toren von Sarstedt, Ldkr. Hildesheim. Nachrichten aus Niedersachsens Urgeschichte 75 (2006), 241–252.

H.-J. Döhle, Pferde im Graben des schwedischen Feldlagers Latdorf. In: H. Meller (Hrsg.), Archäologie am Kalkteich 22 bei Latdorf. Die Chemie stimmt! Archäologie in Sachsen-Anhalt, Sonderband 9 (Halle 2008), 115–117.

S. Eickhoff/A. Grothe/B. Jungklaus, Ihre letzte Schlacht. Interdisziplinäre Forschungen am Massengrab und Schlachtfeld von Wittstock, Lkr. Ostprignitz-Ruppin. Archäologie in Berlin und Brandenburg 2009, 147–150.

J. Fahr/C. Müller/P. Pacak, Das schwedische Feldlager von Latdorf bei Bernburg von 1644 (Salzlandkreis, Sachsen-Anhalt). Ergebnisse der Ausgrabungen am Kalkteich 22 und an der L73. In: H. Meller (Hrsg.), Schlachtfeldarchäologie = Battlefield archaeology. 1. Mitteldeutscher Archäologentag vom 09. bis 11. Oktober 2008 in Halle (Saale). Tagungen des Landesmuseums für Vorgeschichte Halle, 2 (Halle 2009), 151–162.

G. Foard, The investigation of early modern battlefields in England. In: H. Meller (Hrsg.), Schlachtfeldarchäologie = Battlefield archaeology. 1. Mitteldeutscher Archäologentag vom 09. bis 11. Oktober 2008 in Halle (Saale). Tagungen des Landesmuseums für Vorgeschichte Halle, 2 (Halle 2009), 117–125.

R. Grabolle/V. Matoušek/P. Meduna/Z. Zmrž, Die Schlacht bei Třebel/Triebl im Jahr 1647 und weitere Untersuchungen zur Archäologie des Krieges in der Tschechischen Republik. In: H. Meller (Hrsg.), Schlachtfeldarchäologie = Battlefield archaeology. 1. Mitteldeutscher Archäologentag vom 09. bis 11. Oktober 2008 in Halle (Saale). Tagungen des Landesmuseums für Vorgeschichte Halle, 2 (Halle 2009), 173–186.

H. J. C. von Grimmelshausen, Der abenteuerliche Simplicissimus. Versuch einer Ausgabe nach den vier ältesten Drucken. Von Dr. W. L. Holland (Tübingen 1851).

A. Grothe/B. Jungklaus, In Reih' und Glied. Archäologische und anthropologische Aspekte der Söldnerbestattungen von 1636 am Rande des Wittstocker Schlachtfeldes. In: H. Meller (Hrsg.), Schlachtfeldarchäologie = Battlefield archaeology. 1. Mitteldeutscher Archäologentag vom 09. bis 11. Oktober 2008 in Halle (Saale). Tagungen des Landesmuseums für Vorgeschichte Halle, 2 (Halle 2009), 163–171.

P. Harrington, English Civil War Archaeology (London 2004).

E. Janská, Hromadný hrob bělohorských bojovníků = Das Massengrab der Kämpfer vom Weissen Berg. Staletá Praha (1966), 107–110.

J. Jebinger, Der »Bauernhügel« zu Pinsdorf. Oberösterreichische Heimatblätter 19 (1965,3/4), 81–83.

H. Jessen (Hrsg.), Der Dreißigjährige Krieg in Augenzeugenberichten (Düsseldorf 1963).

H. Kerscher, Zur Fortifikation und Kartographie des befestigten Lagers bei Mamming im Jahr 1648. Landkreis Dingolfing-Landau, Niederbayern. Das archäologische Jahr in Bayern 1994, 183–186.

H. Kerscher, »Diß war ein starck Viereck/hat in der mitt ein Cavalier«. Wallenstein in Zirndorf 1632. Ldkr. Fürth, Mfr. Das archäologische Jahr in Bayern 2005, 145–148.

B. Knarrström, Battlefield Research in Scania, South Sweden. Epic Battles and small scale Skirmishes in the Scope of Battlefield Archaeology. In: H. Meller (Hrsg.), Schlachtfeldarchäologie = Battlefield archaeology. 1. Mitteldeutscher Archäologentag vom 09. bis 11. Oktober 2008 in Halle (Saale). Tagungen des Landesmuseums für Vorgeschichte Halle, 2 (Halle 2009), 187–198.

M. Konze/R. Samariter, Momentaufnahme einer Belagerung. Stralsunder Söldnergrab von 1628. In: Archäologie in Deutschland 3/2011 (2011), 52–53.

M. Konze/R. Samariter, Fpl. 333. In: Bodendenkmalpflege in Mecklenburg-Vorpommern 2010 (im Druck).

A. Lutz, Anthropologische Untersuchungen an Massengräbern aus dem Dreißigjährigen Krieg. Unpubl. Diplomarbeit München, 2010.

A. Mandzy, Tatars, Cossacks, and the Polish Army. The Battle of Zboriv. In: D. Scott/L. Babits/C. Haecker (Hrsg.), Fields of Conflict. Battlefield Archaeology from the Roman Empire to the Korean War (Westport/London 2007), 193–207.

N. Mehler, Tonpfeifen aus bayerischen Gräbern. Eine erste Bestandsaufnahme. Knasterkopf 19 (2007), 28–32.

K. Misterek, Ein Massengrab aus der Schlacht von Alerheim am 3. August 1645. In: Bericht der bayerischen Denkmalpflege 52 (2011; im Druck).

M. Pertlwieser, Die Toten von Lambach. Archäologie Österreichs 7 (1996,2), 49–59.

M. Plum, Archäologische Zeugnisse des Dreißigjährigen Krieges in Bayern. Die Erstürmung von Höchstadt an der Aisch 1633 und Die Schlacht bei Nördlingen 1634. In: Bericht der bayerischen Denkmalpflege 52 (2011; im Druck).

K. Scheible, Die Schlacht von Alerheim 3. August 1645. Ein Beitrag zur Geschichte des Dreißigjährigen Krieges (Alerheim 2004).

U. Schoknecht, Ein Heerlager in der Benz bei Gielow, Ldkr. Demmin. Archäologische Berichte aus Mecklenburg-Vorpommern 13 (2006), 230–244.

A. Schürger, Die Schlacht von Lützen 1632. Archäologische Untersuchungen auf dem linken kaiserlichen Flügel. In: H. Meller (Hrsg.), Schlachtfeldarchäologie = Battlefield archaeology. 1. Mitteldeutscher Archäologentag vom 09. bis 11. Oktober 2008 in Halle (Saale). Tagungen des Landesmuseums für Vorgeschichte Halle, 2 (Halle 2009), 135–149.

I. Swiesznikow, Bitwa pod Beresteczkiem w świetle źródeł kartograficznych i archeologicznych = The Battle of Beresteczko in the Light of Cartographic and Archaeological Sources. In: S. Alexandrowicz/Z. Karpus/W. Rezmer (Hrsg.), Kartografia wojskowa krajów strefy bałtyckiej XVI-XX (Toruń 1996), 35–49.

Zwischen Dreißigjährigem Krieg und Französischer Revolution

J. Ansorge, Ein Massengrab aus der Zeit des Nordischen Krieges auf dem ehemaligen Frankenhornwerk in Stralsund. Archäologische Berichte aus Mecklenburg-Vorpommern 17 (2010), 122–135.

X. R. Campillo, An Archaeological Study of Talamanca Battlefield. Journal of Conflict Archaeology 4 (2008), 23–38.

N.-G. Gejvall, Skelettfynd från Poltava. En antropologisk och medicinsk-anatomisk studie av några från slagfältet hemförda kraniefragment. Föreningen Armémusei vänner, Meddelande XVIII (1957), 39–63.

R. Gläser, Von Dillingen a. d. Donau-Steinheim nach Blindheim Berghausen, Ldkr. Dillingen a. d. Donau, Schwaben. Das archäologische Jahr in Bayern 2006, 174–175.

R. Grabolle/V. Matoušek/P. Meduna/Z. Zmrž, Die Schlacht bei Třebel/Triebl im Jahr 1647 und weitere Untersuchungen zur Archäologie des Krieges in der Tschechischen Republik. In: H. Meller (Hrsg.), Schlachtfeldarchäologie = Battlefield archaeology. 1. Mitteldeutscher Archäologentag vom 09. bis 11. Oktober 2008 in Halle (Saale). Tagungen des Landesmuseums für Vorgeschichte Halle, 2 (Halle 2009), 173–186.

K. Günther, Zum Beginn der urgeschichtlichen Hügelgräber im Wesergebiet bei Minden. In: H. Nordsiek (Hrsg.), An Weser und Wiehen. Beiträge zur Geschichte und Kultur einer Landschaft. Festschrift für Wilhelm Brepohl. Mindener Beiträge zur Geschichte, Landes- und Volkskunde des ehemaligen Fürstentums Minden, N. F. 8 (Minden 1983), 13–26.

A. Hampel, Archäologie in Frankfurt am Main. Fund- und Grabungsberichte für die Jahre 1992 bis Ende 1996. Beiträge zum Denkmalschutz in Frankfurt am Main, 9 (Bonn 1997).

Hermann Kerscher, Zur Topographie und Befestigung des kaiserlichen Beobachtungslagers bei Wittislingen im Jahr 1703. Landkreis Dillingen a. d. Donau, Schwaben. Das archäologische Jahr in Bayern 1995, 185–187.

B. Knarrström, Battlefield research in Scania, Southern Sweden. Epic battles and small skirmishes in the scope of battlefield archaeology. In: H. Meller (Hrsg.), Schlachtfeldarchäologie = Battlefield archaeology. 1. Mitteldeutscher Archäologentag vom 09. bis 11. Oktober 2008 in Halle (Saale). Tagungen des Landesmuseums für Vorgeschichte Halle, 2 (Halle 2009), 187–197.

P.-J. Lachaert (Hrsg.), Oudenaarde 1708. Een stad, een koning, een veldheer (Leuven 2008).

T. Pollard (Hrsg.), Culloden. The History and Archaeology of the last Clan Battle (Barnsley 2009).

J. Reitinger, Die ur- und frühgeschichtlichen Funde in Oberösterreich. Schriftenreihe des OÖ. Musealvereins, 3 (Linz 1968).

U. Schoknecht, Der Sporkenkeller im Heidenholz bei Malchin. Archäologische Berichte aus Mecklenburg-Vorpommern 12 (2005), 187–198.

I. Schweitzer, »Wiltu ein tag froelich sein?« Archäologie in Stadt und Landkreis Hildesheim (Hildesheim 1998).

J. Wrzosek, Wyniki badań archeologicznych przeprowadzonych w sezonie 2009 na polu bitwy pod Kunowicami = Die Ergebnisse der in der Saison 2009 auf dem Kunersdorfer Schlachtfeld durchgeführten archäologischen Forschungen. In: W. Benecke/G. Podruczny (Hrsg.), Kunersdorf 1759 = Kunowice 2009. Studien zu einer europäischen Legende = Studium pewnej europejskiej legendy. Thematicon, 15 (Berlin 2009), 95–109.

Die Napoleonischen Kriege

F. Biermann/R. Gebuhr, Erdanlagen im Festungsbau. Neuzeitliche Schanzen des 16. bis 19. Jahrhunderts, besonders im südlichen Brandenburg. In: C. Popp/J. Stephan (Hrsg.), An Elbe und Oder. Beiträge zur Brandenburgischen Landesgeschichte. Winfried Schich zum 70. Geburtstag (Einhausen 2008), 149–269.

C. Buhl/E. Siegloff, Richtstätte statt Grabhügel. Ein nicht alltägliches Zeugnis der jüngeren Geschichte bei Ratzeburg. Archäologische Nachrichten aus Schleswig-Holstein 15 (2009), 104–105.

C. Cooper, Kriegsverletzungen an historischen Skeletten aus der Schweiz. In: J. Piek (Hrsg.), Traumatologische und pathologische Veränderungen an prähistorischen und historischen Skelettresten. Diagnose, Ursachen und Kontext. Interdisziplinärer Workshop in Rostock-Warnemünde 17.–18. November 2006. Archäologie und Geschichte im Ostseeraum, 3 (Rahden 2008), 113–123.

G.-H. Cotty, Mémoire sur la fabrication des armes portatives de guerre (Paris 1806).

F. Etxeberria, Surgery in the Spanish War of Independence (1807–1813). Between Desault and Lister. Journal of Paleopathology 11 (1999,3), 25–40.

H. H. Götting (Hrsg.), Oberförster Carl Götting. Mit Napoleon nach Rußland (Röddensen 1998).

G. Graf, Die Völkerschlacht bei Leipzig in zeitgenössischen Berichten. Zu einem Lesebuch zusammengestellt und erläutert (Leipzig 1988).

G. Graf, Notbestattungen auf dem Gelände des Georgenhauses in Leipzig 1813. Arbeits- und Forschungsberichte zur sächsischen Bodendenkmalpflege 39 (1997), 204–206.

А. В. Горбунов (Hrsg.), Отечественная война 1812 года. Источники, памятники, проблемы (Москва 2001).

J. Hald/E. Stephan, Reste der Schlacht? Eine Pferdemassenbestattung bei Orsingen. Archäologische Ausgrabungen in Baden-Württemberg 2009, 306–309.

S. Hardt, Archäologische Funde der Völkerschlacht bei Leipzig in Güldengossa und Kitzen, Lkr. Leipzig. Unpubl. Bericht, Landesamt für Archäologie Sachsen, 2011.

G. L. Hartig, Lehrbuch für Jäger und die es werden wollen. Band 1 (Wien/Tübingen 1812).

P. Holzhausen (Hrsg.), Ein Verwandter Goethes im russischen Feldzuge 1812. Aus dem Leben eines sächsischen Husaren von Theodor Goethe (Berlin 1912).

A. Homann, Großbeeren, 23. August 1813. Ein neuer Blick auf eine altbekannte Schlacht der Befreiungskriege. In: H. Meller (Hrsg.), Schlachtfeldarchäologie = Battlefield archaeology. 1. Mitteldeutscher Archäologentag vom 09. bis 11. Oktober 2008 in Halle (Saale). Tagungen des Landesmuseums für Vorgeschichte Halle, 2 (Halle 2009), 223–226.

A. Homann, Lauenburg, 17. bis 19. August 1813. Eine historisch-archäologische Untersuchung des Gefechtsfelds bei Lauenburg (Elbe). Erste Resultate. Lauenburgische Heimat 182 (2009), 28–42.

L. Horáčková/L. Vargová, Bone Remains from a Common Grave Pit from the Battle of Austerlitz. Anthropology and Paleopathology. Journal of Paleopathology 11 (1999,3), 5–13.

V. Hubensack, Mit Sonnenwagen in die Völkerschlacht. In: Archäologie in Deutschland 1/2006 (2006), 56.

F. Journot/G. Bellan (Hrsg.), Archéologie de la France moderne et contemporaine (Paris 2011).

B. Knarrström, Arkivet i marken. Arkeologin på Oravais slagfält. In: J. Mickwitz (Hrsg.), Havet, minnet, slaget. Kriget 1808–09 (Kimito 2009), 142–150.

J. Kovárník/L. Horáčková/L. Vargová/L. Mucha/A. Vachunková, Hrodmané hroby vojáků na Brněnské ulici z bitvy u Znojma v roce 1809 = Mass graves of soldiers in Brněnská street from the battle of Znojmo. Ve službách archeologie 7 (2006), 313–328.

A. Lunardini/F. U. Rollo/G. Fornaciari, Bone lesions from the ossuary of the Napoleonic battle of Marengo, northern Italy (14th June 1800). Journal of Paleopathology 14 (2002,2), 69–75.

M. J. Miquel-Feucht/M. Polo-Cerdá/J. D. Villalaín-Blanco, Anthropological and paleopathological studies of a mass execution during the war of independence in Valencia, Spain (1808–1812). Journal of Paleopathology 11 (1999,3), 15–23.

F. U. Rollo, A War Wound in a Skeleton from the Battlefield of Tolentino (2–3 May 1815). Journal of Paleopathology 11 (1999,3), 41–46.

W. Schwellnus, Archäologische Beobachtungen zur französischen Besetzung des Rheinlands im Jahre 1794. Archäologie im Rheinland 1987, 164–166.

M. Signoli (Hrsg.), Les oubliés de la retraite de Russie. Vilna 1812–Vilnius 2002 (Paris 2008).

J. Wrzosek, Bitwa pod Pułtuskiem w świetle dotychczasowych badań archeologicznych. Z otchłani wieków 62 (2007), 62–69.

C. L. E. Zander, Geschichte des Kriegs an der Nieder-Elbe im Jahre 1813 (Lüneburg 1839).

A. Zink/F. Parsche/A. Nerlich/P. Betz/I. Wiest, Abschlussbericht der anthropologischen/palaeopathologischen Untersuchungen zu den Ausgrabungen beim »Hotel Stadt Leipzig«. Arbeits- und Forschungsberichte zur sächsischen Bodendenkmalpflege 39 (1997), 207–226.

Die größte Schlacht nördlich der Elbe

T. Fontane, Der Schleswig-Holsteinsche Krieg im Jahre 1864 (Berlin 1866).

C. R. Geier Jr./S. E. Winter (Hrsg.), Look to the Earth. Historical Archaeology and the American Civil War (Knoxville 1994).

R. Grabolle/V. Matoušek/P. Meduna/Z. Zmrž, Die Schlacht bei Třebel/Triebl im Jahr 1647 und weitere Untersuchungen zur Archäologie des Krieges in der Tschechischen Republik. In: H. Meller (Hrsg.), Schlachtfeldarchäologie = Battlefield archaeology. 1. Mitteldeutscher Archäologentag vom 09. bis 11. Oktober 2008 in Halle (Saale). Tagungen des Landesmuseums für Vorgeschichte Halle, 2 (Halle 2009), 173–186.

C. M. Haecker/J. G. Mauck, On the Prairie of Palo Alto. Historical Archaeology of the U.S.-Mexican War Battlefield. Texas A & M university Military History Series, 55 (College Station 1997).

Museumsverzeichnis

Varusschlacht (9 n. Chr.)
VARUSSCHLACHT im Osnabrücker Land GmbH
Museum und Park Kalkriese
Venner Straße 69
49565 Bramsche-Kalkriese
www.kalkriese-varusschlacht.de

Wittstock (1636)
Archäologisches Landesmuseum Brandenburg im
Paulikloster
Neustädtische Heidestraße 28
14776 Brandenburg an der Havel
www.1636.de

Schleswig-Holstein (1848/1864)
Danevirke Museum
Ochsenweg 5
24867 Dannewerk
www.dannewerk.com

Idstedt (1850)
Idstedt-Gedächtnishalle
Idstedtkirche 1
24879 Idstedt

Krefeld-Gellep (69 n. Chr./259)
Museum Burg Linn
Rheinbabenstraße 85
47809 Krefeld-Linn
www.archaeologie-krefeld.de

Leipheim (1525)
Heimat- und Bauernkriegsmuseum «Blaue Ente»
Stadtberg 1
89340 Leipheim
www.leipheim.de

Leipzig (1813)
FORUM 1813: Museum zur Völkerschlacht
bei Leipzig
Straße des 18. Oktober 100
04299 Leipzig
www.stadtgeschichtliches-museum-leipzig.de

Lützen (1632)
Museum Schloss Lützen
Schloßstraße 4
06686 Lützen
www.museum-luetzen.de

Hemmingstedt (1500)
Dithmarscher Landesmuseum
Bütjestraße 2–4
25704 Meldorf
www.landesmuseum-dithmarschen.de

Mühldorf/Ampfing (1322)
Kreismuseum Mühldorf
Tuchmacherstraße 7
84453 Mühldorf am Inn
www.lodron-haus.de

Nydam und Thorsberg (3./4. Jh.)
Archäologisches Landesmuseum Schloss Gottorf
Schlossinsel 1
24837 Schleswig
www.schloss-gottorf.de

**Museum des Dreißigjährigen Krieges
(Museen Alte Bischofsburg)**
Amtshof 1–5
16909 Wittstock
www.mdk-wittstock.de

Museum und Park Kalkriese.